JN194823

口絵の表と裏には、それぞれいくつかの落語のシーンが描かれています。
どんな演目が描かれているか、探して楽しんでください！

からぬけ落語用語事典

落語の「なぜ?」がたちまち分かる

本田久作

PIE

まえがき

本書は、落語の中に登場する「よく分からない言葉」の意味と、若干の解説を述べた用語事典です。

見出し語（掲載している用語）は、あいうえお順に並べました。

用語は《落語用語》と《寄席用語》に分け、落語の中に登場する言葉を《落語用語》に、寄席や落語会などで用いられる言葉を《寄席用語》に入れてあります。

語句の解説文の中に、**太字**で表示されている語句は、見出し語として別に解説されています。太字に罫線がついている語句は、【寄席用語】の見出しで掲載されている、という意味です。ですから、「**上手**（うわて）」は【落語用語】で、「**上手**（かみて）」は【寄席用語】で引いてください。

『』で記されているものはすべて落語の演題で、それ以外の書名や歌舞伎の外題などはすべて「」で表記しています。

語句の解説文の中で落語の演題を例として出しているものは、落語の演題からもその言葉を見出し語として引けるよう、索引を作りましたので、あわせて御覧になってください。

と、ここまでが普通の《前書き》です。

ところが、この本は残念なことに、きちんとした普通の事典になりませんでした。事典にあるまじき、不備な点が生じてしまったのです。

その理由を《前書き》で書くとくだくだしくなるため、この事典がかくも不備な一冊になってしまった理由というか、言い訳を《後書き》に書かせていただきました。こちらの方も、あわせてご一読いただけると幸いです。

《凡例》

項目は、《落語演目別用語索引》《落語用語》《寄席用語》に分類され、五十音順に並べています。

《落語演目別用語索引》は、演目名を五十音順に並べています。それぞれの落語演目を楽しむ上で、知っているとよりその落語の面白さを堪能することができる語句を取り上げています。その語句を引くと、解説文中において、演目にちなんだ解説が書かれています。また、取り上げた語句は、その落語にとって重要度が高い順に配列しています。

この本は「落語用語解説」を旨としており、その趣旨に合うよう、解説の語句や表現において、落語に用いられている言葉をなるたけそのまま用いています。そのため、現在の人権意識として、不当・不適切な語句や表現がありますが、古典落語の作品価値に鑑みての解説を行った目的ゆえ、どうかご寛恕（かんじょ）ください。

演目別用語索引

▼**青菜（あおな）**

ムクの皮

▼**あくび指南（あくびしなん）**

上手、お歯黒、指南

▼**明烏（あけがらす）**

次の間付き、丑年、大見世、楊枝、お籠もり、お引け、掻巻、瘡、孔子、地主、初会惚れ、四郎兵衛会所、年増、中継ぎ、廊下鳶、なり、初午、火の玉食う、素読、お納戸献上、結城

▼**愛宕山（あたごやま）**

土器

▼**穴泥（あなどろ）**

鳶の頭

▼**鮑のし（あわびのし）**

鸚鵡

▼**居酒屋（いざかや）**

醤油樽、大神宮様のお宮

▼**一眼国（いちがんこく）**

六部

▼**井戸の茶碗（いどのちゃわん）**

井戸の茶碗、易学、勤番、辻占い、手習い、天保銭、長屋、素読

▼**居残り佐平次（いのこりさへいじ）**

貰いをかける、二階を働く、出雲の神様、居続け、裏、お引け、口をかける、下足札、強飯、佐平次、台殻、台の物、中見世、内所、抜け参り、鼠鳴き、不寝番、間夫、飯盛り女、妓夫太郎、行灯部屋、生き仏、おこわにかける、茶献上、結城

▼**牛ほめ（うしほめ）**

普請、総体、檜造り、薩摩の鶉杢、砂摺り、備後の五分縁、御影造り、天角地眼一黒鹿頭耳小歯違、床の間

▼**鰻の幇間（うなぎのたいこ）**

▼**帯久（おびきゅう）**
本卦帰り

▼**御神酒徳利（おみきどっくり）**
善哉、通い番頭、鴻池善右衛門、算盤、煤払い

▼**お見立て（おみたて）**
葷酒山門に入るを許さず、里言葉、内所、年季奉公

▼**お若伊之助（おわかいのすけ）**
種子島、鳶、増す花

▼**怪談乳房榎（かいだんちぶさえのき）**
癪

▼**怪談牡丹灯籠（かいだんぼたんどうろう）**
観相、手水、天水桶、無礼討ち、応挙、辻占い、
お下、金無垢

▼**開帳の雪隠（かいちょうのせっちん）**
開帳

▼**火焔太鼓（かえんだいこ）**
小野道風、火焔太鼓、際物、立て場、半鐘

▼**景清（かげきよ）**
お籠もり、善哉、れこ

▼**掛け取り（かけとり）**
春永

▼**笠碁（かさご）**
かぶり笠

▼**鰍沢（かじかざわ）**
裏、熊の胆、心中、種子島、鳥追い、身延山、
一合上戸、燗鍋、二番目、不寝番、極内、白鳥、
小出し、半紙、自在、鞘走る、道中差し

▼**火事息子（かじむすこ）**
折れ釘、回状、臥煙、鳶、火消し屋敷、褌、町火消し、
目塗り、用心土

▼**片棒（かたぼう）**

赤螺屋、山車、おおど、与助、しらべ、飲酒戒

▼かつぎや

お宝、御幣担ぎ、勘平

▼かぼちゃ屋（かぼちゃや）

一色商い、掛け値、路地

▼蝦蟇の油（がまのあぶら）

遠目山越し笠のうち、物の文色、理方、山寺の鐘がごうごうと鳴るといえども童子一人来たって鐘に撞木を当てざれば鐘が鳴るやら撞木が鳴るやらとんとその音色がわからぬのが道理、棗、唐子発条の人形、守随、竹田縫之助、近江の大掾藤原の朝臣、四六の蝦蟇、おんばこ、テレメンテイカ、マンテイカ、金創膏、出痔・疣痔・走り痔、横根、差裏差表

▼紙入れ（かみいれ）

紙入れ

▼紙屑屋（かみくずや）

髢

▼髪結新三（かみゆいしんざ）

辛子、廻り髪結、拐かし

▼蛙茶番（かわずちゃばん）

油紙、新粉細工、褌、印を結ぶ、総見、役不足、足袋屋の看板、茶番、舞台番

▼替り目（かわりめ）

替り目、銚子、元帳、過ぎ者

▼かんしゃく

布団、折れ釘

▼看板のピン（かんばんのぴん）

親になる、樗蒲一、中盆

▼巌流島（がんりゅうじま）

千草の股引、吉原かぶり、石突き、面擦れ、下げ渡す

▼祇園会（ぎおんえ）

眼肉、湯屋

▼**喜撰小僧（きせんこぞう）**

喜撰

▼**肝つぶし（きもつぶし）**

肝をつぶす、年月が揃う

▼**御慶（ぎょけい）**

古着、一本差し、永日、弥蔵を組む、切り餅、突き止め、富籤、白扇、裃、珊瑚の五分珠、鯵切り

▼**禁酒番屋（きんしゅばんや）**

此処な、水引

▼**黄金の大黒（きんのだいこく）**

おわい屋、着流し、店賃

▼**金明竹（きんめいちく）**

芭蕉、祐乗・光乗・宗乗、三作、三所物、横谷宗珉、四分一、小柄、脇差し、柄前、鉄刀木、埋もれ木、自在、黄檗山、金明竹、寸胴の花活け、のんこう、風羅坊、正筆、沢庵、木庵、隠元禅師、貼り交ぜの小屏風、檀那寺

▼**くしゃみ講釈（くしゃみこうしゃく）**

全札、八百屋お七、小姓、故障

▼**口合小町（くっちゃいこまち）**

地口

▼**首提灯（くびぢょうちん）**

勤番、二本差し、無礼討ち、弓張り提灯

▼**首ったけ（くびったけ）**

馴染み、大引け

▼**蜘蛛駕籠（くもかご）**

縁起商売、両掛、駕籠

▼**蔵丁稚（くらでっち）**

役不足、心張り棒

▼**蔵前駕籠（くらまえかご）**

駕籠屋、蔵前、辻駕籠、駕籠

▼袈裟御前（けさごぜん）
寝首をかく

▼けんげしゃ茶屋（けんげしゃぢゃや）
御幣担ぎ

▼甲府い（こうふい）
身延山、請人、賽の日

▼紺屋高尾（こうやたかお）
藍瓶、次の間付き、売り物買い物、大見世、お茶屋、お歯黒、給金、紺屋、里言葉、ウール、吸いつけ煙草、高尾、昼三、年増、丸髷、吉原芸者、証文を巻く

▼黄金餅（こがねもち）
切手、火屋、鯵切り

▼五貫裁き（ごかんさばき）
南町奉行、屋台骨

▼小言幸兵衛（こごとこうべえ）
仕立て屋、道陸神、法華の太鼓

▼後生鰻（ごしょううなぎ）
放し鳥

▼五銭の遊び（ごせんのあそび）
宵勘

▼五人廻し（ごにんまわし）
行灯、上草履、花魁、里言葉、娼妓、中見世、廻し部屋、回す、宵勘

▼仔猫（こねこ）
女中

▼子ほめ（こほめ）
長命丸、一つ、数え年、お七夜

▼小政の生い立ち（こまさのおいたち）
居合抜き

▼子別れ（こわかれ）

木戸、九尺二間、親方、仕立て屋、印半纏（しるしばんてん）、住み替え、清正公様（せいしょうこうさま）、針が持てる、三行半（みくだりはん）、無筆（むひつ）、八つ頭（やつがしら）、男の働き、木口（きぐち）、心張り棒（しんばりぼう）

▼強飯の女郎買い（こわめしのじょろうかい）

強飯（こわめし）、江戸町、妓夫太郎（ぎゅうたろう）、飲酒戒（おんじゅかい）、紺足袋（こんたび）

▼権助芝居（ごんすけしばい）

拍子木、飯炊（めした）き、お軽（かる）

▼権助提灯（ごんすけぢょうちん）

ぶら提灯（ちょうちん）

▼蒟蒻問答（こんにゃくもんどう）

火事頭巾（ずきん）、遠眼鏡（とおめがね）、天蓋（てんがい）、瘡（かさ）、葷酒山門（くんしゅさんもん）に入（い）るを許さず、環（かん）、飲酒戒（おんじゅかい）、殺生戒（せっしょうかい）

▼盃の殿様（さかずきのとのさま）

扇屋（おうぎ）、褄（つま）、足軽、大見世（おおみせ）、お職（しょく）、御目見得（おめみえ）、近臣（きんしん）、里言葉、茶坊主、乗物、供先（ともさき）、裲襠（うちかけ）、素見（ひやかし）、吉原（よしわら）芸者、韋駄天（いだてん）、御留守居役（おるすいやく）、椋鳥（むくどり）

▼酒のかす（さけのかす）

冷（ひ）や

▼ざこ八（ざこはち）

精進潔斎（しょうじんけっさい）

▼佐々木政談（ささきせいだん）

南町奉行

▼雑俳（ざっぱい）

巻軸（かんじく）、運座（うんざ）

▼真田小僧（さなだこぞう）

穴開き銭

▼三軒長屋（さんげんながや）

家質（かじち）、紋付きの羽織、鳶（とび）、婆（ばあ）や、花会、妾（めかけ）

▼三十石（さんじゅっこく）

黄檗山（おうばくさん）、住持（じゅうじ）

▼算段の平兵衛（さんだんのへいべえ）

上屋敷、検校、冷や飯、按摩

▼洒落小町（しゃれこまち）

金棒引き、地口

▼寿限無（じゅげむ）

お七夜、親になる

▼正月丁稚（しょうがつでっち）

裃

▼将棋の殿様（しょうぎのとのさま）

近臣

▼松竹梅（しょうちくばい）

御祝儀

▼尻餅（しりもち）

強飯、白蒸し

▼白ざつま（しろざつま）

白薩摩

▼心眼（しんがん）

味噌吸い物、按摩

▼真景累ヶ淵（しんけいかさねがふち）

按摩、あんぽつ、峰打ち

▼鈴ヶ森（すずがもり）

匕首、打ち首獄門、頭

▼酢豆腐（すどうふ）

かくや、しゃじ、立て引き

▼崇徳院（すとくいん）

茶袱紗、料紙

▼千両みかん（せんりょうみかん）

市中引き回し、暖簾分け、磔

▼宗珉の滝（そうみんのたき）

横谷宗珉

▼粗忽長屋（そこつながや）

行き倒れ、夜明かし、馬道、書付

▼粗忽の釘（そこつのくぎ）
くっつき合い

▼粗忽の使者（そこつのししゃ）
閻魔

▼ぞめき
七五三、弥蔵を組む、吸いつけ煙草

▼ぞろぞろ
草鞋

▼大工調べ（だいくしらべ）
棟梁、大家、額、町役人、番太郎、渡世、御の字

▼幇間腹（たいこばら）
見番

▼代脈（だいみゃく）
医者、総髪、煙草盆、乗物

▼高砂や（たかさごや）
御祝儀、白扇

▼たが屋（たがや）
稲荷、徒士、槍持ち、無礼討ち

▼だくだく
長押、仙台平の袴、長火鉢

▼たけのこ
高野、可内

▼たちきれ
褄、線香、ものもらい、願ほどき

▼辰巳の辻占（たつみのつじうら）
辻占

▼狸賽（たぬさい）
束帯、樗蒲一、中盆

▼莨の火（たばこのひ）

鴻池善右衛門

▼たらちね

仲人口、字、行火、岩槻葱、おつけ、偕老同穴、くっつき合い、七輪、渋団扇、十能、垂乳根、丹頂、火種

▼短命（たんめい）

環

▼ちきり伊勢屋（ちきりいせや）

質両替商、所払い、辻占い

▼千早振る（ちはやふる）

掘り井戸、清掻き

▼茶金／はてなの茶碗（ちゃきん／はてなのちゃわん）

前垂れ、鴻池善右衛門、総体檜造り

▼茶の湯（ちゃのゆ）

家作、手習い、利休饅頭、居職

▼長短（ちょうたん）

雁首、煙管、火玉

▼提灯屋（ちょうちんや）

高張提灯、無筆

▼付き馬（つきうま）

帯の山、雷門、上がる、妓夫太郎、三助、玉、中見世、盛り塩、縁起商売

▼突き落とし（つきおとし）

相方、お歯黒どぶ

▼搗屋幸兵衛（つきやこうべい）

搗き米屋

▼佃祭（つくだまつり）

月番

▼壺算（つぼざん）

口開け、算盤、水瓶

▼**長屋の花見（ながやのはなみ）**
おわい屋、むしろ、沢庵、店賃

▼**泣き塩（なきしお）**
元亀天正、無筆

▼**夏泥（なつどろ）**
抜け裏、居食い

▼**夏の医者（なつのいしゃ）**
ちしゃ、総髪

▼**二階ぞめき（にかいぞめき）**
張り見世、素見

▼**錦の袈裟（にしきのけさ）**
相方、里言葉、褌、遣り手、錦

▼**二十四孝（にじゅうしこう）**
したみ酒、青緡五貫文、無筆

▼**二番煎じ（にばんせんじ）**
金棒引き、自身番、拍子木

▼**睨み返し（にらみがえし）**
春永、居催促

▼**人形買い（にんぎょうかい）**
つなぎ

▼**抜け雀（ぬけすずめ）**
赤羽二重の黒紋付き、駕籠かき、宿屋

▼**ねぎまの殿様（ねぎまのとのさま）**
醤油樽

▼**猫久（ねこきゅう）**
千艘や万艘、井戸端

▼**猫の災難（ねこのさいなん）**
一合上戸、掛け、貧乏徳利

▼**猫の皿（ねこのさら）**
掛け茶屋

▼猫の忠信（ねこのちゅうしん）
おつくり

▼ねずみ
損料(そんりょう)、釣(つ)り替(が)え、すすぎ

▼鼠穴（ねずみあな）
桟俵法師(さんだらぼっち)、深川(ふかがわ)　蛤町(はまぐりちょう)、見返り柳、用心土(ようじんつち)、巾着切(きんちゃくき)り

▼寝床（ねどこ）
御簾内(みすうち)、無尽(むじん)、店請証文(たなうけしょうもん)

▼軒付け（のきづけ）
門付(かどづ)け

▼野ざらし（のざらし）
手向(たむ)け、伽(とぎ)、瓢(ふくべ)、弁天山(べんてんやま)

▼羽織の遊び（はおりのあそび）
おんぶ、結城(ゆうき)、越中(えっちゅう)

▼化物使い（ばけものつかい）
暇乞(いとまご)い、暇(ひま)を出す、本所(ほんじょ)、炭箱(すみばこ)、吾妻錦絵(あづまにしきえ)

▼初天神（はつてんじん）
初天神

▼派手彦（はでひこ）
番頭

▼鼻ほしい（はなほしい）
鼻の障子(しょうじ)

▼花見小僧（はなみこぞう）
植半(うえはん)、丁稚(でっち)、藪入(やぶい)り

▼花見の仇討ち（はなみのあだうち）
優曇華(うどんげ)、午(うま)の刻(こく)、鞘走(さやばし)る、仕込み杖(づえ)、巡礼、深編み笠、
盲亀(もうき)の浮木(ふぼく)、六部(ろくぶ)

▼反魂香（はんごんこう）
高尾(たかお)

▼反対俥（はんたいぐるま）
梶棒、奉納提灯

▼引っ越しの夢（ひっこしのゆめ）
番頭、口入屋

▼一目上がり（ひとめあがり）
大家、掛字

▼雛鍔（ひなつば）
穴開き銭、半紙、紙花

▼姫かたり（ひめかたり）
女乗物

▼干物箱（ひものばこ）
巻軸、運座、本屋

▼百年目（ひゃくねんめ）
紙縒り、帳場、帳場格子、暖簾分け、港口で船を割る、番頭、肩揚げ、癇性、猪口

▼不精床（ぶしょうどこ）
不精、月代、腰高障子

▼双蝶々（ふたつちょうちょう）
番頭、久離、算盤、身請け、用箪笥

▼普段の袴（ふだんのはかま）
刻み煙草、文晁、銘、仙台平の袴、呼び火

▼不動坊（ふどうぼう）
三助、七輪、火種、浅草紙、東西屋

▼船徳（ふなとく）
新造、猪牙舟、久離

▼文違い（ふみちがい）
里言葉、長火鉢、年季奉公

▼風呂敷（ふろしき）
おでんに靴を履かず、直に冠をかぶらず

▼文七元結（ぶんしちもっとい）

お店者(たなもの)、上(かみ)屋敷、切手、中間(ちゅうげん)、角樽(つのだる)、仲之町(なかのちょう)、鼈甲(べっこう)、細川の屋敷、吉原細見(よしわらさいけん)、吾妻橋(あづまばし)、親になる

▼へっつい幽霊（へっついゆうれい）

総後架(そうごうか)、丁半、竈(へっつい)

▼包丁（ほうちょう）

御神燈(ごじんとう)

▼星野屋（ほしのや）

髪を下ろす、白無垢(しろむく)、比丘(びく)、後へ直す、吾妻橋(あづまばし)

▼仏の遊び（ほとけのあそび）

医者

▼木乃伊とり（みいらとり）

居続け、駆けつけ三杯、権助(ごんすけ)、お仕着せ、観相(かんそう)、腐った半纏(はんてん)、飯炊(めした)き、吉原(よしわら)芸者、天庭(てんてい)

▼味噌蔵（みそぐら）

吸い出し、焚きつけ、ぶら提灯(ぢょうちん)、擂(す)り粉木(こぎ)

▼三井の大黒（みついのだいこく）

安普請(やすぶしん)

▼身投げ屋（みなげや）

吾妻橋(あづまばし)

▼宮戸川（みやとがわ）

九尺二間(くしゃくにけん)、緋縮緬(ひぢりめん)、拐(かどわ)かし、掻巻(かいまき)

▼妾馬（めかうま）

御広敷(おひろしき)、御目見得(おめみえ)、白扇(はくせん)、空身(からみ)、肴(さかな)を荒らす、反(そ)り身(み)、酒(ささ)、家令

▼目黒のさんま（めぐろのさんま）

隠亡(おんぼう)焼き

▼もう半分（もうはんぶん）

丑三(うしみ)つ時、醤油樽(しょうゆだる)

▼もぐら泥（もぐらどろ）

火事早い

▼元犬（もといぬ）
請人（うけにん）、掃き溜め（はきだめ）、奉納手拭い（ほうのうてぬぐい）、焙烙（ほうろく）、むく犬

▼百川（ももかわ）
医者、廻り髪結（まわりかみゆい）、二の膳つき、椋鳥（むくどり）

▼やかん
白檀磨き（びゃくだんみがき）

▼やかんなめ
越中（えっちゅう）、可内（べくない）

▼宿屋仇（やどやがたき）
宿屋、小間物屋、不義、御法度（ごはっと）、すすぎ

▼宿屋の富（やどやのとみ）
朝湯、額（がく）、千両箱、台の物、突き止め、中富（なかとみ）、馬喰町（ばくろうちょう）、宿屋、湯島天神（ゆしまてんじん）

▼柳田格之進（やなぎだかくのしん）
女衒（ぜげん）、丸腰、一番番頭、番頭、煤払い（すすはらい）

▼藪入り（やぶいり）
お仕着せ、辛子（からし）、鼠の懸賞（ねずみのけんしょう）

▼山崎屋（やまざきや）
親元身請け（おやもとみうけ）、切手、扇屋（おうぎや）、御神燈（ごじんとう）、新造（しんぞ）、抜け裏、婆や（ばあや）、針が持てる、震え文字、北国（ほっこく）、身請け（みうけ）、矢立（やたて）、証文（しょうもん）を巻く

▼夕涼み（ゆうすずみ）
屋形船、猪口（ちょこ）

▼夢金（ゆめきん）
赤羽二重（あかはぶたえ）の黒紋付き、お先煙草（さきたばこ）、面擦れ（めんずれ）、骨折り、屋根船、歩み板、臆病窓（おくびょうまど）、疝気（せんき）、笠台（かさだい）

▼夢の酒（ゆめのさけ）
御新造（ごしんぞ）、冷や（ひや）

▼夢八（ゆめはち）
伊勢参り（いせまいり）

▼湯屋番（ゆやばん）

宇都宮釣天井、お先煙草、盃洗、弁天小僧、味噌漉し、
やらずの雨

▼淀五郎（よどごろう）

返り初日、富士の山、裃

▼らくだ

駆けつけ三杯、カンカンノウ、願人坊主、ごねる、
立て場、鉄砲笊、煮染め、鑑札、早桶、火屋、屋台骨、
湯灌、後棒、先棒、居食い、はしゃぐ

▼悋気の独楽（りんきのこま）

婆や

▼六尺棒（ろくしゃくぼう）

六尺棒

▼ろくろ首（ろくろくび）

ボンボン時計

▼藁人形（わらにんぎょう）

お職、里言葉、願人坊主

落語用語

【あ】

あいかた【敵娼・相方】
その客の相手をする**女郎**のこと。**登楼**する際、客はまず**張り見世**している女郎たちを**お見立て**して、相方を選びます。『突き落とし』のように**大一座**の客が**上がる**ときは、客と女郎が**引きつけ**で向かい合い、手拭いや扇子、**煙管**など、自分の持ち物を用いて、クジ引きで自分の相方を決める、というのが主流だったようです。誰が誰の相方になるのか完全に運任せですから、『錦の袈裟』のように偶然よいお客が相方になった女郎は「運がいいよ」と仲間からも羨まれることになります。

あいがめ【藍瓶】
紺屋が藍染めをする際に使用する「藍」を溜めておく瓶。古い型の『紺屋高尾』では**高尾**が紺屋に嫁いでから、この藍瓶を覗きに来る客が現れます。藍瓶にまたがって仕事をしていたので、瓶に溜まっている藍に高尾の陰部が映っているのを期待したのです。

あいくち【匕首】
鍔のない短刀。ドスとも。刀としては長さが短い上に「鍔がない」のがポイントでした。これなら懐へ隠せる上に持ち運ぶ際にも安全です。普通の短刀では鍔が邪魔で懐へ隠せませんし、包丁では鞘がないので、そのまま懐へ入れておくと怪我をします。だからといって、布にくるんでおくのは、急場に使うときに不便です。町人は基本的に帯刀を禁じられていましたから、『鈴ヶ森』の泥棒は、短刀や包丁ではなく、匕首（ドス）を懐へ忍ばせています。

あおぎなこ【青黄粉】
青大豆で作った黄粉。普通の黄粉は大豆で作るので色が黄色ですが、青黄粉は青大豆で作るので青色でした。**ムクの皮**と違って食用なので、食べても問題がありません。『青菜』の下痢の原因は青黄粉ではなく、ムクの皮の方でした。

あおざしごかんもん【青緡五貫文】
青緡は青く染めた**緡**。また、この青い緡に差した銭のこと。江戸幕府が庶民に報奨金をさげつかわすとき、この特別製の緡を用いました。幕府は親孝行を奨励していたので、孝行者には青緡で五貫**文**の金を与えたのです。緡一本分が百文で、五貫文は五千文ですから、青緡五貫文だと、緡が五十本になります。孝行者を奨励するこの習慣は明治以後も受け継がれ、「緑綬褒章」という名称に変わって現在まで続いています。古い型の『二十四孝』では、この青緡五貫文を目当てに、主人公は親孝行を始めます。

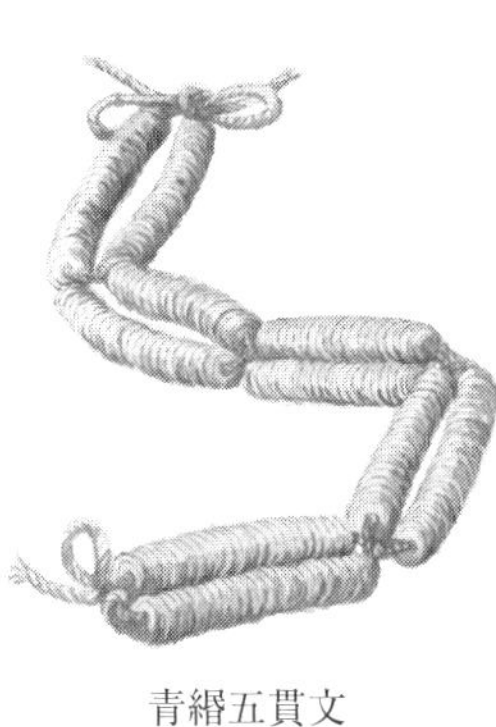

青緡五貫文

あか→あかがね【赤金】

あかいごもんのかみ【赤井御門守】

落語に出てくる**殿様**の名前。虚構の人物ですが、似たようなお殿様は実在しました。徳川将軍の娘や孫娘と結婚した大名の殿様は、屋敷の門を朱塗りにする、つまり「赤い御門」にすると決められていたことがその由来です。現在、東京で残っている朱塗りの門（赤い御門）でよく知られているのが東京大学の赤門で、この東大の本郷キャンパスは、元は加賀藩の当主前田家のお屋敷です。徳川十一代将軍・家斉の娘を嫁にもらったときに門を朱塗りにしました。しかし、江戸時代には他にも赤い御門の大名はいくつもあったので、加賀の殿様が赤井御門守のモデル、というわけではありません。

あかがね【赤金】

銅のこと。色が赤いため、「赤い金」から「あかがね」と名づけられました。略して「あか」ともいいます。朝、顔を洗うときに使ったのが「アカの金だらい」でした。

あかにしや【赤螺屋】

赤螺は、サザエによく似た貝の一種。殻を閉じると、滅多なことでは開かないことから、ケチなもののたとえとなり、それを人名らしく見せるために「屋」の字をつけて、ケチな人を指すようになりました。それをそのまま屋号にしたのが、『片棒』の主人公の店です。

あかはぶたえのくろもんつき【赤羽二重の黒紋付き】

『抜け雀』や『夢金』の侍風の男が着ていた着物で、元は黒羽二重に白抜きの紋がついていたものが、色褪せと汚れのため、**羽二重**が黒から赤へ、紋の白が黒に変わってしまったもの。羽二重は黒に染める前に「紅下」といって、白い羽二重を一度赤に染めてから黒く染めます。手入れが悪く、その黒色が色褪せると、下から下染めにしていた紅下の赤色が現れてきて、黒羽二重が赤羽二重になってしまうのでした。

あがり→あがる【上がる】

あがりがまち【上がり框】
日本家屋は、玄関などの土間で履き物を脱いで家の中に入るように作られています。家の中は土間よりも一段高く作ってありますが、この一段高い部分を「上がり框」といいます。

あかりとり【明かり取り】
外の光（太陽光線）を取り入れるための窓。

あがりはな【上がり端】
家に上がってすぐの場所。

あがりばな【上がり花】→あがる【上がる】

あがる【上がる】
登楼するこ と。**吉原**などの**廓**の**見世**に入り、その見世のお客になること。『付き馬』では、見世に登楼する客は**若い衆**の「お上がりになるよ」の声に送られて、見世の階段をトントントントンと上がっていきます。途中で足を止めないのが廓のルール、つまり**廓法**でした。廓は**縁起商売**なので、上がるのが止まるのは縁起が悪いとされたのです。一方、廓でマネージメントを司る**お茶屋**に上がると、まず最初にお客には、酒ではなくお茶が出されます。お茶屋と呼ばれるゆえんです。淹れたてのお茶のことは「お**出花**」といいます。そこで、お茶屋に上がったときに出るお茶を「上がり花」といいました。お茶＝「あがり」の語源です。

あきばさまのおふだ【秋葉様のお札】
秋葉大権現（秋葉神社）のお札。秋葉神社は**火伏せ**、火除けの神として知られていたので、そのお札は防火用のおまじないとなりました。

あきめくら【あき盲】→むひつ【無筆】

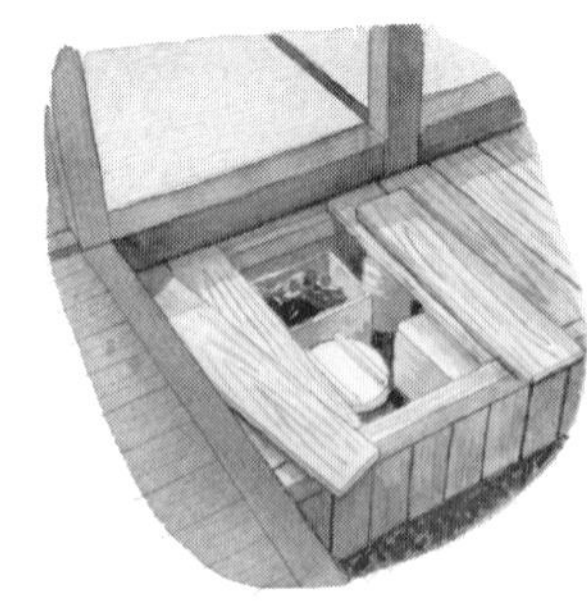
上げ板

あげいた【上げ板】
地下収納庫の蓋。上げ蓋とも。『厩火事』で骨董品を持った**女将さん**がわざと躓くのが、この上げ板です。家の構造上、**長屋**の土間から畳の部屋に上がる**上がり框**の下にありました。『締め込み』で夫婦喧嘩をしているのは畳の部屋で、泥棒が隠れていたのは、部屋よりも出口に近い上げ板の下でした。この泥棒は上げ板の下から飛び出したとき、逃げようと思えば逃げられたのかもしれないのに、その場に残ったのです。

あげだいきん【揚げ代金】
女郎を買う金。

あけたて【開け閉て】
障子などを開けること。あるいは、閉めること。開けたり閉めたりを繰り返すことではありません。

あけのがんちょうからくれのみそかまで【明けの元朝から暮れの晦日まで】
元朝は元日、正月、一月一日のこと。一月一日から十二月三十日までということから、一年中という意味。

あけのひ【明けの日】
翌日。

あげぶた【上げ蓋】→あげいた【上げ板】

あげまく【揚幕】
歌舞伎の舞台で、花道の出入り口にかけてある幕。

あけむつ【明け六つ】
現在の午前六時頃。江戸時代は、日の出の時刻を「明け六つ」と定めていました。ですから、季節によって明け六つの時間は変わります。その代わり、太陽が東から昇るのを見れば、「今が明け六つだ」ということが誰にでも分かりました。

あげやちょう【揚屋町】
吉原の**大門**をくぐり、**仲之町**を真っすぐ行き、二番目の十字路を右に折れたところ。

あさぎ【浅黄・浅葱】
薄い藍色、水色。

あさぎうら【浅黄裏・浅葱裏】
羽織などの裏地に、**浅黄色**の布地を使っていること。貧しい田舎侍がこの浅葱裏をつけていたので、**江戸っ子**にとって浅葱裏は、野暮の象徴の一つでした。江戸っ子は田舎侍を罵って、「浅葱裏」「浅葱」と呼びました。

あさぎまく【浅黄幕・浅葱幕】
浅黄色と白の縦縞の幕。神事や**弔い**などで用いました。

あさくさがみ【浅草紙】
最下級の紙。**後架**などで**落とし紙**として用いました。**山谷堀**の紙洗橋で、この浅草紙を作る職人が、紙の材料を山谷堀の水で冷やかしている間、**吉原**の**見世**を覗いて回った、というのが**素見**の語源ともいわれています。ちなみに紙を作る工程で「冷やかし」の次に行うのが「漉き返し」で、この仕事をしていたのが『不動坊』の振られ三人男の一人の**漉き返し屋**です。

あさくさのおくやま【浅草の奥山】
両国の広小路、下谷の佐竹が原、内神田の八辻が原などと並んで、よく知られていた江戸時代の盛り場。昼は見世物などで賑わいましたが、夜は**夜鷹**が出没する場所でした。**奥山**とも。

あざな【字】
本名以外の名前。中国の風習では、その人の本当の名前（本名）を呼ぶのは失礼だということから、成人すると本名以外にも名前をつけ、普段は他人からはその本名以外の名前で呼ばれていました。これが「字」で、要するに通称です。この習慣が日本にも伝わったのですが、日本ではこの「字」以外に、さらに「通称」「号」「官職名」「輩行名（長男を太郎、次男を次郎、三男を三郎と呼ぶ呼び方）」、「幼名」などを併用したため、かなり混乱しています。

たとえば、吉田松陰の松陰は「号」で、「本名」は矩方、「通称」が寅次郎で、「字」は義卿です。この中で吉田松陰が生涯、おそらく一度も他人から呼ばれたことがない名前が、本名の矩方です。『たらちね』の鶴女の父の安藤慶三も、他人から「字」の五光で呼ばれることはあっても、「本名」の慶三で呼ばれることは、まずなかったでしょう。その大切な名前を鶴女が八五郎に告げたのは、そこが婚礼という重要な儀式の場だったからです。

『青菜』の「九郎判官義経」は源義経のことですが、九郎は輩行名、判官は官職名、義経が本名で、『紫檀楼古木』の「牛若の御子孫なるか御新造が」という狂歌の牛若は牛若丸の略で、これは義経の幼名です。源義経を本名で「義経」と呼べたのはおそらく当時の帝だけで、兄の頼朝ですら、九郎と呼んでいたと思われます。

『手紙無筆』の枕の「大工のきさっぺ」の小咄の場合、きさっぺが通称で、山田喜三郎が本名です。きさっぺは大工ですから、もしも人から「**棟梁**」と呼ばれていたとすれば、それがいわば官職名となります。**権助**、**三太夫**、**おさん**なども本名ではなく、一種の官職名でした。

あさゆ【朝湯】

朝、銭湯（**湯屋**）に入ること。朝、家の風呂に入るのも朝湯ですが、江戸時代の**江戸**の町で自宅で風呂を持っているところはほとんどありませんでした。防火上の理由からです。湯屋は普通のところで大体朝の八時から、早いところでは六時くらいからやっていました。

『宿屋の富』で五百両当たる予定の男が、**女将さん**に朝起こされるなり朝湯へ行けたのも、湯屋が早くからやっていたためです。しかし、こんなに早い時間にやっていたのは男湯の方だけで、女湯は始まるのがもう少し遅く、早くても九時か十時にならないと開けませんでした。これは男女差別ではなく、単に需要がなかったからです。**花柳界**に近い湯屋では、男湯と同じ時間から営業していました。その朝湯が廃止されたのは大正八年のことです。これは、お客が来ないという経済的な理由からでした。

あしがる【足軽】

最下級の侍。戦のときは歩兵の役をしましたが、戦がなくなった江戸時代には、単なる雑用係でした。身分制度の厳しい江戸時代では、侍の中でも直接主君に対面できる者と、できない者がいました。足軽は最下級の侍ですから、もちろん対面できないのですが、そのルールを破ったのが『盃の殿様』です。→**ぞうひょう【雑兵】**

あじきり【鯵切り】

鯵切り包丁の略で、小型の出刃包丁のこと。『御慶』などで「切れてないものはないのか？」「包丁が切れないよ」と言っているのは鯵切りではなく、菜切り包丁のこと。**長屋**住まいの人たちは持ち物が少なかったので、包丁も何種類も持っていたわけではありません。魚をおろすには出刃包丁が要りますが、その作業は魚屋にやってもらえばよいので、貧乏人が包丁を一本だけ持つとすれば、菜切り包丁でした。しかし、菜切り包丁では肉などを切ることはできません。そこで『黄金餅』で死体の腹を割くときに用いたのが、出刃包丁よりも廉価で、菜切り包丁よりも切れ味の鋭い鯵切り包丁でした。

あじろ【網代】

薄く削った竹を編んだもので、多くは「網代の笠」、つまり薄く削った竹で編んだ笠を指します。

あすび【遊び】
「遊び」の江戸訛り。

あたいせんきん【値千金・価千金】
ものすごく価値のあること。千金は千両のことですが、この場合の千両とは多額のお金という意味です。

あだじけない
ケチ。

あたまのもの【頭のもの】
女性が髪につけるアクセサリー。櫛、**笄**など。

網代の笠

笄

あちき
里言葉で一人称の「私」の意味。

あづまにしきえ【吾妻錦絵・東錦絵】
浮世絵の一種。多色刷りだったので、モノクロ写真しかない時代のカラー写真のような扱いを受けました。画題となっている風物はさまざまで、**お国表**から出てきた人にとっては格好の**江戸**土産になりました。『しびん』の**勤番**侍や『化物使い』の**権助**も田舎に戻るときに買い求めています。美人画もあり、このモデルになることは、美人のお墨つきを得たようなものでした。

あづまばし【吾妻橋】
大川に架かっている橋の一つ。吾妻橋のあるあたりは、荒川と綾瀬川の二つの川の水が流れ込むところで、水の流れも激しくて強いため、**身投げ**の名所でもありました。『文七元結』『辰巳の辻占』『星野屋』など、落語でも身投げの場所で選ばれるのは決まって吾妻橋でした。

あとじり【後尻】
張り見世は**廓**の**見世**の中でも、道に面した部屋で行われます。その部屋には格子がついており、**女郎**は格子越しに道行く人たちへ顔を見せます。女郎たちの後ろは襖で、この襖がある場所が後尻です。襖をちょっと開けると、女郎たちの後ろ姿が覗けるので、**若い衆**に連れられた客はそこから女郎の品定めをしました。また、張り見世をしている女郎が怠けていないか、新入りの女郎はちゃんとやっているか、などを若い衆がチェックするのも、この後尻からでした。見世によっては梯子段の途中にわざと開けた穴があり、そこを後尻と呼んでいました。使い道は同じです。後尻から女郎の品定めをしたいときは、若い衆に「仲人を頼むよ」と言うと、後尻まで案内してくれました。

あとへなおす【後へ直す】
後妻にする。『おすわどん』では、妻の死後、妻が使っていた**女中**を後へ直し、『星野屋』では、**妾**(めかけ)を後へ直そうと画策します。

あとぼう【後棒】
棒を使って二人で物を担ぐとき、棒の後ろの方を担ぐ人のこと。『らくだ』で**早桶**(はやおけ)代わりの菜漬けの樽を担ぐ際、らくだの兄貴分が担いでいるのが後棒です。

あなあきせん【穴開き銭】
中央に穴の開いている銅貨。『雛鍔』の若様が拾った銭や、『真田小僧』で真田の紋所といわれている六文銭、さらに『鼠穴』でこしらえていた**緡**(さし)を通していた銭が穴開き銭です。『雛鍔』では、「裏に波の模様がある」と言っていますから、この穴開き銭は、おそらく寛永通宝でしょう。四**文**(もん)の値打ちがありました。四枚あれば、十六文の**夜鷹蕎麦**(よたかそば)が一杯食べられます。『雛鍔』では同じものを植木屋の息子が拾っていますが、四文であれば、確かに焼き芋を買うのにちょうどいいくらいの金額でした。

穴開き銭

あなぐら【穴蔵】
床下などに穴を開けて作った一室。地下室に似ていますが、ただ地面を掘っただけの、穴のようなものもありました。**江戸**は**火事早い**ところだったので、大きな商家などでは火事が起こると、持ち運べない財産はこの穴蔵へ投げ込み、その上へ蓋をしてから逃げたのです。余裕がある場合は、その蓋の上に水の入った桶を置きます。すると、桶が倒れるような大きな火災でも、水が下に漏れ、穴蔵に入れてある品物が無事でした。

あぶらがみ【油紙】

桐油(とうゆ)を塗って防水加工してある紙。旅に出るとき、雨に濡れて困るものなどは、この油紙に包んでから、荷の中に入れます。野宿をする際には、この油紙を敷いてその上に寝ると、夜露よけになりました。傘の紙も、この油紙を用います。『蛙茶番』で**褌**(ふんどし)を油紙に包んだのは、**湯屋**の湿気から守るためでしたが、かなりぜいたくな使い方でした。

あぶらしょうじ【油障子】

防水のために**油紙**を貼った障子。

あぶらをかける【油をかける】

おだてて、相手を調子に乗らせること。『蛙茶番』で、**丁稚**(でっち)が半ちゃんを「口で持ち上げて」いますが、これが「油をかけている」ところです。

あまになる【尼になる】→びく【比丘】

あみがさ【編み笠】

藁(わら)などで編んで作った笠。主に日よけのために用いますが、これが**深編み笠**になると、顔を隠すために用います。

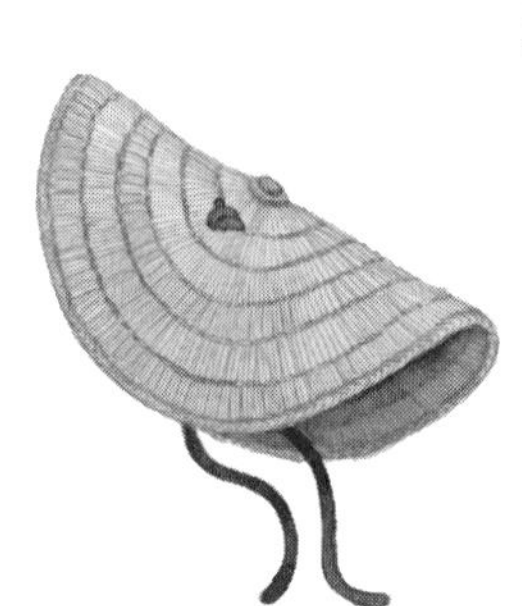

編み笠（折れ編み笠）

あみがさぢゃや【編笠茶屋】

吉原(よしわら)へは行きたいのだが、人に見られるのは困る、という人は、顔を隠すために**編み笠**をかぶりました。自前の編み笠を持ってこなかった人のために編み笠を貸し出していたのが編笠茶屋です。江戸時代中期までは、看板通りに編み笠を貸すのを生業としていましたが、のちに廃れ、**中継ぎ**をする**中宿**(なかやど)になったり、編笠茶屋という看板を出しながら、編み笠の代わりに、**色**を売っていたところもありました。

阿弥陀かぶり

あみだになる【阿弥陀になる】

笠などのかぶり物が阿弥陀かぶりに

なっていること。阿弥陀様の仏像は背中に後光を背負っているので、人間がかぶっている笠を後ろにずり下げると、笠と顔のバランスが、後光を背負った阿弥陀様に似ていることから、こう呼ばれるようになりました。『唐茄子屋政談』の若旦那のように笠が阿弥陀になってしまっては、日光をよけるという笠の用をなしません。

あめふりかざまやみわずらい【雨降り風間病み患い】 **出商売**（でしょうばい）にとっての大敵（商売に出られなくなる原因）である雨、風、病気のこと。雨が降っていたり、風が強かったりすると、出商売は外に出られません。また自分自身が病気になったりすれば、もっと大変です。前半分の「雨降り風間」だけならば「雨が降るにつけ、風が吹くにつけ」ということから「ちょっとしたときに」の意味となります。「(子どものことを）雨降り風間には思い出す」という具合に用います。

あゆみいた【歩み板】 「物」と「物」の間に渡してある板。その上を歩きます。『夢金』で、乗客を舟まで連れて行くとき、「揺れますので気をつけて」と言っているのがこの歩み板です。船着き場から、船へ移動する際などに用いられました。

あらいがみ【洗い髪】 江戸、明治を通じて、女性は**髷**（まげ）を結っていましたが、洗髪の後の髪を乾かす間は髪を結わずにいました。これが洗い髪で、現代であれば、ごく普通のロングヘアです。『道灌』では、八五郎（はちごろう）が**下げ髪**をこの洗い髪と間違えています。

洗い髪

ありあけあんどん【有明行灯】→**あんどん【行灯】**

ありのみ【ありの実】 梨。梨は「無し」に通じて縁起がよくないので、「無し」の反対で「有り」の実です。「する」という言葉を忌んで、すり鉢を「あたり鉢」、するめを「あたりめ」と呼ぶのも同じ理由から。

ありわらのなりひら【在原業平】→**なりひら【業平】**

ありんす→さとことば【里言葉】

あわしまさま【淡島様】
現在の和歌山市加太(かだ)にある淡島神社に祀(まつ)られている神様。安産、婦人病の神様として知られていますが、『夢の酒』に登場する「淡島様の上の句を読めば、見たい夢が見られる」という逸話に関しては未詳。

あわをくう【泡を食う】
驚き、慌てること。

あんか【行火】
小型の暖房器具。昔は電気はありませんから、炭などを入れて用いました。手や足といった身体の一部を温めるのに用います。ですから、『たらちね』で嫁入りの冬の道具が行火だったのは、一応嘘ではなかったということになります。行火は冬しか使わない道具です。

有明行灯

置き行灯

あんどん【行灯】
蝋燭(ろうそく)などを用いた照明器具の一種。明かりが外にまんべんなく広がるように、周りを紙で囲ってあります。この行灯の小型のものが**有明行灯**(ありあけ)で、夜寝ているときも小さな明かりをつけておくために用いました。**廓**(くるわ)の部屋では、客が**女郎**(じょろう)に危ないことをしかけたりしないよう、この有明行灯がつきっぱなしになっていました。しかし、油が切れると行灯の明かりが消えてしまうので、『五人廻し』のように、**若い衆**(わかしゅう)が、夜も定期的に部屋を回り、行灯の油をついで回りました。

あんどんべや【行灯部屋】
昼間使わない**行灯**を片づけておく部屋。**廓**(くるわ)の**見世**(みせ)では、雑居房としても使われ、病気になった**女郎**(じょろう)や、勘定を払わない**居残り**の客などが入れられました。行灯自体は明治初年頃にはランプに取って代わられたので、それ以降は行灯部屋という名称は残っていても、実際にその部屋に行灯を片づけることはありませんでした。『居残り佐平次』には人力車が出てくるので時代は明治ですが、その頃になると、**佐平次**が上がった**品川**の見世では、行灯部屋そのものがなくなっていきます。

あんにゃもんにゃ
わけの分からないもの、わけの分からない奴のこと。わけの分からないものを指す「なんじゃかんじゃ」が訛って、「あんにゃもんにゃ」になりました。

あんぽつ
駕籠。**四つ手駕籠**よりは上等ですが、**乗物**と呼ばれる駕籠ほど立派ではありません。『真景累ヶ淵／豊志賀』で豊志賀を四つ手駕籠ではなく、ワンランク上のあんぽつに乗せたのは、病身を気遣ってのことでした。

あんぽんたん
間抜け、馬鹿。元は大坂弁ですが、**江戸**でも使われるようになっていきました。

あんま【按摩】
指や掌による身体マッサージのことですが、江戸時代はこの仕事を多く盲人が行っていたため、按摩＝盲人というニュアンスがありました。『三味線栗毛』『心眼』などでも、盲人が按摩を行っています。『真景累ヶ淵』の宗悦をはじめとして、按摩が金貸しを兼ねていることが多かったのは、江戸幕府が弱者救済政策の一環として、盲人は貸した金を強制的に取り立てることができる権利を与えられていたからです。

【い】

いあい【居合】→いあいぬき【居合抜き】

いあいぬき【居合抜き】
刀を鞘から抜くと同時に、攻撃になる武術が居合です。かなり高度な剣術で、誰もができるものではありません。その居合を、大道芸などの見世物として見せたのが居合抜きです。『小政の生い立ち』の主人公で清水の次郎長の子分の小政が学んだのが居合でした。これが居合抜きとなると、大道芸を教わったことになってしまいます。

いいつらのかわ【いい面の皮】
とんだ迷惑。いい恥さらし。

いいひと【いい人】→まぶ【間夫】

いいまのふりをする【いい間のふり

をする】

ちょっと気取って。**女郎**(じょろう)にねだられたので、貧乏な客が金もないくせに、いい間のふりをして**台の物**を取ったりします。

いえぬし【家主】↓**おおや【大家】**

いえみつこうあんさつ【家光公暗殺】↓**うつのみやつりてんじょう【宇都宮釣天井】**

いかけや【鋳掛屋】
鍋、釜など、鋳造製品の修理を行う商売。

いかんそくたい【衣冠束帯】
公家の正装のこと。↓**そくたい【束帯】**

いきづえ【息杖】
駕籠(かご)**かき**が**駕籠**を担ぐとき、手に持つ杖。休憩する（息をつく）ときは、この杖をつっかえ棒にして駕籠を支えます。

いきぼとけ【生き仏】
生きている人のこと。死んでる人を「仏様」「仏」と言いますから、その反対に生きている人は「生き仏」となります。また、『居残り佐平次』の**内所**(ないしょ)の旦那のように、まるで仏様のようないい人のことも「生き仏」といいます。

鋳掛屋

いぐい【居食い】
働かずに、持ち金だけで暮らすこと。それで持ち金が尽きたら、今度は所持品を売って暮らします。**紙屑屋**(かみくずや)に所持品を売り尽くしてしまった『らくだ』も居食いといえるでしょう。昔は、衣類が高く売れたので、着ているものを一枚ずつ売って、食いつないで暮らしました。「皮を一枚ずつ剥いでいくよう」ということから、こういう居食いを「筍生活(たけのこせいかつ)」と呼びます。

いざいそく【居催促】
その場に坐り込んで催促すること。『睨み返し』に登場する薪屋は、居催促の典型的な例です。

いさみはだ【勇み肌】
威勢のよいこと。男性にも女性にも用います。

いざり
「いざる」とは、坐ったまま、お尻を下につけた状態で前に進むこと。「いざり」は、その「いざる」の名詞形で、足が不自由で歩けない人。

いしかわごえもん【石川五右衛門】
戦国時代の盗賊で、落語の世界では大泥棒の代名詞的存在。南禅寺の**山門**の上で、**煙管**を片手に「絶景かな、絶景かな」と言ったことと、「油の煮えたぎる釜で釜ゆでになった」逸話で知られています。辞世の歌は、「石川や浜の真砂は尽きるとも 世に盗人の種は尽きまじ」で、これも有名。

いしづき【石突き】
槍や長刀などの柄の、刀身とは反対側の部分。地面に突き立てるときや、刀でいうところの**峰打ち**をする場合など、この石突きを使います。槍は刀身部分で相手を殺傷するように作られており、石突き部分はただの木ですが、だからこそ石突きで相手を突くのは、木刀で突くほどの威力がありました。『巌流島』では、石突きを桟橋に突き立て、その勢いで舟を川へ押し戻しています。刀身の方を突き立てると、槍が刺さって抜けなくなり、『船徳』のコウモリ傘のようになってしまいます。

いしゃ【医者】
江戸時代の医者は基本的に漢方医です。医者は一目見て分かりました。**江戸**の町では医者は坊主頭だったからです。**邪淫戒**で女性と接することが禁じられていた僧侶も医者と同様、坊主頭でした。そこで『仏の遊び』では僧侶が医者と偽って**廓**へ出かけます。医者には往診の際に**駕籠**に乗ることが許された**乗物**医者と、病家まで歩いて行く徒歩医者がありました。乗物医者の方が格が上です。乗物医者の『代脈』の患者が**大家**の娘で、徒歩医者の『百川』の患者が河岸の若い者という差があるのもその格の違いからでしょう。だからこそ、『代脈』では若先生を駕籠に乗せることに固執しています。乗物は乗物医者のシンボルでした。

いじょく【居職】
自宅や仕事場などで働く仕事のこと。この反対が**出商売**です。『つる』で、鶴の能書きを聞かされる男、『小言幸兵衛』の**仕立て屋**、『王子の狐』の噺家などが居職です。

いしんほう【医心方】

中国の医学書の古典。江戸時代の医学は、基本的にすべて漢方（中国医学）でしたから、**医者**にとって「**傷寒論**」と、この「医心方」は必須のマニュアルでした。

いずものかみさま【出雲の神様】

出雲大社に祀られる大国主命のことで、縁結びの神様とされました。『居残り佐平次』に出てくる**都々逸**「これほど思うにもし添われずば、私は出雲へ暴れ込む」は、「これほど愛しているのにあなたと夫婦になれないのであれば、私は縁結びの神様のいる出雲へ文句を言いに行く」という意味。

いせまいり【伊勢参り】

伊勢神宮に参詣すること。江戸時代の人にとって伊勢参りをするのは、一生に一度か二度あればいいという、ビッグイベントでした。『夢八』などで唄われている「伊勢音頭」ではやや誇張して「お伊勢七度（一生の間に七回伊勢参りに行く）」と言っています。江戸と比べれば、やや伊勢に近かった**上方**でも伊勢参りは特別な旅でした。伊勢参りの道中を描いた一連の上方落語では、「東の旅」と呼ばれています。

いせや【伊勢屋】

店の屋号の一つ。**江戸**の名物の一つに数えられるほど、「伊勢屋」という名の店が江戸にはたくさんありました。伊勢をルーツにする店です。伊勢商人は、大坂商人や近江商人と並ぶ、江戸時代の三大商人の一つでした。

いそうろう【居候】

他人の家に住んでいる人。白井権八が**幡随院長兵衛**の居候をしていたところから、居候を**権八**とも言い、居候することを「権八を決め込む」と言いました。

いたがしら【板頭】

岡場所で各**見世**の人気ナンバーワン、稼ぎ頭の**女郎**のこと。**吉原**では、この板頭を**お職**と呼びました。同じナンバーワンでも、『紺屋高尾』の**高尾**は吉原にいたのでお職でしたが、『藁人形』や『品川心中』の女主人公はそれぞれ**千住**、**品川**のナンバーワンですから板頭です。板頭の地位にいることを「板頭を張る」といいます。

いたちのみち【鼬の道】
急に連絡が取れなくなること。交際していた異性と、急に連絡が取れなくなり、どうやら振られたらしいというのを、「鼬の道を決め込まれた」といいます。「ばったり鼬の道」の「ばったり」は、鼬の道のいわば強調形です。

いだてん【韋駄天】
韋駄天は神様の名前で、足が速いことで知られており、そこから足の速い人を韋駄天と呼ぶようになりました。足の速い男が泥棒を追いかける小咄（こばなし）で、この男の仇名が韋駄天です。『盃の殿様』で、**お国表**（くにおもて）から**吉原**（よしわら）までを一気に走る男も韋駄天でした。このようにものすごいスピードで走ることを「韋駄天走り」といいます。

いたばし【板橋】→ししゅく【四宿】

いちごうじょうご【一合上戸】
まるきり酒の飲めない下戸（げこ）ではないが、わずかな量の酒で酔っ払ってしまう酒飲みのこと。『猫の災難』では、「そんなものは、本当の酒飲みじゃない」と馬鹿にされていますが、『鰍沢』の主人公は一合上戸だったおかげで命が助かっています。

いちだ【一駄】
「駄」は馬に背負わせる荷物のことで、「一駄」は馬一頭に背負わせることができる荷物の量。『馬の田楽』で運んでいるのは、一駄の味噌です。

いちばんばんとう【一番番頭】
大店（おおだな）など奉公人が多く、**番頭**も複数いる場合の、序列が一番上の番頭。**大番頭**ともいいます。『柳田格之進』では、一番番頭が死ねば、二番番頭が一番番頭に、三番番頭が二番番頭になれると言っていますし、『百年目』でも一番番頭が**別家**（べっけ）をすれば次の番頭が一番番頭になると言っているように、一番、二番で役職が順送りになっていました。

いちまいえになる【一枚絵になる】
写真がなかった時代、絵がその代わりをしました。現在のブロマイドにあたるものも、絵で描かれます。絵師は玄人である役者や**女郎**（じょろう）、芸者だけでなく、素人をモデルにしても絵を描きました。その絵の中でも、もっともぜいたくなものが、紙一枚全紙に刷った「一枚絵」と呼ばれる浮世絵です。この一枚絵のモデルに選ばれることを「一枚絵になる」といい、美女の代名詞とされました。美男の場合は、「**役者にでもしたいような**」と言われます。

いちむらざ【市村座】
三座の一つ。

いちょうがえし【銀杏返し】
女性の**髷**(まげ)の一種。元は、若い娘の髪型でしたが、のちに芸者など玄人の女性も年齢に関係なく結うようになりました。

銀杏返し

いっか【一荷】→みずがめ【水瓶】

いっきとうせん【一騎当千】
一人で千人の敵と戦えるほど、強い武者。

いっそく【一束】
百。細いものを十本で「一把(わ)」とし、十把で「一束」と数えました。そこで「一束＝百」です。金勘定でも百**文**(もん)を一束と言ったりします。履き物などを数える「一足」とは違います。

いっちゅうぶし【一中節】
三味線音楽の一種。

いつづけ【居続け】
廓(くるわ)などの**見世**(みせ)に何泊も泊まって帰らないこと。**吉原**(よしわら)の見世などは夜に来て、そのまま泊まって朝帰りをする客もいましたが、これはごく当たり前の遊びですから、一泊だけなら「居続け」にはなりません。少なくとも二泊以上からが居続けです。さらに料金をきちんと払っているからこそ居続けと言われるので、無銭で逗留するのは**居残り**です。『木乃伊とり』が居続けの、『居残り佐平次』が居残りの代表的な例です。『居残り佐平次』で「流そうじゃねえか」と言っているのは「居続けをする」という意味で、居続けすることを「流す」ともいいました。

いっとうりゅう【一刀流】
戦国時代の伊藤一刀斎(いっとうさい)を開祖とする剣術。用いる刀が、一ふり（一本）だから一刀流なのではありません。それでは、二刀流以外はすべて一刀流になってしまいます。

いっとき【一刻・一時】
現在のおよそ二時間。「ジャスト二時間」ではなく、「およそ二時間」なのは、江戸時代の時刻は、日の出と日の入りを基準に時刻を数えていたからです。昼の時間は「日の出から日の入りまでを六等分」したものが一刻で、夜の時間は「日の入りから日の出までを六等分」したものが一刻です。この時刻の計り方では、一刻の長さは昼と夜では違いますし、季節によっても変動します。そのため、江戸時代の時刻や時間を現代語に翻訳すると、「およそ〇時間」「大体〇時頃」と現代から見れば大雑把なものになってしまいます。このおよそ二時間である一刻の半分、つまりおよそ一時間が半刻、さらにその半分のおよそ三十分が小半刻です。

いつどころもんつき【五つ所紋付き】両袖の前と後ろにそれぞれ一つずつ、さらに背中に一つ、合計五つの家紋の入った着物や羽織のこと。

いつのぶとん・いつぬのぶとん【五布布団】布団の表と裏の生地を、五枚の布で縫い合わせた布団。普通のサイズが四布ですから、大きめの布団です。すなわち、贅沢な布団、あるいはゴージャスな布団でした。これに対して小さめの布団が**三布布団**です。

いっぽんざし【一本差し】町人は、刀を二本差すことは禁じられていましたが、**道中差し**と呼ばれた、旅の護身用の刀や、正装している場合などは、刀を一本だけ差すことは認められていました。これが一本差しです。許されているのは大刀ではなく、**脇差し**だけです。『御慶』で八五郎が町人であるにもかかわらず、短刀を腰に差せているのは、**裃**という正装をしているためでした。やくざも侍ではないので大刀は差せません。そこで大刀を長い脇差し（**長脇差し**）と偽って、一本だけ差していました。ここから、やくざを「一本差し」と言うようになりました。

いっぽんどっこ【一本独鈷】博多織の男帯。博多織は、織りが丈夫であることで知られています。

いどがえ【井戸替え】井戸掃除。井戸から井戸水を汲み上げ、井戸の内部を掃除しました。人間が**下帯**一本で水のある井戸の中に入るのですから、行うのは主に夏です。

いとぞこ【糸底】茶碗などの底にある、丸い出っ張った部分。

いどのちゃわん【井戸の茶碗】高麗茶碗の一種。原産国の高麗（朝鮮）では、この茶碗はごく普通の雑器、つまり普段使いの食器として用いられていました。そんな茶碗に、新たな価値を見いだしたのが、江戸時代の茶人たちです。ですから、ぱっと見ただけでは、平凡な茶碗でしかありません。『井戸の茶碗』では、浪人が井戸の茶碗の値打ちを知らずに普段使いにしていましたが、ある意味、そうするのが正しい用い方だったのです。落語の演目では『井戸の茶碗』となっていますが、一般には「井戸」、あるいは「井戸茶碗」と呼びました。

井戸の茶碗

いどばた【井戸端】

井戸のほとり、周囲。井戸は**長屋**共同の**水道**ですから、米をとぐにも、洗い物をするにも、すべて井戸端で行われます。必然的に、一家の家事を一手に引き受ける**女将（おかみ）さん**連中が集まり、そこがご近所の人たちと世間話をする格好の場所になりました。これが、「井戸端会議」です。朝の洗顔も井戸端で行われますから、『猫久』の女将さんが猫久（ねこきゅう）の妻と、毎朝井戸端で顔を合わせるのも当然のことでした。

いとまごい【暇乞い】

別れを告げること、あるいは仕事を辞めること。『品川心中』で死ぬつもりの金蔵（きんぞう）が、世話になった親分にした暇乞いが前者、『化物使い』で化物の家に引っ越すのが嫌さに、**権助（ごんすけ）**が主人に願ったのが後者です。

いなばこぞう【因幡小僧・稲葉小僧】

江戸時代の大泥棒。

いなり【稲荷】

稲荷大明神（だいみょうじん）。**狐**を神使（しんし）にすることで知られる神様。江戸時代の**江戸**の町では稲荷信仰が盛んで、火事や喧嘩と並んで江戸の名物とまで言われました。稲荷神社には狐の像がたいてい二体置かれていて、片方が玉を、もう片方が鍵を持っています。『たが屋』に登場する花火の「玉屋」と「鍵屋」の屋号の由来です。江戸時代の人々は信心深かったので、稲荷と呼び捨てにはせず、「お稲荷様」と様づけで呼びました。

いぬい【乾】

北西の方角。

いぬのひ【戌の日】

十二支で子(ね)、丑(うし)、寅(とら)と数えていき、戌にあたる十一番目の日。お産が軽い犬にあやかって、「妊娠五ヶ月目の戌の日に神社にお参りに行くと安産ができる」という信仰がありました。参詣する神社でもっとも人気のあったのは、**水天宮**(すいてんぐう)です。戌の日の水天宮は、安産祈願の人でごった返しました。

いのこり【居残り】
廓(くるわ)の**見世**(みせ)などで遊んだのに、料金が支払えず、家に帰してもらえない状態、またその当人。基本的には、誰かがお金を持ってきてくれるまで、見世を出ることができませんでした。**→いつづけ【居続け】**

いはいや【位牌屋】
仏具屋。実際には、位牌屋という商売はありませんでした。落語のストーリーの便宜上、仏具屋を位牌屋と呼んだのでしょう。

いまこまち【今小町】→こまち【小町】

いりやまがたにふたつぼし【入山形に二つ星】
「**吉原細見**(よしわらさいけん)」に記してある最高ランクの**女郎**(じょろう)の印。女郎の名前の上に「へ」の字を二つ重ねたM字マークがついていて、評価の高い女郎はそこへ星マークがつきます。二つ星が最高得点で、これが入山形に二つ星。次点が一つ星でした。二つ星だから文句なしにすばらしいのかというとそうでもなく、「この女郎は一つ星だが、その分、二つ星ほど威張ってないので、こちらの方がずっと好ましい」などということも「吉原細見」には書いてあります。

入山形に二つ星

いれじち【入れ質】
品物を質に入れること。また、質に入れた品物のこと。

いれずみ【入れ墨】→すみがはいったからだ【墨が入った身体】

いろ【色・情夫・情婦】
恋人。「色を売る」の「色」は**色事**のことで、売春すること。

いろけし【色消し】

色気、情緒、興趣がないこと。「とんだ色消しだ」は、「(せっかく面白くなりそうだったのに) つまらないことになってしまった」という意味。

いろごと【色事】
恋愛、情事。

いろのみち【色の道】
恋愛や情事に関すること。

いわつきねぎ【岩槻葱】
江戸時代に、岩槻（現・埼玉県さいたま市岩槻区）で作られていた葱。白い部分も美味しく食べられますが、葉葱ですからメインは緑の葉の部分でした。葉葱であればこそ、できあがった**おつけ**に刻んで入れただけで、すぐに食べられます。『たらちね』で、新妻がおつけの実として、岩槻葱を選んだのはベストチョイスでした。これが芋では、『小言念仏』でも言っているように、すぐに火が通りません。

いんがこぞう【因果小僧】
江戸時代の泥棒ですが、実在したかどうかは不明。

いんがのたね【因果の種・因果の胤】
因果は「原因」と「結果」。この場合の原因は性交で、その結果が妊娠になります。その因果の種ですから「胎児」のことです。そのため、因果の胤は「宿す」と言います。**不義**の結果、女性がお腹に子を宿してしまったことです。

いんぎょう【印形】
判子。

いんげんぜんじ【隠元禅師】
中国から渡来した、江戸時代初期の禅僧。**黄檗山**万福寺の開祖で、この黄檗山の境内に生えている真竹が、黄檗山**金明竹**です。

いんごう【因業】
頑固でむごく、人情味と優しさがないこと。

いんとく【陰徳】
人に知らせないようにして行う善行。

いんをむすぶ【印を結ぶ】
手の指のさまざまな組み合わせによって、密教の奥義を表現する行為。一般人には、忍者が忍術を使うときの前触れのように認識されていました。『蛙茶番』の劇中でも、忍法を使う際に、この印が結ばれています。

【う】

うーる【ウール】
羊毛の毛織物。**毛氈**などの材料です。六代目・三遊亭圓生が繊維会社のテレビコマーシャルに出演した際、「ウールです」という台詞を言ったため、この台詞が圓生落語の**くすぐり**の一つになりました。圓生の『紺屋高尾』で、**高尾**が清蔵にウールを土産に渡すと、客席から笑い声が出ているのは、そのため。

うえはん【植半】
向島にあった料理屋ですが、ただ酒食を楽しむだけの場所ではありません。**待合**に近いニュアンスがあり、男女が植半に行くとなると、つまりはそういう目的もあるということでした。『花見小僧』では、**婆や**と**小僧**を連れて食事に行ったおせつと徳三郎が、いつの間にか二人きりになって、別室でなにやら怪しげな振る舞いをします。こういうことができたのも、行った料理屋が植半だったからです。木母寺境内の本店が「奥の植半」、隅田堤にあった分店は、「中の植半」と呼ばれました。徳三郎たちが行ったのは、奥の植半です。

うきな【浮き名】
悪い噂という意味もありますが、そういう噂も込みで、男女関係の噂のこと。「誰それと浮き名が立つ」は、「誰それとつき合っている（関係がある）という噂が流れる」という意味で、本当につき合っているかどうかは第三者には分かりません。浮き名はあくまでも噂レベルです。自分には釣り合わないような、レベルが上の相手と浮き名が立ったときは、そんな噂を流してもらっただけでもラッキーということで「浮き名儲け」、あるいは「浮き名儲けをした」といいます。『締め込み』で独身時代の主人公が、将来妻になる女性と噂になったのは、彼にとっては「浮き名儲け」でした。

うぐいすのふん【鶯の糞】
昔の高級美顔薬。商品名ではありません。文字通り、ウグイスの便のことです。

うけにん【請人】
保証人。奉公するときや、家を借りるときなどに、この請人が必要でした。『元犬』の主人公は犬ですから、請人などいるはずがありません。そこで、元は犬だった男が奉公するときは、**口入屋**が「請人なしでもかまわない」とわざわざ断っています。

これは、本来はあり得ないことですが、『甲府い』や『塩原多助一代記』でも、主人公は請人なしで雇ってもらっています。

うこんもめん【鬱金木綿】
鬱金色（鮮やかな黄色）に染めた木綿の布。

うしどし【丑年】
十二支の一つですが、それとは関係なく、牛は小便の長い動物とされていました。そこから、『明烏』でオシッコに行ったきり、一晩帰って来なかった**女郎**を指して「あの女は丑年の女じゃねえか」と言っています。

うしみつどき【丑三つ時】
現在の、おおよそ午前二時頃。そこから転じて、真夜中のこと。幽霊が出る刻限とされていました。『もう半分』で怪異が始まるのも、この丑三つ時です。

うしをうまにのりかえる【牛を馬に乗り換える】
牛は足が遅く、馬は速い。そこから転じて、「より有利なものに乗り換える」という意味。『おせつ徳三郎（刀屋）』で、徳三郎はおせつの婿取り話を聞き、「牛を馬に乗り換えられた」と激高します。

うすどり【臼取り】
餅を搗く際、杵を持つ人の横につき、杵で餅米を搗くたびに、その餅米をひっくり返す役。

うたいじり【唄い尻】
歌の最後のフレーズ。

うたざわ【歌沢】
三味線音楽の一種。

うちかけ【打ち掛け・裲襠】
小袖の形をした上着。**吉原**など**廓**では**女郎**の座敷着で、**張り見世**や**花魁道中**の際に着用します。大変高価なものですが、『盃の殿様』では、**殿様**があっさりその打ち掛けを所望し、花魁もあっさりとそれに応じています。仕掛けとも。

打ち掛け

うちくびごくもん【打ち首獄門】
「打ち首」は斬首刑、すなわち首を斬り落とす死刑のこと。「獄門」は、その斬り落とした首を獄門台という台の上に乗せてさらすこと。さらされた首が「晒し首」で、見せしめのために行われました。獄門の場合は、その前に**市中引き回し**という見せしめ刑がセットについています。晒し首を乗せていた獄門台は、**小塚原**や**鈴ヶ森**にありました。『鈴ヶ森』の主人公が言うように、鈴ヶ森は物騒なところだったのです。

一方、打ち首の方は、獄門と必ずしもセットではなく、打ち首だけということもありました。この場合は、小塚原や鈴ヶ森まで連れて行かれずに、牢の中の、それ専用の場所で首を斬られます。その場所の名前が「土壇場」です。「土壇場になって、じたばたするな」という台詞は、ここから生まれました。

うちそとはちもんじ【内外八文字】
花魁道中の際に、**花魁**が行う独特の歩き方。京都では**内八文字**、**江戸**では**外八文字**が行われました。内外八文字はその変形で、最初の足の踏み出しは内八文字にして、その後、外八文字に足を開く、という歩き方です。

うちはちもんじ【内八文字】
花魁道中の際に、**花魁**が行う独特の歩き方。高下駄を履き、つま先を内側に八の字になるように向けて歩きます。京都の花魁が行いました。

うっちゃる
投げ捨てる、放り捨てる、放っておく。

うつのみやつりてんじょう【宇都宮釣天井】
本多正純が、宇都宮城（現・栃木県宇都宮市）の天井に「釣り天井」という仕掛けを施して、徳川二代将軍・秀忠の命を狙うという暗殺未遂事件が江戸時代初期に起こりました。『湯屋番』では、表面にだけ、御飯がよそってあり、中身が空洞の飯を釣天井に見立てて「宇都宮釣天井飯」と言っています。この謀反を起こしたのが本多正純であったので、それを掛けて同じ御飯を「本多謀反の飯」といいました。さらに「家光公暗殺飯」ともいったのは、噺家が秀忠を家光と間違えたためか、あるいは秀忠よりも家光の方が知名度が高いので、家光にした方が話が面白くなるからでしょう。

うつりかえ【移り替え】
廓で行われる衣替えのこと。六月五日と十月五日の年に二度あり、大金を費やして、冬物から夏物へ、そして夏物から冬物へと替えました。しかも、ただ着物を替えるだけではなく、そのたびにお祝いの儀式を行わなくてはなりません。その際には、**見世**(みせ)の**若い衆**(わかいしゅう)や**遣り手**(やりて)にも祝儀を配り、芸者をあげて一席設けます。この儀式を行わない限り、移り替えはできないことになっていましたが、これには莫大な費用がかかります。移り替えの儀式を自腹でやってはいけないというルールはありませんが、そんなことで身銭を切る**女郎**(じょろう)はいません。ですから、すべてお客に払って貰うというのが暗黙のルールなのですが、人気のない女郎にはそれだけの金を出してくれるパトロンがいない、というのが『品川心中』の悲劇の始まりでした。

　では、移り替えをしなければよいのですが、そうすると他の女郎たちが全員袷(あわせ)を着ているときに、一人だけ単衣を着ることになります。移り替えは女郎の見栄を利用して、客に金を落とさせる廓の金儲けの手段だったのです。

うどんげ【優曇華】

想像上の植物。「三千年に一度花が咲く」といわれているので、その開花に立ち会う機会はまずあり得ない、珍しいこととされていました。そこで優曇華の花は珍しいこと、あり得ないことのたとえとして用いられます。『花見の仇討ち』などで、敵討ちが目指す仇を見つけたときに言う、定番の台詞「**盲亀**(もうき)**の浮木**(ふぼく)、優曇華の」の一節ですが、本来なら「優曇華の花」と「花」まで言うべきところを、省略している場合もあります。定番の台詞なので、そこまで言わなくても、大方の人は了解したのでしょう。

うまかた【馬方】

馬を引く人。またその職業。**馬子**(まご)ともいいます。

うまのこく【午の刻】

江戸時代の時刻の数え方の一つで、現在の午後ゼロ時（午前十二時）を起点とした、前後**一刻**(いっとき)の時間帯。現在の、おおよそ午前十一時から午後一時の間の総称です。『花見の仇討ち』で待ち合わせた「正午(しょううま)の刻」は、その起点となる午前十二時のことで、これは現在も「正午」という言葉で残っています。正午の刻は、太陽が真南にある時刻ですから、時計のない時代でも、かなり正確に知ることができます。待ち合わせの時刻としては最適でした。のちに、この〝午〟の刻の〝前〟を「午前」、〝午〟の刻の〝後〟を「午後」と呼ぶようになりました。

うまのす【馬のす】
馬の尻尾の毛。「す」は「馬の尾」の意味ですから、「馬のす」は厳密には「馬の馬の尾」ということになってしまいます。それもあってか、『馬のす』の元ネタである**上方**(かみがた)落語の演題は『馬の尾』です。

うまみち【馬道】
一般には、馬を通れるようにした道、あるいはそのスペースのことですが、落語に出てくる馬道は、浅草(あさくさ)馬道のことです。**雷門**(かみなりもん)から**日本堤**(にほんづつみ)をつなぐ道で、そこから真っすぐ行けば、じきに**見返り柳**、**吉原**(よしわら)へ到着という寸法で、吉原通いの道として知られていました。『粗忽長屋』では、吉原で**素見**(ひやかし)した帰り道として、馬道を通っています。昔は吉原へは馬で通ったので、この名前がついたともいわれていますが、落語の舞台になる時代には、もうそんな風習は廃れ、お金のある人は**駕籠**(かご)で行きました。それが明治になると、人力車へと変わります。

うめき【埋め木】
木材の**節穴**に、新たに木を埋め込んで補修すること。

うめばちのもん【梅鉢の紋】
紋の一種。梅をデザインしたものです。落語では、**菅原道真**(すがわらのみちざね)の紋として知られています。

梅鉢の紋

うもれぎ【埋もれ木】
古代の樹木が土に埋もれ、半分炭化したもの。表面は黒く美しく、工芸品の材料として用いられました。『金明竹』では、刀の**柄前**(つかまえ)の材料として登場します。

うら【裏】
一度買った**女郎**(じょろう)を、日を改めてもう一度買うこと。これを「(客が)裏を返す」といいます。『居残り佐平次』では、「裏を返さないのは客の恥。**馴染み**(なじ)にならないのは**花魁**(おいらん)の腕が悪いから」と言っており、事実、『鰍沢』では、主人公が**初会**(しょかい)で女郎によくしてもらったのに、裏を返さなかったことをひどく気に病んでいます。しかし、その一方で『三枚起請』では、「初会で女(女郎)の扱いがあんまりよかったから、裏を返した」と客が言っていますから、裏を返すか返さないかも、やはり女郎の腕次第だったのでしょう。

うらだな【裏店】→**うらながや【裏長屋】**

うらながや【裏長屋】
裏通りなど、表通りに面していない場所にある**長屋**。裏店（うらだな）ともいいます。これに対して、表通りに面した長屋は表長屋ではなく、**表店**（おもてだな）といいました。裏長屋を出て、表通りに店を構えたのが『芝浜』、その反対が『鼠穴』です。

うりごえ【売り声】
道で品物を商う大道商人などが、客寄せのために商品の名を大声で言う、その声のこと。また、その文句のこと。

うりものかいもの【売り物買い物】
売買ができる、つまり、お金を払えば何とかできるもののたとえで、多くの場合、**女郎**（じょろう）を指します。「しょせんは〜」という言葉が頭についたりするように、侮蔑的なニュアンスがありました。『紺屋高尾』でも言っているように、**吉原**（よしわら）で全盛を極めている**高尾**（たかお）ですら、「しょせんは売り物買い物」なのだから、「高尾に会いたければ、金を貯めろ」となるのです。

上草履

うわぞうり【上草履】
女郎（じょろう）が**見世**（みせ）の中で履いた草履。現在のスリッパのようなもの。『五人廻し』で、客が廊下を歩く女郎の足音を聞き分けることができたのは、上草履の底が分厚く、履いて廊下を歩くと、パタンパタンと大きな音を立てたからです。ゴージャスさを演出する小道具の一つでしたから、見世の中でも上草履を履くのを許されたのは女郎と客だけで、**新造**（しんぞ）も見習いの内は上草履を履くことができませんでした。重ね草履とも。

うわて【上手】
相撲の組み手の一つや、風上を上手といいますが、『あくび指南』で「船を上手へ」と言っているのは、川上の意味。

うわばみ
巨大な蛇。八岐大蛇（やまたのおろち）の伝説から、大蛇は大酒を飲むものとされていました。そこから大酒飲みのことも、うわばみといいます。

うんざ【運座】
数名の者が集まり、同じ題で俳句を詠む催し。『干物箱』で、若旦那が父親の代理で行ったのが、この運座です。『雑俳』で、八五郎と御隠居が俳句を作っているのも、御隠居の出した題でそれぞれが作句しているので、小さな運座といえないこともありません。

うんつく
漢字をあてれば、「運尽く」。「運が尽きれば、知恵の鏡が曇る」ということから、馬鹿の意。**→どんつく**

うんでいばんり【雲泥万里】
雲は天、泥は地の意味。天と地の間の距離は一万里もある、ということから、レベルの差の甚だしいこと。

【え】

えいじつ【永日】
日が長い春の一日のこと。そこから転じて「そういう頃になったら、また会いましょう」という挨拶の言葉になりました。『御慶』で、八五郎が教えてもらった元旦の挨拶の一つです。

えきがく【易学】
占いに関する学問。中国での代表的な学問の一つで、日本でも武士などのインテリ層はほとんど必ず学びました。この易学から生まれた職業が、**算木**筮竹によって占う易者です。『井戸の茶碗』の浪人は、昼間は**素読**を教え、夜は売卜（占い）を副業にできたのは、「武士として最低限の学問は学んできた」ということを意味します。

えきしゃ【易者】→えきがく【易学】

えぞうし【絵双紙・絵草紙】
江戸時代に出版された、絵入りの本。

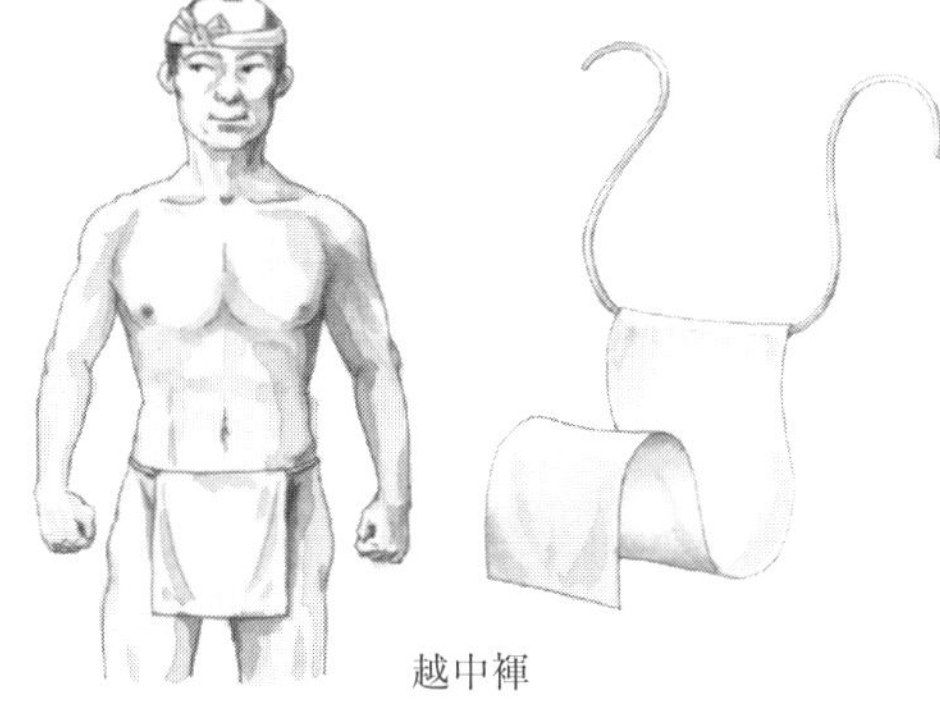
越中褌

えっちゅう【越中】
越中は、現在の富山県あたりの地名

ですが、ここでは越中**褌**の略称。長さが三**尺**で、その倍の長さのある六尺褌よりも簡便さが好まれましたが、『羽織の遊び』では「越中は**尻っ端折り**したときに見た目がよくない」と言っていますから、粋なものではなかったようです。『やかんなめ』で、主人公の越中が「三尺五**寸**ある」と言っているのは、中に収めているものがそれだけ大きいと自慢しているのです。

えど【江戸】

地理的にいうと、江戸＝東京都ではなく、江戸＝東京二十三区内でもありませんでした。江戸時代の江戸の町の範囲は、江戸城（現・皇居）を中心に、東西南北におよそ二里。具体的には、**品川**、**板橋**、**千住**、深川、四谷よりも内側の狭い地域が江戸時代の江戸の町です。江戸文化の代表的な地域と見なされている浅草も、江戸時代は江戸ではありませんでした。浅草で生まれ育った人は、**江戸っ子**ではなく浅草っ子です。江戸時代に、浅草っ子たちは日本橋や神田へ行くことを「江戸へ行く」と言っていました。

えどおもて【江戸表】→**おおさかおもて【大坂表・大阪表】**

えどちょう【江戸町】

吉原の**大門**をくぐり、**仲之町**を真っすぐ行き、最初の十字路を右に折れたところが江戸町一丁目、左に折れたところが江戸町二丁目。それぞれ略して、江戸一、江戸二と言いました。**素見**は江戸二から始めるのが**本寸法**だと、古今亭志ん生が『強飯の女郎買い』で言っています。

えどっこ【江戸っ子】

祖父母の代から**江戸**に住んでいる人が江戸っ子で、「三代続けば江戸っ子」と言われました。一見ものすごいステータスに思えますが、「うちは先祖代々百姓で」という人と比べると、祖父母の代から住んでいるだけで、その土地の生え抜きの人と見なされるのは、実はかなり安直なことでした。江戸の町は、地方からの流入人口が多かったので、〝たったの三代〟で、純粋な江戸っ子になれたのです。江戸に地方出身者が多かったのは、落語の登場人物の名前にも表れています。熊五郎、八五郎は、五男の名前です。長男だけが家を継ぐ江戸時代に、次男以下は、一生**冷や飯**食いで終わるか、それが嫌なら、江戸へ行って自立するしかありませんでした。

えな【胞衣】
胎児を包んでいる膜や胎盤、臍帯（さいたい）のことですが、江戸時代に胞衣といえば、臍の緒（へそのお）（臍帯）のことでした。

えほうまいり【恵方詣り】
毎年、福を授けて下さる神様の位置が変わります。その神様のいる方角が恵方で、その方角にある神社へお参りをするのが恵方詣りです。

えりっくび【襟っ首】
首のうなじの部分。着物のうなじがあたる部分のことではありません。

えんぎしょうばい【縁起商売】
職種柄、縁起を担ぐ商売のこと。運不運に左右される商売は、とりわけ縁起を担ぎました。『蜘蛛駕籠』で、二人で一挺の**駕籠**（かご）に乗る客は相場師で、やはり縁起商売でした。相場は運不運に大きく影響されるからです。彼らが駕籠から下りるのを拒否したのは、「下がる」という言葉が縁起が悪いからでした。例外もありますが、ほとんどの商売では「上がる」という言葉を喜び、「下がる」を嫌がりましたから、昔はどの商売でもある程度は縁起を担いだということになります。しかし、その中でもとりわけ縁起を担いだのが**花柳界**と芸人で、仕事へ出かける前や仕事中に不吉なことがあると、「縁起商売なんだから」と嫌がりました。『付き馬』では、お茶屋に集金に行かない理由を「朝一番に出銭ていうのは縁起が悪いや。向こうは縁起商売なんだから」と説明しています。

えんさき【縁先】
縁側の**庭先**の部分。あるいは縁側の外側の端の部分。

えんしゅうそうほ【遠州宗甫】
江戸時代の茶人。

えんぶだごん【閻浮檀金】
仏教の経典に出てくる想像上の砂金。非常に尊く、強力な金とされており、その金で作られた仏像であれば、さぞかしありがたいだろう、というのが『お血脈』に出てくる仏像です。そして、これと同じ閻浮檀金で作られているのが浅草寺（せんそうじ）の観音様で、ミニチュアサイズであることや、水没していたところを発見されたという逸話もまったく同じです。

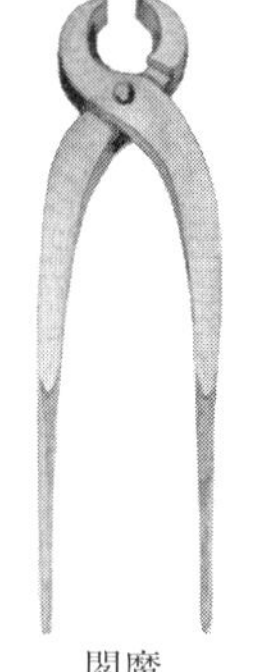
閻魔

えんま【閻魔】
釘抜きの異称。和釘専用のものです。現在用いられている、てこの原理を応用した釘抜きでは、『粗忽の使者』のように人の尻の肉をつねることはできません。地獄に墜ちた亡者は、生前の罪によって、閻魔様から舌を抜かれますが、そのとき用いられたのがこの釘抜きです。閻魔という名称もそこから生まれました。

【お】

おあし
お金、現金。

おい【笈】→おいびつ【笈櫃】

おいえ【御家】→ゆや【湯屋】

おいちょかぶ【オイチョカブ】
花札賭博の一種。花札は絵柄によって数字を表します。その数字の総計の下一桁が9を最高得点とするのがオイチョカブで、オイチョは8、カブは9のことです。

おいなりさま【お稲荷様】→いなり【稲荷】

おいはぎ【追いはぎ】
通行人から、金品を盗む泥棒。

おいびつ【笈櫃】
巡礼などで移動や旅行の際、お経や衣服などを入れる箱。笈は仏教の修行者、櫃は背負うようにして作られている箱のことで、現代でいえば、リュックサックです。略して、**笈**ともいいます。

おいらん【花魁】
トップクラスの**女郎**（じょろう）のこと。どのランクの女郎を花魁と呼ぶのかについては、厳密な決まりはありませんが、やはりそれなりの格式を持った女郎にだけ許される呼称でした。しかしその一方で、明治時代以降になると、女郎は、猫も杓子も花魁と呼ばれるようになります。江戸時代でも、本来は**飯盛り女**（めしもり）と呼ばれるべき**岡場所**（おかばしょ）の女郎たちが、花魁と呼ばれることも多々ありました。花魁は女郎に対する尊称でもあったのです。『五人廻し』で、客が**廻し**（まわ）の女郎を花魁と呼ぶのは、一つには明治以降の習慣によったものですが、もう一つはその女郎に対する媚びでした。『鰻の幇間』で客が**幇間**（ほうかん）を師匠と呼ぶのと同じニュアンスで、現代でいえば水商売の女性が、男性客を「社長」「先生」と呼ぶようなものです。

おいらんどうちゅう【花魁道中】
吉原（よしわら）に遊びに行くお客は、直接**見世**（みせ）に行き、気に入った**女郎**（じょろう）を選ぶと、指名して、見世に上がりました。ところが、大見世は格式が高いため、直接見世に上がることができません。そこで、お客はまずお茶屋へ行き、お茶屋を通して「何という見世の、誰それという花魁を」という具合に指名することになります。

　こうして、目指す花魁がようやく見世からお茶屋へやって来るのですが、この行き帰り（帰りはお客と同道します）を花魁道中と呼びます。道中と名づけるだけあって、花魁一人だけではなく、新造や禿といった総勢十人前後の人を従え、綺羅を見せながら歩きます。これ以外に、デモンストレーションとして、その花魁道中だけを見せるイベントも行われました。

おうぎや【扇屋】

『盃の殿様』のヒロイン・花扇が勤めていた見世。実在の見世で、吉原の江戸町一丁目にありました。その楼主も『盃の殿様』で言う通り、扇屋右衛門です。天保二年（一八三一年）の「吉原細見」では大籬として出ていますが、弘化二年（一八四五年）には名前が消えているので廃業したのでしょう。ちなみに、揚げ代金は昼三とありますから、『山崎屋』の「三分で新造がつきんした」と同じです。

おうきょ【応挙】

江戸時代の画家。円山応挙のことで、幽霊画で知られています。足のない幽霊を描いた創始者としても知られており、以後、日本では幽霊は足がないことになりました。『へっつい幽霊』の落ちも、応挙がいなければ生まれていなかったのです。その応挙が作った約束ごとを覆したのが『怪談牡丹灯籠』で、足のないはずの幽霊の下駄の音が効果的に使われています。

おうしょう【王祥】

二十四孝の一人。

おうばくさん【黄檗山】

京都にあった禅寺。『三十石』では、京都の宿屋の番頭が、江戸からやって来た旅人に、京都には名所が数あってすべてを回ることはできないから、黄檗山だけは行っておいた方がいいと勧めています。黄檗山金明竹は、その境内に生えていた金明竹のこと。→いんげんぜんじ【隠元禅師】

おうみのだいじょうふじわらのあそん【近江の大掾藤原の朝臣】

こう名乗った人物は、江戸時代に数名いますが、いずれも刀工の名人です。『蝦蟇の油』の**口上**(こうじょう)では、人形細工師の名前として登場します。有名で、名人の職人ということで名前を借用したのかもしれませんが、詳細は不明。

おおいちざ【大一座】
多人数のこと。

おおおかえちぜんのかみ【大岡越前守】
江戸時代中期の幕臣。**南町奉行所**の**奉行**として知られています。本名は大岡忠相(ただすけ)。越前守は、官職名で「守」までが正式名称ですから、大岡越前は正式な呼称ではありません。こちらの呼び名がポピュラーになったのは、テレビドラマ「大岡越前」がヒットしたためです。ドラマのタイトルが「越前守」ではなく「越前」となったのは、当時のテレビ界では番組のタイトルの最後に「ん」がつくと「運がつく（ヒットする）」というジンクスがあったため、といわれています。

おおかわ【大川】
隅田川(すみだがわ)の総称。厳密にいえば、**水神**(すいじん)から**吾妻橋**(あづまばし)までが**宮戸川**(みやとがわ)で、吾妻橋から永代橋(えいだいばし)までが隅田川、そしてそこから佃(つくだ)までが大川なのですが、**江戸っ子**は大体、大川と総称していました。

おおさかおもて【大坂表・大阪表】
「大坂の方(ほう)」という意味で、大坂以外の土地に住んでいる人が、大坂を指すときに、こういいました。「大坂の方では」という代わりに、「大坂表では」となります。江戸表も同じ。「お国表(くにおもて)」の「お国」は地方、地元ということで、お国表は「地方の方(ほう)」「地元の方(ほう)」という意味になります。江戸時代、大阪は「大坂」と表記され、「大阪」と書かれるようになったのは明治以後だという説がありますが、あながちそうとは限らないようです。

おおさんばし【大桟橋】
山谷堀(さんやぼり)にあった桟橋。

おおそうじ【大掃除】→すすはらい【煤払い】

おおだてもの【大立て者】
重要人物という意味ですが、ナンバーワンというニュアンスもあります。『道具屋』で、「馬鹿の大立て者」と言っているのはそちらの方で、「天下一品の馬鹿」という意味。

おおだな【大店】

規模の大きな商店。

おおど

大太鼓。『片棒』の次男の計画した**弔い**の祭囃子で、「どんどん」と叩いているのが、このおおどの音です。

おおど【大戸】

建物の表にある、大きな戸。

おおどしま【大年増】→としま【年増】

おおばん【大判】

「花咲か爺さん」の「大判小判がざくざく」の大判のこと。**小判**が小型の金貨で、大判は大型の金貨でした。小判一枚が一両の価値があったのに対し、大判は、一枚およそ十**両**の価値がありました。

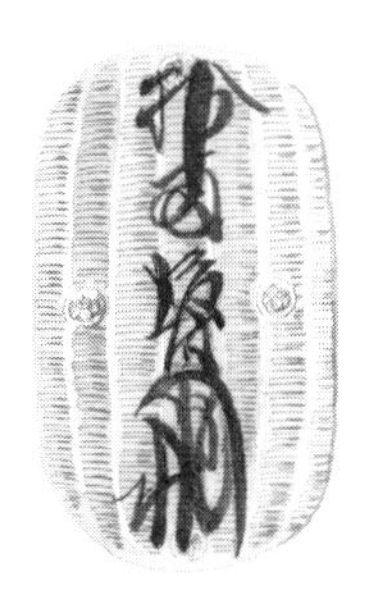

大判

小判

おおばんとう【大番頭】→ばんとう【番頭】

おおびけ【大引け】

吉原の終業時間のことで、夜の**八つ**（およそ午前二時）を指します。正式には、吉原の営業時間は夜の**九つ**（午後十二時）まで、と定められているのですが、**中引け**というトリックを使って、およそ二時間延長しました。大引け前は売れ残りセールと同じで、**女郎**の値段を安く買いたたけるため、それを狙ったお客がやってきました。反対に『首ったけ』では、女郎と喧嘩をした客が、大引け過ぎ（**引け過ぎ**）に**見世**を飛び出してしまったため、他の見世に**上がる**こともできず、行き場を失ってしまいます。

おおまがき【大籬】→そうまがき【総籬】

おおみせ【大見世】

廓の最高ランクの店。店の造りも立派で、さらに入店するには、**女郎**の値段も高価です。**引手茶屋**を通さなければなりません。『明烏』や『紺屋高尾』は引手茶屋を通しているので、上がったのは大見世だということが分かります。『盃の殿様』で**登楼**したのも大見世でした。経費もかかる上に格式張っているので、そういう遊びが好きな人が行きました。入山形(いりやまがた)に二(ふた)つ星(ぼし)という、最高ランクの女郎がいるのも、この大見世です。見世の見識も高く、芸人や職人などは客に取りませんでした。『お若伊之助』で、鳶(とび)の頭(かしら)が職人なのに大見世の角海老に上がれたのは、角海老の旦那に可愛がられていたからです。

おおみのやり【大身の槍】
大身槍のこと。穂先が長い特殊な槍。

おおみやり【大身槍】→**おおみのやり【大身の槍】**

おおもん【大門】
吉原(よしわら)の入り口にあった大きな門。木造でしたが、明治になって火事で焼けた後、鉄の門になりました。吉原の唯一の出入り口ですから、『首ったけ』では、火事になると逃げ惑う人々で、大門はごった返すことになりました。字が同じですが、芝(しば)の大門は、「だいもん」と読みます。田舎から**江戸**見物に来た人が、吉原へ行くつもりが、間違えて芝へ行ってしまうことがありました。

大門

おおもんをうつ【大門を打つ】→**おおもんをしめる【大門を閉める】**

おおもんをしめる【大門を閉める】
吉原(よしわら)を一人ですべて借り切ること。**紀伊国屋文左衛門(きのくにやぶんざえもん)**が**大門**を閉めたことが有名で、そのときにかかったお金が**千両**でした。「大門を打つ」ともいいます。

おおや【大家】
地主から依頼されて**長屋**を管理している人。家主(いえぬし)、差配人(さはいにん)、家守(やもり)ともいいます。地主と**店子(たなこ)**の間に挟まれた中間管理職という立場で、『一日上がり』では、大家が店子に「俺は長屋三十六軒を預かっている」と言っています。「所有している」ではなく、地主から「預かっている（管理を任されている）」のです。しかし、店子に対しては絶大な権力を持っており、店子を呼び捨てにするなど当たり前のこととして許されていました。大家の地位は株といって一種の権利になっており、売買することや、相続することができます。『大工調べ』の大家は、かつての大家が死んだ後にその後妻に入り婿することによって、大家の権利を相続したのです。

おか【岡】→おかばしょ【岡場所】

おかこいもの【お囲い者】→めかけ【妾】

おかっぴき【岡っ引き】
町奉行所の配下で働く、江戸時代の警察官のようなもの。「ようなもの」というのは、岡っ引きの存在があくまでも私的、内密の存在で、公に許可されたものではなかったからです。刑事ドラマなどで、刑事が私的にチンピラを使って、犯人の内情を探らせたりしますが、このチンピラが現代の岡っ引きです。公的存在ではないので、逮捕権はありませんが、お上(かみ)がバックについているので、大きな顔ができました。

おかどちがい【お門違い】
見当違い。

おかばしょ【岡場所】
江戸時代、売買春は、幕府が定めた一定地域のみで許されていました。大坂では新町(しんまち)、京都は島原(しまばら)、長崎は丸山(まるやま)、**江戸**では**吉原**(よしわら)だけが幕府公認の売春エリアで、**官許**(かんきょ)の**廓**(くるわ)です。しかし、それ以外にも違法で売買春を行っている地域があり、それを岡場所と呼びました。岡場所の「岡」は、岡目八目(おかめはちもく)、**岡惚れ**(おかぼ)、**岡焼き**(おかや)の「岡」と同じで、外部という意味です。→**かんきょ【官許】**

おかぼれ【岡惚れ】
片思い。

おかみさん【女将さん】→ごしんぞ【御新造】

おかめ→おたふく【お多福】

おかやき【岡焼き】
自分とは関係のない、他人の恋愛を羨むこと。

おかる【お軽】
歌舞伎「仮名手本忠臣蔵(かなでほんちゅうしんぐら)」のヒロインで、**勘平**(かんぺい)の恋人。一番きれいな女形がやる役とされていましたから、『権助芝居』で、無骨な**権助**(ごんすけ)がお軽をやることにギャップが生まれるのです。

おかんむり【お冠】
怒っていること。「冠を曲げる（怒っている）」の、「曲げる」を略した言葉です。敬語ではありませんが、「怒っている」と言うよりは、やや柔らかいニュアンスがあるので、目下の者が目上の者に言うときに用いると便利です。**幇間**が機嫌の悪い旦那に、「お冠ですか？　いけませんよ」という具合に使います。

おき【燠】
燠火の略。薪などが燃えて、まだ燃え尽きてはいないが、もう炎は上がっていない状態。江戸時代には大変貴重な熱源となりました。燠がきれいに燃え尽きた状態は、木から木炭を作るのとほぼ同じ工程を踏んでいますから、できあがったものは炭として使えるのです。そのため、ケチの小咄に出てくるように、火事場へ行き、他人の不幸をよそに燠を拾う不届き者もいました。あれは炭代を浮かせようとしているのです。

おきあがりこぼし【起き上がり小法師】
人形の形をした玩具。底に重石が入っているので、押して倒しても、自力で起き上がります。

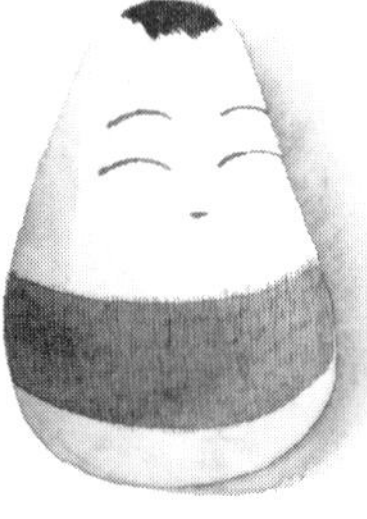
起き上がり小法師

おきゅうをすえる【お灸をすえる】
身体のツボや患部に**艾**を乗せ、そこに火をつけて、温熱処理をする医療。この治療が熱くて苦しいため、体調が悪くなくても、お仕置きや懲らしめのためにお灸をすえることが行われました。そこから転じて、実際にお灸をすえなくても、相手を懲らしめたり、きつく戒めることも「お灸をすえる」といいます。

おくさま【奥様】→ごしんぞ【御新造】

おくにおもて【お国表】→おおさかおもて【大坂表・大阪表】

おくびょうまど【臆病窓】
雨戸の一部を、小さく切っておいて作った小窓。夜間の客の応対や、小物の受け渡しなどに使いました。『夢金』で、夜中に突然戸を叩く客の人相風体をチェックするため、**船宿**の主人が室内から覗くのが、この臆病窓です。

おくやま【奥山】→あさくさのおくやま【浅草の奥山】

おけら
一文なし。

おこうこ【お香々】→こうこ【香々】

おこもり【お籠もり】
寺や神社にこもって、神仏に祈願すること。信仰のために行うことですから、『明烏』の時次郎（ときじろう）がお籠もりと聞いて、**夜具**（やぐ）を持参しようとするのは、いかにも若旦那らしい、世間知らずの発想でした。『景清』の主人公のように、寝ずにお経を唱えるのが正しいお籠もりですから、夜具は不要です。

おこわ→こわめし【強飯】

おこわにかける
ペテンにかける。美人局（つつもたせ）（これもペテンの一種）を仕掛けようとしている女が、男とことに及ぼうとしているとき、「こんなことが私の亭主にバレたら……おお、怖（こわ）」と言ったのが語源だと、六代目・圓生（えんしょう）は説明しています。『居残り佐平次』のオチでは、「私をおこわにかけたのか（ペテンにかけたのか）」という台詞を受けて、**おこわ**を赤飯と取り違えて「あなたの頭は、ごま塩ですから」となります。

おさきたばこ【お先煙草】
訪問先で、煙草の葉をもらって吸う煙草のこと。今でいうところの、もらい煙草です。あまり品のよいものではないので、『湯屋番』では、よその家にお邪魔する妻に向かって、夫が「煙草を持って行きなよ。お先煙草はみっともねえぞ」と注意していますし、反対に『夢金』では金に汚いのを自慢する船頭が「お先煙草ならいくらでも吸う」と居直っています。このようなケチな人は、お先煙草しかしないつもりで、最初から**煙管**（きせる）しか持っていません。

おさげわたし【お下げ渡し】→さげわたす【下げ渡す】

おさん→おさんどん

おさんどん
飯炊（めした）**き**など、食事の支度をする**女中**。略して、おさんともいいます。そこから転じて、食事の支度のことも、おさんどんというようになりました。固有名詞ではありませんが、**権助**（ごんすけ）や**三太夫**（さんだゆう）と同様、人名のようにして用いられました。

おしきせ【お仕着せ】
主人など、目上の人から与えられる衣服などのこと。商家では、盆暮れに主人から奉公人にお仕着せが与えられました。『藪入り』で奉公に行っていた子どもが、実家に帰る際に身につけている、新品の着物履き物一式がお仕着せです。**芸者**が一本立ちする際は、箱屋や人力車夫に至るまで、お仕着せが配られました。こちらは真新しい**半纏**などが与えられます。『木乃伊とり』で、**鳶の頭**が「**腐った半纏**」と悪口を言っているのも、このお仕着せのことです。

おしちや【お七夜】
子どもが生まれて七日目のこと。この日にお祝いをし、子どもに名前をつけることになっていました。『子ほめ』の赤ん坊は生まれて七日目と言っていますから、噺の舞台はお七夜の日ですし、『寿限無』で主人公の男がお寺に名前をつけてくれ、と頼みに来るのも、このお七夜の日のことです。

おしとね【お褥】
座布団、**布団**を上品に言った言葉。座布団を指す場合は、単に上品なだけですが、布団を指す場合、男女の**同衾**を匂わすニュアンスがあることがあります。「お褥すべり」は、**妾**などが高齢を理由に、旦那と同衾するのを遠慮する（あるいは旦那から拒否される）こと。

おしも【お下】
トイレ。気取って上品ぶった言い方で、『鰻の幇間』では**太鼓持ち**が、『怪談牡丹灯籠』では武家の**女中**が、便所へ行く客に「お下ですか？」と聞いています。

おじゃんになる
何もかも駄目になること。

おしょく【お職】
女郎の中で、その**見世**で、一番人気のある者。古今亭志ん生は「（その見世の）ナンバーワン」と説明しています。見世のナンバーワンをお職と呼べたのは**吉原**だけで、それ以外の**品川**などの**岡場所**では同じ地位の女郎を**板頭**と呼びました。『盃の殿様』で、**殿様**が初めて吉原へ行った際、**花魁道中**でさまざまな女郎たちを見物しますが、そのときに列挙されている女郎たちが、各見世のお職たちです。このお職の地位にあることを、「お職を張る」と言いました。

おしらす【お白州】
奉行所で裁判を行う場所。「白州」と呼ばれた砂利が敷かれてあり、そこに原告と被告が坐らされましたが、**奉行**やその他関係者は、そんなところには坐りません。『三方一両損』では、喧嘩をした**江戸っ子**の二人が砂利の上に坐らされ、二人を連れてきた**大家**は、「下縁（かえん）」と呼ばれるところに鎮座していました。奉行が坐るのは、もちろん一段高い上座ですから、『大岡政談』などのお白州の場面では、噺家が演じる奉行は目線を下に下げて、原告や被告と話をします。

おそしさま【お祖師様】
日蓮宗（にちれんしゅう）の開祖の日蓮を、信者は敬ってこう呼びました。祖師は、本来は一つの宗教の創始者のことですから、浄土真宗（じょうどしんしゅう）では親鸞（しんらん）が、真言宗（しんごんしゅう）では空海（くうかい）が祖師なのですが、一般に祖師といえば日蓮を指します。そこで「祖師は日蓮に奪われ（祖師は、他にも名乗る資格を持っている人がいるのに、その呼び名は日蓮だけのものになってしまった）」となります。

おだいじん【お大尽】→**だいじん【大尽】**

おだいもく【お題目】→**ほけきょう【法華経】**

おたから【お宝】
金銭のこと。また、正月に宝船の絵を売りに来る商人の**売り声**。「ええお宝、お宝、ええお宝」と言って、町内を売り歩きました。この宝船の絵を枕の下に敷いて寝ると、よい初夢が見られるといわれていました。初夢は正月の二日の夜に見るものでしたから、『かつぎや』でお宝を売りに来ているのも正月の二日です。

おたなもの【お店者】
商家で働く人、商人。江戸時代は職人は職人の、お店者はお店者の格好をしていました。だからこそ、『文七元結』で左官の長兵衛（ちょうべえ）が、腰に**矢立**（やたて）を差した文七を一目見るなり、お店者だと見抜きます。「腰に矢立」は商人のシンボルマークの一つで、『山崎屋』でもお店者を「矢立を腰に差した人」と形容しています。

おたふく【お多福】
丸顔で、鼻が低く目の垂れた女。不器量な女の代名詞としても使われま

お多福

お多福・おかめ（面）

す。また、お能の面の一つとして知られています。おかめともいいました。おかめ蕎麦は、このお多福の顔を蕎麦の具でかたどったものです。

おためごかし【御為ごかし】
あなたのため（御為）というふりをして、自分の利益のために何事かを企むこと。→**しんせつごかし【親切ごかし】**

おだん【お旦】
パトロン、上客のこと。旦那に敬称の**御**（おん）**の字**（じ）をつけ、旦那の語尾の「な」の字を省略してお旦です。噺家に祝儀をはずむ客もお旦と呼ばれます。やや蔑称っぽい言葉ですが、『鰻の幇間』では**太鼓持ち**がパトロンであるお旦当人に向かって「ねえ、お旦」と呼びかけています。

おちゃ【お茶】→あがる【上がる】

おちゃとう【お茶湯】
仏壇に供えるお茶。

おちゃや【お茶屋】
お茶っ葉を売っているのは葉茶屋で、街道などでお客にお茶を出してもてなすのは茶店（ちゃみせ）、さらに男女が密会する今のラブホテルは出会い茶屋です。お茶屋といってもさまざまなのですが、**吉原**（よしわら）など、**廓**（くるわ）でお茶屋といえば、引手茶屋（ひきてぢゃや）のことでした。

吉原の**大見世**（おおみせ）に**上がる**場合、客は直接大見世に行っても上げてもらえません。まずはお茶屋へ行き、そこで適当に散財をして、その上で「どこそこの**見世**（みせ）の何とかという**花魁**（おいらん）を」と、お茶屋の女将に相談します。すると、お茶屋からその大見世に話が行き、そのとき花魁が空いていれば、まず花魁がそのお茶屋へやって来ます。それから、**またぞろ**パッと騒いで、そののち、大見世に戻り、上手くすればお客は花魁と**同衾**（どうきん）することとなります。

このように、お茶屋は廓のマネージメントを行う一方で、お客のチェック機関でもありました。お茶屋がお客を見てOKを出せば、基本的にはどんな大見世でも、そのお客を受け入れます。「犬ですら、お茶屋がOKなら大見世に上がれる」と言われたほど、お茶屋は見世に対して信用がありました。万が一、そのお客がお金を払えなくても、そういう場合は、お茶屋が代わりに弁償したので、見世としてはお茶屋を通して来たお客は、それだけで信用がおけたのです。お客の方にしても、お茶屋を通して**登楼**することは、一つのステータスでもありました。『紺屋高尾』で、主人公がまずお茶屋に上がるのも、会いたいと思っている**高尾**が大見世の花魁だからです。

おちょうし【お銚子】→ちょうし【銚子】

おつ【乙】
洒落ていること、気が利いていること。甲乙の乙です。三味線音楽などで高い音を「甲」、低い音を「乙」といいました。低い声、つまり乙で歌うのが乙だったのです。対して、高い声で歌うのが甲で、それの度が過ぎたのが「甲高い」です。

おつくり
化粧。『つるつる』で、一八が惚れた芸者に「おつくりですか？」と聞いているのは、「化粧中ですか？」という意味。ちなみにこのとき、芸者は**諸肌**を脱いで上半身裸でおつくりをしていますが、裸を見られたことではなく、化粧をしているところを見られたことに怒っています。**上方**では、おつくりは刺身のことで、『猫の忠信』で口移しで食べる刺身を「ぬくいおつくり（温かい刺身）」と言っています。

おつけ
汁物、特に味噌汁のこと。御飯のそばについているから「つけ」で、それに御という丁寧語をつけて「おつけ」です。二種類以上具が入ったものは、さらに**御の字**を重ねて御御御汁と呼びました。『たらちね』の味噌汁の具は、**岩槻葱**だけですから、「おみおつけ」ではなく、「おつけ」です。

おつけのみ【おつけの実】
味噌汁の具。**→おつけ**

おつむり
頭のこと。元々「つむり＝頭」であったものに、**御の字**をつけておつむりとなりました。ですから、丁寧語です。このおつむりの「り」の字を取ると「おつむ」となり、幼児語で頭の意味となります。

おつもり
酒の最後の一杯。酒席で「これでおつもりにしよう」と言うのは、「この一杯で最後にして、お開きにしよう」という意味です。『馬のす』では、約束の二本の酒を飲み終えると「これでおつもり」と言っています。

おてあて【お手当】
給金のことですが、「給金はいくらいくら」と言うと、話がいかにも生々しく現実的になります。そこで、**妾**などに渡す給金、つまりギャラはお手当と呼んでいました。

おてんとうさまをまむきにおがむことができない【お天道様を真向きに拝むことができない】
「前夜、女性と何度も性交をしたため、精力が尽きて、朝の太陽の光がいつもよりもまぶしく感じる」という意味。現代で言うところの「太陽が黄色く見える」です。

おでんにくつをはかず【おでんに靴を履かず】
「瓜田に履を納れず」の言い間違い。『風呂敷』で、「疑われるようなことはするな」と戒めるときの諺として出てきます。元の「瓜田に〜」は「瓜の畑で靴を履き直すと、瓜を盗もうとしていると思われる（から、そういうことはやめておけ）」という意味ですから、「おでんに靴を履かず（おでん屋で食うとき、靴を履いていると、こいつは食い逃げをするんじゃないかと疑われる）」とニュアンスは、ほぼ同じということになります。

おとこげいしゃ【男芸者】→ほうかん【幇間】

おとこのはたらき【男の働き】
男の甲斐性。『子別れ』では主人公が、「女遊びをするのも男の働きだ」と言っています。

おとこまげ【男髷】
女性が、男性の**髷**に似せて結った髷。

おどし【縅】
鎧を覆うようにして縫いつけられた、小さな札のようなもの。大量に縫いつけることで、敵からの攻撃を防ぐ役に立ち、一つずつが小型であるため、鎧を着ている人の動作の妨げになりません。この縅が、黒い革で作られているのが黒革縅、鮮やかな赤色（緋色）のものが、緋縅の鎧です。

おとしがみ【落とし紙】
「使用後に、トイレの中に落とす紙」という意味から、トイレットペーパーのこと。

おながや【御長屋】→ながや【長屋】

おなんどけんじょう【お納戸献上】

お納戸色（渋い青色）の献上博多。献上博多は、博多織という凝った織物で、帯の生地として用いられました。高級品で、『明烏』で時二郎が、初めて**吉原**へ行くときに締めていく帯が、このお納戸献上です。

おにわさき【お庭先】→にわさき【庭先】

おののとうふう【小野道風】

平安時代の書家で、書道の名人。花札の柳の札の、「傘を差しながら、柳に飛びつく蛙を見ている人物」のモデルとしても知られています。『火焔太鼓』の枕に出てくる、「今川焼」の小咄では、道具屋がよく読めない文字を見て、「ことによると、道風の書いたものじゃないか」と期待しています。道風の書は、大変に値打ちのあるものでした。

おはきもの【お履きもの】

廓の**見世**などを出入り止めになること。気に入らないお客が来ると「お履きものだよ」と言って、その客が脱いだ履き物を再び玄関に出させます。つまり「とっとと帰れ」という意味。これをやられた客の立場からは「お履きものを食う」といいます。

おはぐろ【お歯黒】

黒く染めた歯。また、歯を黒く染める溶液のこと。鉄漿とも書き、「かね」とも読んだのは、お歯黒の溶液の原料が鉄だったためです。『紺屋高尾』で、**年季**のあけた**高尾**が商家に嫁に来た際の「昨日に変わるその姿」というのは、このお歯黒をして、さらに眉を落とし、**丸髷**に結った姿を表しています。これが既婚女性の定番の姿で、未婚のときは歯は染めておらず、眉もあり、髪も**島田**などに結っていますから、江戸時代の女性は一目見ただけで、未婚と既婚の区別がつきました。『あくび指南』で、稽古所の師匠の**女将さん**を未婚女性と間違えるという逸話は、落語ならではのフィクションです。

おはぐろどぶ【お歯黒どぶ】

吉原の**廓**を、ぐるりと取り巻いていたドブ。**お歯黒**のように真っ黒だったことから、こう呼ばれました。吉原は出入り口が**大門**だけで、周囲は壁で隔たれた上に、ドブが取り囲んでいました。**女郎**の逃亡を防止するためです。火事の際だけは非常口を開け放ちましたが、『首ったけ』のように、逃げ損なって、お歯黒どぶへはまる女郎もいました。『突き落とし』で**付き馬**を突き落とすのも、このお歯黒どぶです。

おばさん→やりて【遣り手】

おはち【お鉢】
お櫃。釜で炊いた御飯を移す容器。釜とお鉢が組み合わされたのが電気釜です。

おひきずり【お引きずり】→ひきずり【引きずり】

おひけ【お引け】
吉原など、**廓**での床入りのこと。『明烏』や『居残り佐平次』でも、**見世**に上がってすぐに**同衾**とはならず、まずは**女郎**を交えてお座敷で酒盛りをします。そうやってわっと騒いだ描写の後に、噺家が「そろそろお引けってえ時分になりまして」と言うのがお引けで、客が女郎の部屋へ行って二人きりになる、つまり、「お床入り」のことです。

廓では**若い衆**が女郎の部屋に**布団**を敷くことを「お床をのべる」ではなく、「お引けをいれる」と言いました。こうした手間暇を一切かけず、布団は敷きっぱなしなので、いちいち「お引けをいれる」必要もなく、また見世に上がると、いきなりお引けになるのが、『お直し』に出てくる**蹴転**の見世でした。

おびのやま【帯の山】
「山」は山襞、つまり襞のこと。山がついている帯を締めるのは、皺だらけのシャツを着るようなものでした。『付き馬』では、**吉原**の**若い衆**が客から「だいぶ帯に山がいったねえ」と、さげすまれています。その後に、客が「五十の着物に百の帯」と言うのは、帯は着物の倍はお金をかけなくてはいけないということです。**江戸っ子**は着物そのものよりも、帯や履き物にぜいを凝らすことを美徳としました。『三方一両損』では、下駄の鼻緒に**財布**が引っかかったという**店子**に向かって、**大家**が「江戸っ子のくせに、ろくでもねえ下駄を履いてやがるから、そういう目に遭うんだ」と小言を言っています。

おひろしき【御広敷】
武家屋敷の中にある、女性の召使いの任官などに用いた座敷。武家屋敷の場合、屋敷に入ると「表」と呼ばれる公式の場所があり、さらに進むと「中奥」という、**殿様**が政務を執る場所があり、さらにその奥がプライベート空間である「大奥」となっています。御広敷は中奥と大奥の間の、さらにその横側にありました。『妾馬』で八五郎が、御広敷へたどりつくまで道に迷いそうになったのも、当然のことだったのです。

おふどうさま【お不動様】→ふどうそん【不動尊】

おふれ

幕府など、政治機関から一般人に示される布告。

おべっか

おべんちゃら。ごますり。

おぼしめし【思し召し】

気持ち。「あの娘はお前に思し召しがある」は、「気がある」という意味で、お金の多寡や酌をしてもらう酒の量が「思し召し」程度というのは「ほんの気持ちだけ」、つまり、「ほんのちょっぴり」という意味です。また、自分よりも上の人間が与えてくれる好意や考え、さらには金銭、品物のことも。

おまんま

御飯。おまんまっ粒は、御飯粒。

おみおつけ【御御御汁】→おつけ

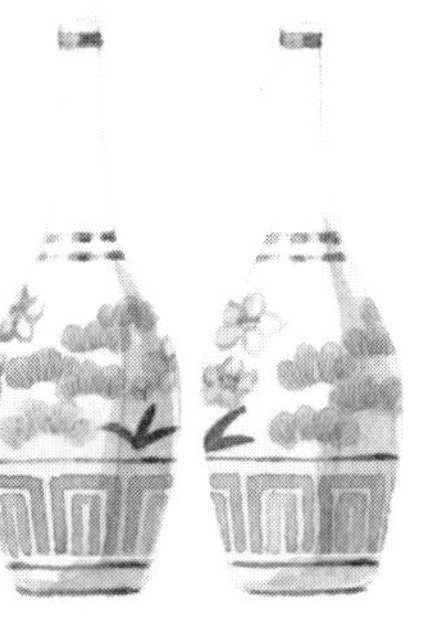

御神酒徳利

おみきどっくり【御神酒徳利】

神前に、お酒を供えるときに用いる徳利。同じものを二つ並べます。そこから、「いつも二人で一緒にいる人たち」も御神酒徳利と呼びました。**上方**落語に出てくる喜六と清八の二人組は、典型的な御神酒徳利ですが、**江戸**落語の八五郎と熊五郎は、二人揃うことがあまりありません。

おみたて【お見立て】

張り見世をしている**女郎**を見て、選び、指名すること。「右から二番目の女」と、むくつけにお見立てをするのは野暮です。女郎は、張り見世のときは前に**煙草盆**を置いて、煙草を吸っていますから、「二番目の煙草盆を引いてもらいたい」と言うと、女郎と煙草盆が一緒に引かれてきました。

おめみえ【御目見得・お目見え】

商家などの奉公人にとっては、面接と見習い期間のこと。武士にとっては、将軍にまみえることで、御目見得ができる身分を「御目見得以上」、できない身分を「御目見得以下」と厳密に分けられていました。御目見得以上が旗本で、御目見得以下が御家人と呼ばれます。これは江戸幕府だけに限らず、各藩にも**殿様**に御目見得できる身分と、できない身分とがありました。『妾馬』の八五郎は庶民でありながら、いきなり殿様に御目見得ですから、その時点で大抜擢です。御門番が八五郎に向かって「貴殿が八五郎殿か」と敬語で呼びかけているのも当然のことでした。おそらく、この御門番は一生涯、殿様に御目見得などできないはずです。『盃の殿様』では、殿様が御目見得以下の家来に対面しますが、これも異例中の異例のことでした。

おもてかんばん【表看板】
世間に対して見せる名目、表面上の地位や身分。『道具屋』の与太郎のおじさんの場合、表看板は**大家**で、「世間に知らせていない仕事として道具屋をやっている」となります。しかし、この道具屋稼業のことを裏看板とはいいません。江戸時代は管理社会ですから、働いていないのに暮らしが成り立っている人は、即座に怪しい奴と見なされました。『髪結新三』の新三のように実際に怪しい奴でも、**髪結**という表看板が必要だったのです。

『つる』の隠居は、働いていないのに暮らしていけているので、泥棒と間違えられていますが、当時は隠居も立派な表看板でした。

おもてだな【表店】
表通りに面した**長屋**。

おもと【万年青】
昔の園芸植物の代表的なもの。鉢植えで育てます。この万年青の鉢が窓際に置いてあると、その家は**妾**か、**芸者**上がりの人の家だというイメージがありました。

万年青

おもゆ【重湯】
正確には、薄い粥の上澄みのことですが、極端に米の量が少ない、ほとんど水分だけのお粥もこう呼びます。離乳食、病人食である一方で、米が買えない貧乏人の代表的な食べ物でした。それよりもさらに貧乏なのが、「重湯もすすれない」という状態です。

おやかす

おだてる。褒めそやす。盛り上げる。囃す。

おやかた【親方】

職人のトップのこと。左官のトップなら「左官の親方」で、大工のトップであれば「大工の親方」ですが、大工に限っては親方のことを**棟梁**（とうりょう）ともいいました。職人に対する尊称でもありましたから、実際にトップの位置にいなくても、職人を親方と呼ぶことはありました。会社員に向かって、「社長」と呼ぶようなものです。それを知っていたので、『子別れ』の大工の熊さんは**女郎**（じょろう）から「親方」と声をかけられて、「職人と見りゃあ、誰でも彼でも親方と言いやがる」と怒っています。

おやになる【親になる】

自分の子どもが誕生したことを「親になる」と言いますが、それ以外にも、血縁関係にない人と親子の契りを結ぶことや、博打（ばくち）で**胴元**（どうもと）になることも、やはり「親になる」と言います。三つの意味のうち、最初のものが『寿限無』で、二番目のものが『文七元結』の文七（ぶんしち）と長兵衛（ちょうべえ）の関係で、三番目が『看板のピン』で使われています。

おやばしら【親柱】

橋の両端、階段の手すりのポイントごとにある、太い柱のこと。

おやぶね【親船】

母船。周りに小さな船（小舟）を従えているから親船です。

おやもとみうけ【親元身請け】

客ではなく、**女郎**（じょろう）の親が、女郎の前借り金を払って**身請け**（みうけ）すること。**見世**（みせ）の側としても、さすがに親から大金を取るわけにはいかないので、普通の相場よりも、安く身請けすることができました。この場合、本当に血がつながっているかどうかは問題ではありません。誰かがその女郎を養女にしてくれれば、めでたく親子のできあがりです。

『山崎屋』ではこのトリックを使って、女郎を通常よりも安く身請けしています。この場合は、女郎が**鳶の頭**（とびのかしら）の女房の妹ということになっていますから、女郎を頭の妻の親の養女にしたのでしょう。

おるすいやく【御留守居役】

江戸において各藩との連絡、交渉などを行う役職。大名などは、参勤交代で江戸と自藩を行き来しますが、御留守居役は江戸にとどまり、他の藩との交渉を行います。いわば、大名家の外交官のようなものでした。業務には接待がつきものだったため、遊びを本業としているところがありました。**花柳界**のことにも詳しく、粋な侍が多かったようです。『盃の殿様』で**殿様**を**吉原**に案内し、現れた**女郎**たちをいちいち「あれはどこの**見世**の何という**花魁**」と説明しているのが、この御留守居役です。

おれくぎ【折れ釘】

折れた釘、あるいは使いやすいように最初から折り曲げてある釘。『かんしゃく』で、「壁に額をかけるから釘を持ってこい」と言っているのは、後者の釘です。この折れ釘が土蔵の外側などにはわざと打ち込んでありました。壁の修理などをするときに、そういう釘が壁から出ていると便利だからです。

『火事息子』では、蔵の上の方に梯子で登った**番頭**が折れ釘に帯を引っかけて一難を去りますが、この折れ釘も偶然そこに打ち込んであったわけではありません。蔵の**目塗り**などをする際に備えて、あらかじめ打ち込んであったのです。

おわいや【おわい屋】

後架に溜まった人糞を買い取る商売。江戸初期の頃は、人糞はお金を払ってその処理をしてもらっていました。しかし、のちに人糞が上質の肥料である**下肥**になることが分かってからは、逆にお金を出して買い取ることになりました。下肥を使うお百姓がすぐに買い取る場合は、多くは大根や餅など、自家で取れるものをその代償として支払いましたが、専門業者はお金で下肥を買い取ります。**長屋**では、**総後架**で取れる下肥で得た金が**大家**の収入源の一つとなっていることもありました。『黄金の大黒』や『長屋の花見』の大家が**店子**から**店賃**をもらわずにやっていけたのは、一つにはおわい屋からもらう収入があったからかもしれません。掃除屋とも。

おんあぼきゃ

真言宗の代表的なお経「光明真言」の出だしの文句。正確には「おんあぼきゃ、べいろしゃのう、まかぼだら、まにはんどま、じんばら、はらばりたやうん」。

おんじゅかい【飲酒戒】

五戒の一つ。酒を飲んではいけないという戒律。正式には**不飲酒戒**ですが、一般には飲酒戒といわれています。この飲酒戒があるために、僧侶は酒を飲むことが禁じられています。一般人も寺では公には酒を飲みませんでした。『片棒』でも『強飯の女郎買い』でも、一般人が**弔（とむら）い**の席で寺で酒を飲む際には、土瓶にお茶のふりをして酒を入れ、これが酒だと分かるよう土瓶に印をつけておく、という細かい心配りをしています。表立って酒という言葉は使えませんから、『蒟蒻問答』で言うように、酒のことは隠語で**般若湯（はんにゃとう）**と呼びます。

おんなごろし【女殺し】

女性にもてる男。「殺し」という言葉が入っていますが、悪い意味はなく、一種の褒め言葉で、女たらし、**色魔（しきま）**、女好き、助平、色気違いよりはるかによい言葉です。

おんなのりもの【女乗物】

江戸時代、身分のある女性が乗った**駕籠（かご）**。女性専用ですから、外見が派手で美々しくこしらえてあり、一目見ただけで身分の高い女性が乗っていることが分かりました。『姫かたり』で、騙りの女親分が乗っているのが、この女乗物です。

おんのじ【御の字】

普通の言葉の頭に「御」という文字をつけると、「めし」が「御飯」になるように、そのもの自体のグレードが上がり、高級感が増します。そこから、「御の字がつく」とは、「すばらしい、ありがたい、満足できる」という意味。『大工調べ』で、家賃分に足りない金を持って行って「(それでも**大家**にとっては)御の字だ」と言うのは、ある意味、かなり傲慢な言い草でした。

おんばこ

草の一種。別名カエルッパといい、死んだ蛙に、おんばこの葉をかぶせると蘇ると言われています。『蝦蟇の油』の**口上（こうじょう）**では、「**四六（しろく）の蝦蟇（がま）**はおんばこを食べて棲息している」と言っていますが、カエルッパの効能と関係があるのかもしれません。

おんぶ

金銭的な援助を受けること。相手のおごりで酒を飲むこと。その度合いが甚だしい場合が「おんぶにだっこ」で、このおんぶにだっこで**吉原（よしわら）**へ遊びに行こうとするのが、『羽織の遊び』です。

おんぼう【隠亡・隠坊】

火屋で死骸を焼く係の人。

おんぼうやき【隠亡焼き】

網を用いず、炉や炭火に、じかに魚などを突っ込んで焼く焼き方。これだと、網すら持っていない貧乏な家でも、魚を焼くことができます。『目黒のさんま』で秋刀魚を焼いたのが、この隠亡焼きでした。

【か】

か【荷】→みずがめ【水瓶】

がいえき【外役】
囚人が屋外で行う強制労働。

かいし【懐紙】
懐に入れておく携帯用の紙。ティッシュペーパーやメモ用紙、さらに**紙縒り**(こより)の材料として用います。金持ちは**半紙**を、そうでない人は反古(ほご)の紙を用いました。『三枚起請』で**女郎**(じょろう)から「紙縒りが要る」と言われた男が、懐から懐紙を取り出します。男は見栄坊なので、この懐紙はてっきり新品の半紙だと思いきや、何か書いてある反古紙だったので、「あなたもぜいたくをしなくなった」と女郎が男を褒めます。

かいじょう【回状・廻状】
関係者に回覧する文書。回状を関係者全員に閲覧させることを「回状を回す」といいます。『火事息子』では、**頭**(かしら)がこの回状を回したため、商家の跡取り息子は**町火消し**になれませんでした。「あの息子を火消しにさせるな」と、その回状に書いてあったのでしょう。

かいちょう【開帳】
寺で珍しい仏や仏具などを、一般に開放して観覧させること。江戸時代の一大イベントの一つで、『開帳の雪隠』の開帳では、大勢の人で賑わいました。

かいのくち【貝の口】
角帯の結び方の一種。

貝の口

かいばおけ【飼い葉桶】
馬や牛に与える餌（飼い葉）を入れる桶。馬の顔は長いので、馬の飼い葉桶も深くできています。

かいまき【掻巻】
掛け布団ですが、袖がついています。なので、羽織って着ることができる、巨大な**どてら**のようなものです。しかし、基本は寝るときに上にかけるものですから、着物ではありません。現在では掛け布団というと、四角い形をした**布団**が一般的ですが、江戸時代では掻巻の方がポピュラーでした。『明烏』では若旦那が、**お籠もり**に掻巻を持って行こうとしています。『宮戸川』でも古い型では、お花と半七が譲り合うのは掛け布団ではなく、掻巻でした。

掻巻

かいろうどうけつ【偕老同穴】

「偕」は一緒に、「老」は老いる、「穴」は墓、つまり同穴は同じお墓ということで、夫婦がともに老い、同じ墓に入ること。そこで偕老同穴は、「夫婦ともに白髪になるまで添い遂げる」という意味になります。『たらちね』で、新妻が夫になった男に「偕老同穴の契りを結び」と言っているのは、「末永くよろしくお願いします」を彼女らしい言い回しで言ったのです。

かえりしょにち【返り初日】

歌舞伎の世界で三日目の興行のこと。興行の一日目である初日は役者も台詞をきちんと覚えていなかったりと、完全な芝居ができません。それが三日目になると、どうにかきちんとした芝居ができるようになる、つまり三日目が実質上の初日という考えです。『淀五郎』でも、この返り初日でようやく役を自分のものにすることができました。また『三年目』では、幽霊になって現れると約束した日に妻が現れないのを、夫は「初日だから仕方がない」と諦めますが、三日目の返り初日になってもまだ現れないのは、約束を反故にされたのだと判断します。

がえん【臥煙】

定火消しに所属する、もっとも末端の労働者。**町火消し**のメンバーが町人の有志によって構成されていたのに対して、旗本が直轄する定火消しの場合はメンバーが固定されており、**火消し屋敷**に常駐していました。町火消しがいわば消火のセミプロであったのに対して、定火消しはプロです。そのプロの最下級の労働者が臥煙でした。

　セミプロの町火消しは、火事がないときは正業に就いていましたが、プロの火消しの臥煙は、火事がないときは仕事がありません。それに加えて彼らにはバックが旗本だという強みがあります。そこで、臥煙は旗本の権威を悪用して、強請たかりや博打などを行って小遣い稼ぎをするので、町の嫌われ者でした。その一方でいざ火事となると、ほとんど半裸のような格好で火事場に飛び込み、命がけの働きをしています。『火事息子』では、商家の跡取り息子が町火消しになろうとしたところが、**回状**を回されてなることができず、定火消しのところで臥煙になっています。

かえんだいこ【火焔太鼓】
雅楽で用いる大太鼓。古今亭志ん生は『火焔太鼓』で、この太鼓を風呂敷に包んで、主人公に背負わせましたが、現物の火焔太鼓は全長三メートルはあるというので、十代目・金原亭馬生は**大八車**に乗せて運ぶ、という演出に変えました。本来ならば「世に二つとない名器」と言うべきところを「世に二つという名器」と言っているのは、火焔太鼓が二つで一組となっているからです。

かかえ【抱え】
抱え**芸者**の略称。芸者屋が費用一切

火焔太鼓

を受け持ち、自分の家で育てている芸者で、芸者になるにあたっての前借金も芸者屋が事前に払っています。女を芸者に売り飛ばすときに発生するのがこの前借金で、この金は売り飛ばした者のものになりますが、返済する義務を負うのは芸者に売り飛ばされた女の方でした。この女性は芸者屋で芸者になる訓練を受けたのち、お座敷に出て、芸者として稼いだ金はすべて芸者屋に渡して、前借金返済にあてます。前借金以外にも、自分が一人前の芸者になるためにかかった費用一切も借金に組み込まれているため、抱え芸者が抱えている借金は莫大な金額になりました。それをすべて自力で返済するのが抱え芸者の夢でしたが、そんなことはほとんど不可能です。そこで、よい旦那を見つけて、その旦那に借金を肩代わりしてもらい、その代わりに旦那の**妾**（めかけ）になる、というのが、抱え芸者の一番よくあるパターンでした。『三枚起請』の**お茶屋**の女将が元はこの抱えの芸者で、旦那に落籍（ひか）されて芸者を引退し、お茶屋を買ってもらって、その経営者となっています。一方、『つるつる』のお梅は芸者ではあっても抱えではないようです。抱えの芸者は、当人の意思だけで**幇間**（ほうかん）と夫婦になる約束などできません。

かがさまのもん【加賀様の紋】
加賀藩主前田（まえだ）家の紋。前田家中興の祖である前田利家（としいえ）は**菅原道真**（すがわらのみちざね）の子孫を自称していました。そこで、前田家の紋は天神様・菅原道真公と同じ梅鉢となっています。

かきつけ【書付】
証文（しょうもん）などの書類一般。その中には、当人の名前や住所などが記されているものもあったので、『三方一両損』では、拾った**財布**の中の書付を頼りに、落とし主を訪ねて行けました。『粗忽長屋』で**行き倒れ**（ゆきだおれ）の人の身元が分からなかったのは、書付一本持っていなかったからです。

一分銀（額）

がく【額】
一分金や一分銀の異称。表面に額縁のような飾りがついていたことから、額と呼ばれるようになりました。『大工調べ』で、「額が六枚で**一両二**分」と言っているのは、四分で一両だからです。仮に、一両の値打ちが現代の十万円だとすれば、一分の値

か

打ちは二万五千円となります。『宿屋の富』では、主人公がその額を賽銭にあげたり、子どもがおはじきに使って遊んでいると言っているのですから、**宿屋**の亭主が驚くのも当然のことでした。

かくきょ【郭巨】
二十四孝の一人。

かくべいじし【角兵衛獅子】
獅子舞などの大道芸ですが、角兵衛獅子の場合、演者の大半が子どもだというところが、他の大道芸との最大の違いでした。そこから、悪さをする子どもに「いたずらをしてると、角兵衛獅子に連れて行かれるよ」と脅かしたりしました。江戸時代版のサーカスという存在だったのです。

かくほう【廓法】
廓のルール。「廓の法」といわずに「廓法」と、わざと漢字を並べて音読みで読んだのは、気取った言い方です。昔も今と変わらず、漢字を並べ立てて、わざと難しく言った方が、頭が良く見えると勘違いする人がたくさんいました。

かくや
沢庵や糠漬けなど漬け物を細かく刻んだもの。『酢豆腐』では、糠漬けの古漬けを細かく刻んで水に放ち、水気をぎゅっと絞って、上から生姜をぱらぱらとかける、と説明していますが、そこまで手間をかけなくても、漬け物をただ細かく刻めばそれでかくやになります。

かぐら【神楽】
神に捧げる歌や舞。お神楽は正しくは宮中で行われる神楽のことですが、普通の神楽舞や神楽歌もお神楽と呼びました。この神楽の中から演芸的な要素を取り出して演じるようになったのが、現代の寄席でも行われている太神楽です。

かけ【掛け】
現代でいうところの、ボーナス払い。江戸時代は、現金払いがほとんどなく、八百屋などで物を買うのも、支払いは後日にまとめてというやり方が一般的でした。こういう売り買いの仕方や、その際に支払わなくてはならないお金を掛けといいます。酒屋で酒を買うのも掛けでした。『猫の災難』で「あそこの酒屋では、俺には酒を売ってくれない」と言っているのは、その掛けを溜めて、きちんと支払っていないからです。

かけじ【掛字】

文字を書いた掛け軸。ですが、絵を描いた掛け軸のことも掛字と呼びました。『一目上がり』では、掛け軸に書かれた文字がポイントとなっており、主人公が「見せてくれ」と言うのも掛け軸ではなく掛字です。

かけぢゃや【掛け茶屋】
道端にある茶屋。**葦簀張り**(よしずばり)などにして、葦簀を〝掛け〟てあるから、あるいは腰を〝掛け〟ることができることから、〝掛け〟茶屋と呼ばれました。腰を掛ければ茶代を払うのですから有料です。江戸時代は歩き疲れたときに坐るのですら、お金がかかったのでした。ですから、明治時代になって公園ができ、そこにタダで坐れるベンチができたときは衝撃的だったらしく、ベンチを「ロハ台(只の台)」と呼んでいます。歩くことが、ほとんど唯一の移動手段であ

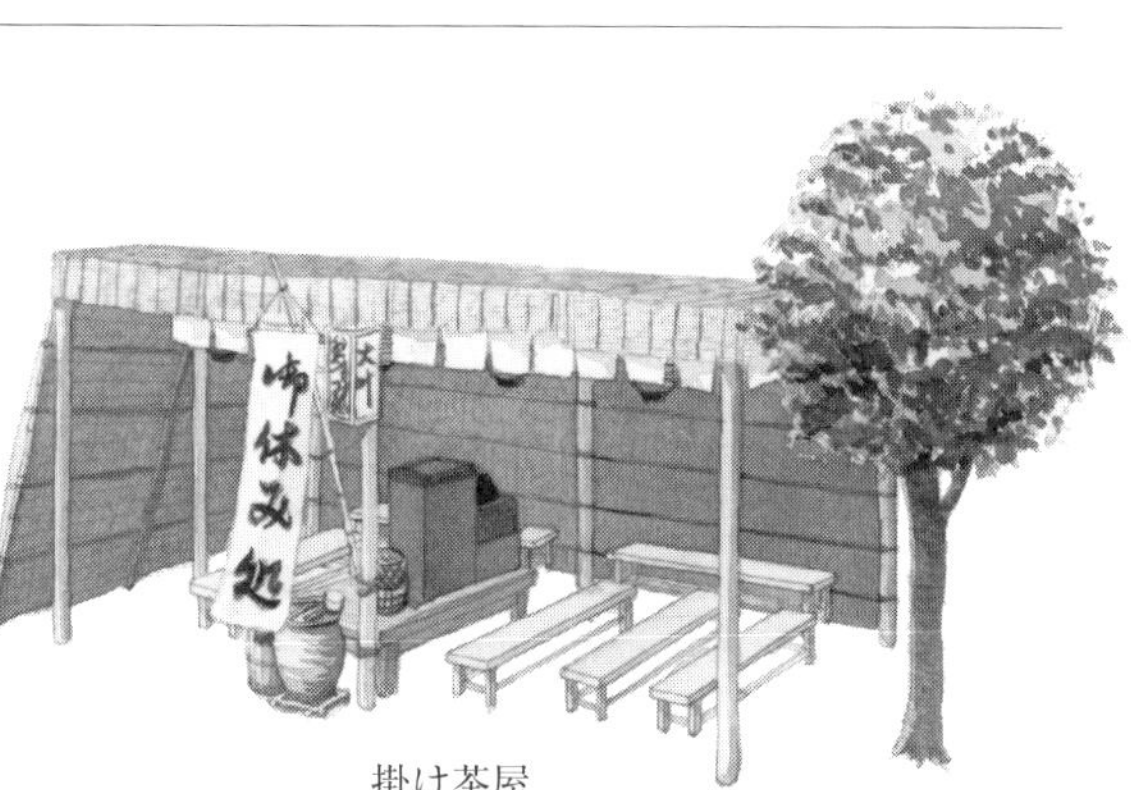

掛け茶屋

った江戸時代の旅では、掛け茶屋は貴重な休憩場所でした。『猫の皿』の**果師**(はたし)も旅の途中、掛け茶屋で休んでいます。腰掛け茶屋とも。

かけつけさんばい【駆けつけ三杯】
酒席などに遅れてきた人に罰則として三杯の酒を飲ませること。ですから、『木乃伊とり』で、後から酒席に加わった清造(せいぞう)が駆けつけ三杯でお酒を飲まされるのは、言葉の上では正しいのですが、『らくだ』で、らくだの兄貴分が屑屋に駆けつけ三杯を理由に三杯目の酒を飲ませるのは言葉の誤用で、かなり無茶苦茶な理屈でした。

かけとり【掛け取り】
節季に売掛金の代金を取り立てること。

かけね【掛け値】
本来は、実際の売値よりも上乗せした値段のことですが、『かぼちゃ屋』では、仕入れ値にプラスする利益分の金を掛け値と呼んでいます。

かご【駕籠】
一人の人間が坐る物を棒などで持ち上げ、二人以上の人間で担ぐ乗り物。東京の落語には『蔵前駕籠』『蜘蛛駕籠』など駕籠を演目名に冠したものをはじめとして、『大山詣り』『紋三郎稲荷』など、多くの落語に駕籠が登場しますが、**上方**（かみがた）落語では『蜘蛛駕籠』の元ネタである『住吉駕籠』の他は、あまり噺に駕籠が出てきません。**江戸っ子**は見栄で高い駕籠賃を払って**廓**（くるわ）へ通いましたが、実利的な大坂人はそういう無駄を嫌ったため、『蔵前駕籠』のような噺は成立しないのです。**江戸**の**駕籠かき**は**鳴き**を入れるなど、派手に駕籠をかきましたが、大坂では静かに担ぐのをよしとしました。

かこいもの【囲い者】→めかけ【妾】

かごかき【駕籠かき】
駕籠を担ぐ仕事をする人。駕籠は正しくは「かつぐ」のではなく、「かく」ものなので、駕籠かきです。だからこそ、『抜け雀』の**落ち**は、「駕籠をかかせた」となります。**→かごや【駕籠屋】**

かごのとり【籠の鳥】
今いる場所から、自由に出て行くことができない人。籠に入れられた鳥を人にたとえました。落語の世界で籠の鳥と言えば、**吉原**（よしわら）の**女郎**（じょろう）です。彼女たちは**年季**があけるまで、吉原から外に出ることを禁じられました。

かごや【駕籠屋】
駕籠かきのこと。また、駕籠かきを雇い、駕籠を斡旋する業務を行う店も駕籠屋と呼ばれました。『蔵前駕籠』では、主人公が店舗の駕籠屋へ行き、駕籠かきの駕籠屋を雇います。この店舗を構えている駕籠屋の、駕籠かきの駕籠を宿駕籠といい、店舗の駕籠屋に駐在していない駕籠かきの駕籠屋が**辻駕籠**です。**→かごかき【駕籠かき】**

かさ【瘡】
梅毒。「瘡をかく」は、「梅毒に罹患する」という意味で、瘡っかきは梅毒患者のことです。実際に感染しているかどうかにかかわらず、瘡っかきは相手を罵る悪口としても使われました。江戸時代は梅毒に関する認識が低かったので、瘡をかくことをかなり軽く考えていました。**女郎**（じょろう）などは「瘡をかいてようやく一人前」と言われたくらいですが、客はそんな女郎を相手にしていたわけですから、瘡が広まらないはずがありません。『明烏』の「女郎を買えば瘡をかく」という時二郎（ときじろう）の言葉は、あながち間違いでもなかったのです。『蒟蒻問答』の主人公は瘡の治療のため、湯治に出かけた先で蒟蒻（こんにゃく）屋の世話になります。症状は治まりましたが、後遺症として頭髪が抜けてしまったのもあって、寺の坊主になったのです。**→はなのしょうじ【鼻の障子】**

かさく【家作】
建物一般を家作と呼びますが、多くは貸家のこと。『茶の湯』の隠居が「家作を持っている」というのは、貸家を所有しているという意味です。家作を持っているのは**地主**で、その地主から委託されて家作の管理をしているのが**大家**ですから、『茶の湯』の**店子**（たなこ）たちは、大家よりも偉い地主から直々（じきじき）に呼び出されたことになります。これは行かないわけにはいきませんでした。

かさだい【笠台】
笠を乗せる台、つまり人間の頭のこと。『夢金』で言う「笠台の飛ぶやばい仕事」というのは「（ばれたら）首が飛ぶ非合法な仕事」という意味。

かさねぞうり【重ね草履】→うわぞうり【上草履】

かじきとう【加持祈祷】
病気や災難を追い払うために行う、仏教の祈り。

かじしょうぞく【火事装束】
火事の現場で消火活動をするときに着る衣服。

火事装束（大名火消し）

かじずきん【火事頭巾】
火事装束の一つで、消火活動の際、頭にかぶる頭巾。『蒟蒻問答』の**帽子**（もうす）が焦げているのは、火事頭巾の代

火事装束（町火消し）

火事頭巾（町火消し）

わりに使ったためです。

かじち【家質】
借金をする際、その抵当に入れた家屋敷のこと。『三軒長屋』の敵役である隠居は、商売が**質屋**です。質屋は家屋を抵当に金を貸すこともあったらしく、隠居の質屋では**妾宅**にしている三軒**長屋**を質草（家質）にして金を貸していました。隠居は担保にとった家に、**妾**を住まわせていたのです。隠居の日算では、金を借りている人は、どうやら返済するめどが立たないようなので、その質草は返済期限が過ぎれば流れる（抵当流れになる）から、三軒長屋は隠居のものとなります。『寝床』で「こちらの勝手で**店子**を長屋から追い出すことができる、と**店請証文**に書いてある」と言っているように、**地主**や**大家**の店子に対する権力は絶大なものでした。『三軒長屋』の隠居が三軒長屋の所有者になった場合、合法的かつ強制的に、妾の両側に住んでいる**鳶の頭**と、剣術使いを追い出せることとなります。

かじばやい【火事早い】
火事が多発する、火事が起こりやすい、ということ。**江戸**は「火事早い町」といわれたので、**江戸っ子**たちはいつか火事が起こる（自分の家が火事で焼けてなくなる）ことを前提として暮らしています。家が自分のものであれば、火事で焼けてしまうと大変なことになりますが、貸家に住んでいるのであれば、『もぐら泥』で言っているように、「火つけされたって怖くねえ。ここは貸家だ」となります。『富久』の主人公も同じ理由で「家が焼けたって怖くない」と言っています。

かじぼう【梶棒】
荷車や人力車を引くために前についている長い棒。梶棒は、地面と平行になるように持つのが正しい持ち方ですが、『反対俥』では、梶棒の先に丈の長い**奉納提灯**をくくりつけたため、**提灯**を引きずらないように進むには、梶棒を上に持ち上げるしかありませんでした。

かしほんや【貸本屋】→ほんや【本屋】

かしやふだ【貸家札】
借り手を求めている貸家と分かるように、家の扉などに貼っておく札。斜めに貼るというのが一種の決まりになっています。その方が目立つからだともいわれています。一説には、この貸家札の斜め貼りは大坂で始まったとされています。コストはかからず、しかも宣伝効果が上がるというのは、いかにも大坂人が考えそうなことではあります。

かしら【頭】
頭目。リーダーの意味ですが、落語で頭といえば、ほとんどの場合、鳶のリーダーである**鳶の頭**を指し、ごくまれに泥棒の頭目である泥棒の親分を指しました。『鈴ヶ森』で言う「うちの頭は欲張りだ」の頭は、泥棒の親分のこと。

かすがい【鎹】
コの字の形をした釘。木と木をつなぎとめるために打ちます。

かぞえ【数え】→かぞえどし【数え年】

かぞえどし【数え年】
生まれたばかりの赤ん坊を、ゼロ歳ではなく一歳と数え、それから年が改まる（元日を迎える）たびに一歳ずつ年を重ねる年の数え方。この数え方だと、十二月三十一日に生まれた人はその日に一歳となり、次の日の一月一日には生後二日目であるにもかかわらず二歳となります。『子ほめ』で生まれたばかりの赤ん坊が一つ（一歳）なのは、数え年で年を数えているからです。「数え」とも。

かたあげ【肩揚げ】
着物の袖の長さを調節するため、肩のところをたくし上げて縫うこと。また、その部分。子どもはすぐに大きくなるので、少し大きめの着物をこしらえ、肩揚げしておくと、背が伸びたときに肩揚げを外すだけで、その後も同じ着物を着続けることができます。そこから転じて、肩揚げの着物は子どもを意味し、子どもの象徴ともなりました。『百年目』で**大番頭**ができの悪い奉公人に「いつまでも肩揚げをしていたらみっともないので、私が旦那さんに言って元服させてやった（大人扱いするようにした）」と、小言を言っています。

肩衣

かたぎぬ【肩衣】
武士の礼服で、小袖の上に羽織るもの。袖がなく、下には半袴がついています。

かたはだぬぐ【片肌脱ぐ】
着物の片方の袖を脱いで、上半身の片側の肌を露出させること。威勢がいいというニュアンスがあり、喧嘩のときなど、片肌を脱ぎました。また、重労働をする際、やはり片肌を脱ぎます。そこから、人の助けをすることも「片肌脱ぐ」と言うようになりました。

かたばみ【方喰】
カタバミとは、多年草の名前ですが、紋として知られていて、方喰から派生した剣方喰、四つ方喰など、さまざまな方喰の紋があります。

方喰（紋）

かたびら【帷子】
夏用の単衣（ひとえ）の着物。

かたぼう【片棒】
先棒か、**後棒**のどちらかのこと。

かたもちのやきざまし【堅餅の焼き冷まし】
堅餅は、餅を乾燥させて作ったスナック。焼いて食べるのですが、堅餅というだけあって、焼いてすぐに食べずにおいておくと、冷めてしまうのでさらに堅くなります。そこから、堅餅の焼き冷ましは、「堅いが上にも堅い」という意味になりますが、この「堅い」というのは物理的な堅さではなく、人間がお堅い、つまり生真面目、柔軟性がない、という意味です。

かたをかえる【肩を代える】
荷物を吊るした**天秤棒**（てんびんぼう）などを、ずっと片方の肩にかけていたら、重くて仕方ありません。そこで天秤棒をしばらくの間、右肩で担いでいたら、途中で左肩に担ぎ代えます。これを、「肩を代える」といいます。考えなくても分かりそうなものですが、それを思いつかないのが、『唐茄子屋政談』などに出てくる若旦那というものなのでした。

かち【徒士】
下級武士。馬に乗ることが許されず、歩行（かち）で行動したことから、こう呼ばれました。『たが屋』で、**たが屋**の職人と対決するお**殿様**と、その他の侍（さむらい）たちの「その他」が徒士です。

かつぎや→ごへいかつぎ【御幣担ぎ】

かっけ【脚気】
目に見える症状としては、足がむくんだり、しびれたりする病気で、最悪の場合、心臓疾患を起こして死亡します。徳川十三代将軍・家定の死因は脚気だったといわれています。ビタミンB1不足が原因なので、田舎へ行って麦飯を食べていると治りましたが、白米を常食にしていた**江戸**に戻ると再発しました。そのため、江戸病ともいわれました。『鰻の幇間』の主人公は、「脚気なので、麦飯の弁当を持ち歩いている」と言っています。

かつどう【活動】→かつどうしゃしん【活動写真】

かつどうしゃしん【活動写真】
写真が活動する（動く）ことから、映画のことです。略して、「活動」ともいいました。

かっぽれ
「かっぽれ、かっぽれ」という、相の手とともに歌い踊る舞踊曲。江戸時代の末に爆発的に流行しました。現在の寄席でも見ることができます。

かでんにくつをいれず【瓜田に履を納れず】→おでんにくつをはかず【おでんに靴を履かず】

かどづけ【門付け】
人家の門口に立ち、芸を披露して金品をもらう芸人、あるいはその芸能のこと。『軒付け』は、趣味で**義太夫**をやっているアマチュアが、その門付けをする噺ですが、プロフェッショナルの門付け芸人もいました。

かどわかし【拐かし】
誘拐のこと。歩いている人の後ろからいきなり襲いかかって、気絶させて連れ去る、というほど乱暴ではなく、最初は甘い言葉で相手に誘いをかけ、それに乗ってくればよし、乗ってこなければ、そのときようやく暴力を使ってでも、という誘拐です。『髪結新三』や『宮戸川（下）』には拐かしが出てきますが、やはりいきなり暴力的にではなく、最初は甘い言葉から始まります。

かなつぼまなこ【金壺眼】
落ちくぼんでいる目、奥目。金壺は金製の壺のことで、その金壺のような目という意味。江戸時代と現在では、顔に対する美意識の基準が微妙に違っているのですが、その江戸時代でも奥目はあまり人気がなかったようで、金壺眼は醜男、醜女の描写として出てきます。

かなつんぼ
耳がまったく聞こえない人のこと。

か

『三人旅／おしくら』の比丘尼(びくに)は、少しは聞こえているので、まったくの、かなつんぼではありません。

かなぼうひき【金棒引き】
金棒は鉄製の棒で、頭に鉄の輪がついていて、地面を突くと鳴ります。**火の回り**などで警戒音を出すのに用いた道具で、『二番煎じ』でも使われています。この金棒で音を出して回る人を金棒引きといい、よく目立つうるさい音を出して歩き回るので、町内の口やかましい人も金棒引きと呼ばれました。『酒落小町』の雷のお松などが、その金棒引きの典型です。近所の噂を言いふらして歩くことは、「金棒を引く」といいます。

かね【鉄漿】→おはぐろ【お歯黒】

かねにつまる【金に詰まる】
お金がないこと。資金繰りがつかないこと。

かねやす【兼康】
本郷(ほんごう)にあった有名な雑貨店。本郷は現在の東京都文京区本郷で、いわば東京の真ん中の一つですが、江戸時代の**江戸**の町の区分では、本郷が江戸の町の境界線で、それより北側は、江戸とは見なされていませんでした。そのことを表したのが、「本郷もかねやすまでは江戸の内」という川柳です。江戸の町は、現在の東京都の二十三区よりも、もっと狭かったのです。川柳で兼康が「かねやす」と平仮名表記になっているのは、兼康には芝(しば)店と本郷店があり、芝店を兼康、本郷店をかねやすと書いて区別したためでした。

かぶと【兜】
升につがれた酒を一滴も残さないよう、顔を上向きにして飲むこと。升を頭にかぶるようにすることが、武具の兜をかぶっているところに似ていることから、こう呼ばれるようになりました。

また、質の悪い酒のことも、すぐ頭にくるからという理由で兜といいます。そこから転じて、一杯飲み屋の酒一杯のことを「一カブト」と数えます。また、立ち飲み屋のことを「カブト屋」とも呼びました。

かぶりがさ【かぶり笠】
笠の異称。『笠碁』の**落ち**の、「かぶり笠をしている」は、笠をかぶっているという意味です。

かます【叺】
煙草入れの別称。あるいは、煙草入れの煙草の葉を入れる袋のこと。

かまのふたがあかない【釜の蓋が開かない】
この釜は、米を炊く釜です。その釜の蓋が開かないと御飯が炊けない、つまりお米を買うお金がない、だからそれくらい貧乏だ、という意味です。

かみ【上】
上手(かみて)の略。ですから、向かって右側のこと。落語でこの言葉が登場するのは、**張り見世**(はりみせ)で客が**女郎**(じょろう)を**お見立て**するときです。『お茶汲み』で「上から三枚目」と言っているのは、「向かって右から三人目（を指名する）」です。「上を張っている」は、一番右にいるという意味で、その**見世**のナンバーワンということではありません。ナンバーワン（**お職**(しょく)）は女郎が張り見世でずらりと並んだとき、真ん中に坐ります。

かみいれ【紙入れ】
お金も入れる小物入れ。お金以外にも**半紙**や**印形**(いんぎょう)、**小楊枝**(こようじ)などを入れました。財布とは違います。『紙入れ』に出てくるように長方形の形をした、手紙などを折りたたんで入れても皺にならないようなものが紙入れで、『芝浜』に出てくる巾着の形をした硬貨などを入れるものは財布です。

かみがた【上方】
京都、大坂の総称。現在は、日本の中心が東京であるため、地方から東京へ向かうのを「上り」といい、東京方面から離れていくのが「下り」となってますが、江戸時代は京都方面に向かうのが「上り」、京都から離れるのが「下り」でした。江戸時代までは、天皇がいた京都が日本の「**上**」だったのです。「上」の「方」にあるから、上方です。→**くだらねえ**

かみがたぜいろく【上方贅六】→**ぜいろく【贅六】**

かみくずや【紙屑屋】
古紙を中心とした廃品回収業。江戸時代は徹底的なリサイクルが敢行されていたので、現代ではゴミでしかないようなミカンの皮や髪の毛なども、紙屑屋が回収して再利用しました。屑屋とも。

かみしも【裃】
肩衣(かたぎぬ)と袴(はかま)を共布で作った着物。江戸時代には、身分を問わず男性の正装でした。ですから、『佐々木政談』で**お白州**(しらす)でお裁きをするお**奉行**様も、『御慶』で新年の挨拶回りに行く八五郎(はちごろう)も、『淀五郎』で切腹をする塩谷判官役の淀五郎も、全員裃を着用しています。正月に若水を汲みに行くのも儀式ですから、『正月丁稚』でこの役を仰せつかった年男も、本来ならば裃を着なければならないのですが、そこまではしていないようです。

かみどこ【髪床】→**かみゆいどこ【髪結床】**

かみなりもん【雷門】

浅草浅草寺の**山門**。慶応元年（一八六六年）に火事で焼失、一九六〇年に再建されました。ですから、明治時代には浅草に雷門はありません。『付き馬』で花屋敷や雷門が羅列される描写があり、いかにもの明治らしいのどかさが漂っていますが、あれは落語ならではのフィクションです。

かみばな【紙花】

白紙をひねって、お金の代わりにしたもの。客が現金の代わりに、この紙花を座敷に出た芸人に与えると、遊興の後、**内証**などで紙花を現金に換えてくれます。もちろんこの金は、後で客に請求されます。紙花を用いたのは、遊びの場である座敷で現金を持ち出すのは無粋だという感覚があり、また、遊びの代金はすべて遊んだ後に支払うというルールも確立していたためです。ですから、『雛鍔』の枕に出てくる小咄には、銭を虫と間違える**女郎**も登場するのです。

かみやしき【上屋敷】

江戸の町には、二百以上の大名が住んでおり、その大名自身が住んでいたのが上屋敷です。その配下の中でも要職に就いている者が住んでいたのが「中屋敷」で、ここには**殿様**の妾なども住んでいました。侍から**中間**まで家来たちが住んでいたのが「下屋敷」で、『文七元結』に登場する細川様のお屋敷というのは、この下屋敷です。『三味線栗毛』の主人公は大名のせがれですから、元は上屋敷に住んでいましたが、冷遇されると下屋敷へ移り住み、そこで錦木と出会い、のちに大名の跡を継ぐと、再び上屋敷へと戻りました。

かみゆい【髪結】

髷を結う理髪業者。男性、女性ともに従事しましたが、女性の働き口が少なかった江戸時代には、髪結は女性が経済的に自立できる数少ない仕事の一つでした。それをあて込んで、髪結の女房のヒモになるのが髪結の亭主です。のちには、妻の職業にかかわらず、妻の稼ぎに依存して暮らす夫のことを「髪結の亭主」と呼ぶようになりました。

かみゆいどこ【髪結床】
男性の**髷**を結い、髭と**月代**を剃る店。髪床とも。銭湯と並んで人がよく集まる場所で、町内の集会所的役割も備えていました。しかし、あくまでも単独の男性の場所で、女性客や団体客（というものがあったのです）は髪結床へは行かず、**廻り髪結**を家に呼びました。

かみをおろす【髪を下ろす】
坊主頭になること。文字通り坊主（僧侶）の頭で、一般人が得度してお坊さんになるとき、頭を丸めました。

また、亡くなった人の菩提を弔うため、生き残った人が髪を下ろすこともありました。女性の場合、夫などが亡くなって髪を下ろせば、「二夫にまみえない」、つまり、再婚しないという決意を意味していました。この場合は、丸坊主にしなくても、「切り髪」というボブヘアにするだけでもよしとされました。江戸時代は人間は**髷**を結っているのが当たり前という時代でしたから、切り髪といえども、髪を下ろすということは大変なことで、ほとんど「人間ではなくなる」くらいの強いニュアンスがありました。だからこそ、『品川心中』や『星野屋』では女性に対する、きつい懲らしめとして、髪を下ろさせようとしたのです。

切り髪

かむろ【禿】
吉原で働く女性の職種の一つ。七歳くらいから**花魁**について、花魁の世話をしながら、将来、自分自身が花魁になるための教育を受けます。この禿がある年齢に達すると、**新造**になります。**→まめどん【豆どん】**

かもい【鴨居】→なげし【長押】

かもじ【髢】
女性が髪の毛の量が足りないとき、それを補うためにつける、つけ髪。『紙屑屋』で、**紙屑屋**が髪の毛まで選り分けているのは、髢の材料にするためです。江戸時代の髢は、人間の髪で作られていました。

かよいばんとう【通い番頭】

自宅を持ち、そこから店へ通うことが許された**番頭**。江戸時代の商家は住み込み制で、番頭ですら主人一家の家に住んでいましたから、通い番頭は別格の存在でした。『御神酒徳利』の主人公が落語では珍しい「妻帯している番頭」であるのは、彼が通い番頭だからです。しかし、住み込みの番頭では妻など持てませんから、『山崎屋』の番頭のように**妾**（めかけ）をこしらえるのも、ある意味仕方のないことでした。

からくさ【唐草】

唐草模様の略。蔓（つる）草が伸びている様を図案化したもの。一昔前まで泥棒が背負っているのは、唐草模様の風呂敷が定番でした。唐草は長寿・延命を意味したので、その縁起を担いだのです。『出来心』や『鈴ヶ森』など、泥棒が出てくる噺が寄席でかけられるのは、「お客様の懐を取り込もう」という、やはり縁起を担いでのことです。

唐子発条の人形

からこぜんまいのにんぎょう【唐子発条の人形】

唐子とは唐（中国）の子（子ども）で、唐子人形は中国人の子どもを模した人形のことです。その人形がゼンマイ仕掛けで動くようになっているのが、唐子発条の人形です。

からし【辛子】

辛子は江戸時代には香辛料以外に、薬用にも用いました。小麦粉などと練って患部に貼ると湿布薬になります。『藪入り』では、風邪をひいた父親が用いました。食用としてもポピュラーで、『髪結新三』に出てくる鰹の刺身は、辛子醤油で食べていました。

からすてんぐ【烏天狗】

外見がカラスのようにくちばしがあり、全身真っ黒の**天狗**。天狗には、トップにいる大天狗を筆頭に序列があり、烏天狗は、その中でもかなり下位の天狗でした。

がらっぽん

壺皿（つぼざら）の中で賽子（さいころ）を回す音、あるいは賽子を入れた壺皿を伏せる音。「がらっぽん、ということをやっていた」というのは、**賽子博打**（ばくち）をやっていた、という意味です。

からぬけ

「から」はまるっきり、「ぬけ」は「抜け」で、「抜け上がる」ということから、完全に相手を出し抜くこと。

からみ【空身】

旅などで移動する際に、荷物なしの手ぶら、あるいは同行者がいなくて自分一人きりのこと。「空身だから気楽」というニュアンスが込められています。『妾馬』で八五郎(はちごろう)が「空身で来ちまった」と言っているのは、「手土産も持たずに手ぶらで来て、申し訳ない」と謝っているのです。

かりくら【狩倉・狩競】

狩猟。

かりゅうかい【花柳界】

芸者や**女郎**(じょろう)の世界。李白(りはく)の詩から出た言葉とも、また昔の中国の**廓**(くるわ)に、街路樹として桃と柳が植えられていたため、とも言われています。花が「女郎」、柳が「芸者」を意味します。

がりをくう【がりを食う】

叱られる、小言を言われる。

かれい【家令】

家の監督、管理をする人。執事。『妾馬』の**田中三太夫**(さんだゆう)は**赤井御門守**(あかいごもんのかみ)の家令です。

かわびらき【川開き】

年中行事の一つで、夏に川辺で行われました。**江戸**では何と言っても**大川**(おおかわ)の川開きが有名でした。

かわらくぎ【瓦釘】

屋根の瓦が滑り落ちないよう打ちつける釘。

かわらけ【土器】

素焼きの陶器。湯飲みや茶碗などいろいろありましたが、『愛宕山』で投げている土器は、皿の形をしたものです。

かわりだい【代わり台】

台の物のお代わりのこと。

かわりめ【替り目】

物事が変化するそのポイントのことですが、『替り目』に出てくる替り目は、**お銚子**(ちょうし)一本を飲み終わり、二本目をお代わりするタイミングのことです。

かん【貫】→もん【文】

かん【環】

家具などに用いる丸い金具。箪笥の引き出しの前方についている金具が箪笥の環です。これを引っ張って、引き出しを前に引き出します。何らかの事情で部屋が揺れると、環が箪笥にぶつかり、うるさく音を立てます。『短命』の「昼も箪笥の環が鳴り」は、そのことを指しています。『蒟蒻問答』では、袈裟の象牙の輪を売ってしまったので、代わりに蚊帳の吊り輪をつけていますが、これは蚊帳の環です。

かんがん【汗顔】

恥ずかしさのあまり、顔に汗をかくこと。「汗顔の至り」は、その恥ずかしさも極まった、という意味。

かんかんのう【カンカンノウ】

江戸時代の文政年間（一八一八〜一八三一）に爆発的に流行った歌。中国の歌から派生した楽曲のため、歌詞は中国語もどきの意味不明なものになっています。

ちなみに、カンカンノウが流行した文政年間は、日本に初めて、ラクダが見世物として連れられてきた時代でもありました。そのラクダとカンカンノウを**ネタ**にした『らくだ』は、時代の流行をいち早く取り入れた噺だったのです。カンカンノウは日本に伝えられて以後、百年にわたって流行り続けました。随分長い流行ですが、だからこそ『らくだ』で、らくだの兄貴分が**紙屑屋**に「カンカンノウなんざ子どもでも知ってる」と言えたのです。

かんきょ【官許】

政府公認。落語に登場する官許という言葉は、主に**廓**に対して用いられます。官許の廓とは、江戸幕府が営業を公的に認めている廓ということで、**江戸**の町では、官許の廓は**吉原**だけでした。それ以外の廓はすべて**岡場所**、つまり非公認の廓となり、表向きは売買春が禁じられていました。江戸の吉原以外では、京都では島原、大坂では新町、長崎では丸山が官許の廓でした。

かんきん【看経】

お経を読むこと。音読、黙読、どちらでも可です。朝起きるとまず看経、これが敬虔な、あるいは敬虔なふりをしている仏教徒の務めでした。

かんく【艱苦】

苦しみ悩むこと。

がんくび【雁首】

火皿などがある、**煙管**の前部の金属部分。この雁首は傷つきやすかったので、煙草を吸い終わって**灰吹き**(はいふき)へ灰を落とすときに、灰吹きの端に雁首を叩きつける人はあまりいませんでした。そんなことをしたら、大切な雁首に傷がついてしまいます。そこで、灰吹きに灰を落とすときは、煙管の上下を入れ替え、火皿を下に向けると、片手の掌で**羅宇**(らう)を軽く叩きます。そうすると、雁首が傷つかずに火皿から灰が落ちます。

『長短』では、気の長い男が雁首を傷つけないよう、実に丁寧に、灰を灰吹きへ落としていきます。**→きせる【煙管】、らう【羅宇】**

かんげん【諫言】

自分より上の人をいさめること。また、その言葉。

かんさつ【鑑札】

営業を公認した印に、お上(かみ)が出してくれる証明書。江戸時代はそれぞれの商売の利権が厳密に守られていたので、**紙屑屋**(かみくずや)をやるのすら、この鑑札が必要でした。『らくだ』の紙屑屋も間違いなく、この鑑札を持っています。でなければ、**立て場**(たてば)へ出入りすることもできません。

かんじく【巻軸】

句会などで出された俳句の中で、もっとも優れた句。あるいは、句会などで多くの句が出た最後に、まとめとして出された句。『雑俳』で「天に抜けた（一番よい）」と褒められた八五郎(はちごろう)の句が前者で、『干物箱』で「宗匠(そうしょう)が上手にまとめた」と評されている句が、後者のことです。

かんしょう【癇性】

怒りっぽい性質。あるいは、病的なきれい好きのこと。『百年目』では、店の**女将**(おかみ)さんが癇性だったので、寝小便する**丁稚**(でっち)をクビにしようとします。この場合の癇性は、怒りっぽいではなく、病的にきれい好きの意味です。

かんそう【観相】

人相見。顔を見て、その人の運勢を占うこと。『怪談牡丹灯籠』では、白翁堂勇斎(はくおうどうゆうさい)が萩原新三郎(はぎわらしんざぶろう)の観相をして、新三郎の寿命を言い当てています。『木乃伊とり』で、**権助**(ごんすけ)が**幇間**(ほうかん)に、「お前は**天庭**(てんてい)に曇りがある」と言っているのも観相です。

かんどう【勘当】

親が子どもの縁を切ることですが、これは現代よりも大きな意味を持っていました。勘当されると家から追い出されるだけではなく、**人別帳**(にんべつちょう)という戸籍簿からも除外されます。戸籍簿に名前のない人間は、現代と同様、仕事に就くことや、アパート（**長屋**）を借りることすらままなりません。「勘当されれば、末は**乞食**（こじき）」とは十分あり得ることで、『唐茄子屋政談』の若旦那は、まさにその通りになっています。

かんなべ【燗鍋】

酒を温めるための鍋。鉄製の急須、あるいは背の低い鉄瓶の形をしており、酒を注いで直接火にかけられるようになっています。『鰍沢』では、燗鍋に地酒と生卵を割ったのを二つほど入れて、火にかけて、ぐるぐると卵をかき混ぜて、卵酒を作っています。

がんにく【眼肉】

目の周りの肉。鯛の身の中では、眼肉が一番美味で、そのことを知っているのが真の食通であることを『祇園会』で**江戸っ子**がさりげなく自慢しています。

がんにんぼうず【願人坊主】

他人に成り代わって、神仏に祈願をかける僧侶。〝人〟の代わりに〝願〟いをかける〝坊主〟なので、願人坊主です。しかし、実情は人に物乞いをしたり、芸などを見せて衣食している**乞食**（こじき）坊主でした。坊主（僧侶）と名乗っているので、一応頭は丸めてあります。しかし、正式の僧侶ではないので戒律を守る必要がありませんから、酒を飲むことも平気です。そして、乞食ですから、往来で寝ることも日常茶飯事でした。そのため『らくだ』では、酔っ払って道ばたで寝ている願人坊主が、仏様になって頭を丸められたラクダと間違えられることとなりました。『藁人形』で**千住**（せんじゅ）の**女郎**（じょろう）に騙されるのも、この願人坊主です。

かんぬきざし【閂差し】

刀を地面と平行に、腰に差すこと。一般の武士は落とし差しで、刀の先を地面に向けるように差していました。閂差しはかなり無骨で、しかも実戦向きの差し方でした。『お血脈』の**石川五右衛門**（いしかわごえもん）が閂差しをしているのは、五右衛門の荒々しさをよく表しています。

閂差し

かんばん【看板】

中間（ちゅうげん）など、武家に仕える小者が着た**法被**（はっぴ）。背中には主家の紋が入っています。多くは紺色に染めてあったので、紺看板とも言いました。

かんぺい【勘平】
歌舞伎「仮名手本忠臣蔵（かなでほんちゅうしんぐら）」の登場人物の一人・早野勘平（はやのかんぺい）のこと。『かつぎや』で「干瓢（かんぴょう）さんは三十になるやならずで（死んだ）」と言っている干瓢とは勘平のことで、早野勘平は三十歳にならずに切腹して死んでいます。勘平は二枚目がやる役と決まっていたので、素人芝居では二枚目を気取る男たちが勘平の役をやりたがりました。あまりに勘平のやり手が多いので、志望者全員を勘平にしたところ、舞台の上に勘平役の役者がずらりと並び、「あれは勘平式だ」という小咄（こばなし）があります。この勘平式は「観兵式」のもじりで、兵士がずらりと並ぶ式典のことです。歌舞伎の勘平は鉄砲を持っているので、兵士らしく見えないこともありませんでした。

がんほどき【願ほどき】
神仏への祈願が叶ったときに行う、お礼参りのこと。『たちきれ』で主人公が**番頭**を騙し、一人で外出するときの言い訳にするのが、この「願ほどき」です。

かんもち【寒餅】
保存のために、水に浸けてある餅。

かんもち【癇持ち】
癇癪（かんしゃく）持ち。ちょっとしたことですぐ怒り出す人のこと。**→かんしょう【癇性】**

がんり【元利】
元金と利息。

【き】

きいっぽん【生一本】
単一の酒蔵で造られた酒。**灘**（なだ）の生一本であれば、灘の酒蔵で造られた酒で、他に混ぜ物をしていない、という意味。江戸時代にこういう言い方が流通していたのは、酒屋が酒をブレンドして売ることがあったからです。

きぐすり【生薬】
原材料にほとんど手を加えずに用いる漢方薬。現在は同じ字で「しょうやく」として知られています。

きぐち【木口】
木の材質、種類のこと。同じ字で「こぐち」と読むと、材木の切断面を指します。『子別れ』で主人公が「木口を見てくれ（チェックしてくれ）」と頼まれたのは、熊さんが大工だからです。

ぎくりばったり　ぎこちない動作を表す擬音。

きざみ【刻み】　**刻み煙草**の略。

きざみたばこ【刻み煙草】　煙草の葉を刻んだもの。これを紙で巻けば紙巻き煙草になりますが、紙巻き煙草がない時代は、刻み煙草を直接**煙管**（きせる）の**火皿**に詰めて火をつけました。『普段の袴』では、この刻み煙草を切らした男が、着物のたもとに溜まった屑（くず）を丸めて煙管に詰めて吸っていますが、形状は確かによく似ています。ですから、刻み煙草は、必ず**煙草入れ**に入れておきました。でないと、バラバラになってしまいます。「**刻み**」とも。

きしゃがさ【騎射笠】　武士が馬に乗るときにかぶった竹製の笠。『道灌』で、「あおりを食らった（突風にあった）椎茸」と間違えたのは、竹を何本も縒（よ）り合わせて作った騎射笠の裏側が、椎茸の裏側と似ているからです。これは見事な見立てでした。

騎射笠

きしょう【起請】→**きしょうもん【起請文】**

きしょうもん【起請文】　約束を違わないよう、神仏に誓う旨を記した文書。戦国武将同士が戦の平定の折に交わしたりしていましたが、落語の世界ではもっぱら男女の間、それも**女郎**（じょろう）と客の間で交わされています。その内容は要するに「あなた以外の人には目もくれません。必ずあなたと結婚します」というもので、この約束を破ると神罰か仏罰がくだることになっていました。これさえあれば、約束が破られることはない、確実なものだということで、『三枚起請』などでは「（女郎から）かたいものをもらってるんだから（二人の仲は大丈夫ですよ）」という具合に、起請文を「かたいもの」と呼んでいます。この「かたい」とは、確実で間違いがないという意味です。略して、起請とも。

煙管

きせる【煙管】

煙草を吸うための道具。**羅宇**(らう)という細い竹の両端に、金属製の**吸い口**と**雁首**(がんくび)がはめ込まれています。雁首の**火皿**に詰めた**刻み煙草**の葉に火をつけ、吸い口から煙草の煙を吸う、という仕組みです。

噺家が**高座**(こうざ)で煙草を吸う演技をするときは、まず手拭いを出して、そこへ閉じた扇子の地紙の部分を突っ込み、手拭いの中でこねくり回します。これは**煙草入れ**の中に、煙管の**雁首**(がんくび)を突っ込み、煙草の葉を詰めるところを演じています。

雁首の火皿は小さいので、詰められる煙草の葉も少量で、せいぜい二、三服しか煙草を吸えません。吸い終わると、火皿に溜まった灰を**灰吹き**(はいふき)に落とします。煙草を吸うときは、火皿の口は上を向いていますが、灰を落とすときは下を向けます。噺家も灰を落とす演技をするときは、扇子をくるりとひっくり返し、ぽんぽんと扇子を手で叩きます。『長短』では、扇子を叩くたびに首を傾げては、また叩くというのを繰り返しますが、これはあんまりそっと叩き過ぎているので、火皿から灰がなかなか落ちない、というところを演じているのです。

火皿
雁首
羅宇
吸い口

きせん【喜撰】

元は平安時代の歌人・喜撰法師(ほうし)のことで、この喜撰法師の和歌を元にした**清元**(きよもと)に「喜撰」と題したものがあります。また、それとは別に「太平の眠りを覚ます上喜撰」の落首(らくしゅ)で知られる、喜撰というお茶の銘柄があります。『喜撰小僧』の**落ち**は、清元とお茶の喜撰を掛けたもの。

ぎだゆう【義太夫】

太棹(ふとざお)三味線をバックに語る音曲(おんぎょく)。落語は「喋る」もので、講釈は「読む」、そして、義太夫は「語る」といいます。『転宅』の**落ち**は、義太夫の「語る」と「騙る」を掛けたもの。

きちげん

吉原のこと。吉原を音読みにして「きちげん」です。洒落た言い方でもあり、キザで通ぶった言い方でもありました。

きちれい【吉例】

毎回行っている、おめでたいしきたりや催し。

きちんやど【木賃宿】

旅籠と同様の宿泊施設ですが、木賃宿には食事がつきません。宿泊料も旅籠に比べると安価です。そこで、安宿と言えば、木賃宿を指しました。

きって【切手】

商品券。鰻屋が出している「鰻の切手」を持っていけば、鰻が食べられます。米の切手や菓子の切手、蕎麦の切手などがありました。引っ越しのとき、近所に引っ越し蕎麦の代わりに蕎麦の切手を配ると喜ばれます。『文七元結』で、長兵衛宅へ手土産に持って行くのが酒の切手で、『山崎屋』では、**頭**に礼金の代わりに鰹節の切手を渡しています。さらに切手には、証明書や許可証の役割をするものもありました。『黄金餅』で**隠亡**が「切手は持っているのか？」と聞いているのは、火葬の許可証の有無を尋ねているのです。火葬許可書である切手がなければ、**焼き場**で遺骸を焼くことができませんでした。

きつね【狐】

落語では狐は二つ、あるいは三つの意味があります。一つは動物の狐、もう一つは**賽子博打**の一種です。この賽子博打では賽子を三つ使い、一から六までの好きな数にお金を賭けます。三つある賽子の内、自分が賭けた数字が一つ出れば二倍、二つ出れば三倍、三つ出れば四倍のキャッシュバックがあります。

ところが、このお金の賭け方のルールが非常に複雑で、馴れている人ですら混乱することがあり、「まるで狐に騙されているようだ」というところから、この名で呼ばれるようになりました。狐の三つ目の意味は、**上方**落語における「きつねうどん」の略称ですが、こちらは「けつね」ともいいます。

きど【木戸】

文字通り木製の戸ですが、家の扉ではなく、**長屋**の**路地**の入り口、町と町の境などに設けられていました。

木戸

防犯のためです。長屋の各家の扉は、**心張り棒**（しんばりぼう）くらいしか防犯設備がありませんでしたが、木戸には鍵がかかりました。長屋は各戸の扉ではなく、長屋全体の木戸によって守られていたのです。

この木戸の鍵をかける時刻は、夜の**四つ**と決まっていました。その刻限以降に木戸を通り抜けたい人は、そこが町境の場合は、木戸の番人である**木戸番**に、長屋の路地の場合は、木戸に一番近いところに住んでいる人に鍵を開けてもらわなければなりません。『子別れ（中）』で、夜中に長屋に帰ってきた熊さんがまず喧嘩をしているのが、この木戸に一番近いところに住んでいる長屋の住人でした。ここに住んでいる人は義務として、木戸の鍵を預かることになっていたのです。

きどばん【木戸番】

木戸の番をすること。あるいは木戸の番をしている人。江戸時代の**江戸**の町では、治安のために夜間になるとこの木戸を閉じ、人が町から町へと通行できなくしました。それを承知の上で夜間に木戸を通りたい人は、木戸番にその旨を告げて、木戸を開けてもらわなければなりません。夜間に人が木戸を抜ける際には、木戸番が**拍子木**を打ち、隣町の木戸番へ人が通ることを知らせます。『品川心中』の「犬の町内送り」は、木戸番のこの送り拍子木をもじったものです。劇場などの入り口（木戸）の番をしている人も、木戸番と呼びました。

きながし【着流し】

男性の略装。袴をつけないだけでも着流しとなりますが、羽織も羽織らない場合も着流しです。ですから、一枚の羽織を奪い合う『黄金の大黒』の**長屋**の連中は、年中、着流しということになります。

きぬぎぬのわかれ【後朝の別れ】

平安時代の言葉で、一晩ともに過ごした男女が、翌朝、男の帰宅で別れ別れになること。当時は、自分の衣服を**布団**の代わりに着て寝ていましたから、布団＝衣服＝衣＝きぬ、でした。夜は重なり合っていた「きぬ」

と「きぬ」が、その次の日の朝（後の朝＝後朝）になると、二つに分かれなければならない。そこで「後朝の別れ」と書いて、「きぬぎぬのわかれ」です。平安時代は夫婦が同居せず、夫が妻の家に通う別居婚が主流だったため、夫婦の間でもこのような後朝の別れがありました。そして、こういう男女の関係のありようは、江戸時代の**女郎**（じょろう）とお客の関係と、とてもよく似ていたのです。女郎は一夜妻（いちやづま）（その夜限りの妻）とも呼ばれました。

きのくにやぶんざえもん【紀伊国屋文左衛門】

江戸時代初期の豪商。紀州から**江戸**へ蜜柑を運んだことで、巨万の富を築きあげました。「**かっぽれ**」の「沖の暗いのに白帆が見える、あれは紀ノ国、蜜柑船」は、そのことを指しています。この紀伊国屋文左衛門と、大坂の**鴻池善右衛門**（こうのいけぜんえもん）が江戸時代の大金持ちの代名詞でした。

きまかせ【気任せ】

気のまま、思うまま。

きめいた【キメ板】

牢でメモ帳代わりに使われた板。囚人が必要事項をこの板に記入して、役人に手渡し、読んでもらいます。この板が、牢内では新入りなどを制裁する際の武器になりました。

きもをつぶす【肝を潰す】

ものすごく驚くこと。驚きのレベルが「内臓（肝）」が潰れるほどだ」と表現したのでしょう。『肝つぶし』の**落ち**に使われる言葉です。

ぎゃくぼたる【逆蛍】

頭が禿げた人を罵って言う言葉。蛍はお尻が光りますが、禿げ頭の人はお尻とは逆に頭が光るため、こう呼びます。

きゃはん【脚絆】

脚絆甲掛け草鞋履き

足首から膝の下あたりまでをガードするグッズ。今でいうところのレッグウォーマーで、旅のための防寒用具でした。→**きゃはんこうがけわらじばき【脚絆甲掛け草鞋履き】**

きゃはんこうがけわらじばき【脚絆甲掛け草鞋履き】
旅といえば、基本は歩くしかなかった時代に、**脚絆**と**甲掛け**と**草鞋**は旅の必需品でした。それらを一式装着したときの旅姿をこう呼びました。「**手甲脚絆草鞋履き**」とも。

きやまい【気病い】
気鬱などが原因で起こる病気。

きやり【木遣り】
木遣りは「材木を運ぶ」という意味ですが、落語で木遣りといえば、「木遣り歌」を指します。材木など重たいものを運ぶときに歌われた労働歌ですが、のちには祭りや祝いの席で歌われるようになりました。

ぎゅう【妓夫】 →**ぎゅうたろう【妓夫太郎】**

きゅうきん【給金】
給料、サラリーのことですが、月給ではありません。江戸時代の奉公人は基本的に**年季奉公**で、一年あるいは半年でいくらというふうに、給料が定められていました。商家の**丁稚**や住み込みの職人の下っ端は、この給金が非常に安く、ゼロという場合もありました。理由は、「衣食を支給してもらっている上に、仕事を教えてもらっている」からです。『紺屋高尾』で**紺屋**に奉公する主人公の給金も、だからこそ異様に安いのです。商家で丁稚は読み書き**算盤**を、職人は仕事を初歩から教わりました。十歳くらいで働きに出るのが普通だった江戸時代には、商家や職人の家で働くのは、職業学校的な意味もあったのです。

ぎゅうだい【妓夫台】
客の呼び込みをするため、**妓夫太郎**が坐った台。

ぎゅうたろう【妓夫太郎】
廓の**見世**の**若い衆**は、みな妓夫太郎と呼ばれていました。その職種はさまざまで、**楼主**に代わって見世全体を取り締まり、見世の者から**番頭**と呼ばれる人から、客引きを本業にする人、**下足番**や**夜具**の上げ下ろしをする下働きまでがいます。落語の世界でもっともおなじみなのが、『強飯の女郎買い』や『居残り佐平次』に登場する客引きの妓夫太郎です。

見世の規模によって客引きが番頭役を兼ねたり、**下足**を兼ねたりもしました。そのすべてを兼ね備えたのが『お直し』の**蹴転**で働く妓夫太郎です。略して妓夫ともいいます。『付き馬』などの枕に出てくる「夕べ格子ですすめた牛が、今日はのこのこ馬になる」の「牛」は、妓夫と牛を掛けたものです。

きゅうへい【旧弊】
考え方が古臭いこと。

きゅうり【久離】
駆け落ちや家出などで失踪した家族と縁を切ること。その処理をすることを「久離を切る」といいます。江戸時代は連帯責任ですから、失踪人が罪を犯した場合、家族も罪に問われます。それを避けるための処理でした。のちに**勘当**と混同され、「久離切って勘当」というフレーズがよく使われるようになりますが、正確には、勘当は在宅の血縁者と縁を切って家から追い出すことで、久離はすでに家にいない者と縁を切ることです。『双蝶々』の長吉が久離、『船徳』『唐茄子屋政談』などの若旦那が勘当です。

ぎょい【御意】
御意の「御」は敬語、「意」は意見、意向、考え。「御意」は身分の上の人の考えのことで、「御意に従います」は「あなたの考えに従います」。返答で「御意」と言うのは、「御意の通り」の意で、「あなたのお考えの通り」つまり「その通りでございます」という意味ですが、単に「イエス」の意味の場合もあります。「御意に入る」は、「気に入る」です。

ぎょうぎみならい【行儀見習い】
公家や武家など上流階級の家に奉公させ、上質の作法を学ぶこと、またそうした作法を学んでいる人のこと。いわゆる奉公人と行儀見習いとの最大の違いはお**給金**です。奉公人は給金のために働きますが、行儀見習いはあくまでも行儀作法を学ぶことを目的としているので、基本的に給金はもらいません。その代わりに奉公人は下働きをしますが、行儀見習いはその家の**奥様**について、家政などを学びます。つまり、行儀見習いの方が奉公人よりもステイタスが上でした。だからこそ『締め込み』で夫婦喧嘩の際に、亭主から「お前なんざ**伊勢屋**の奉公人じゃねえか」と言われた女房が「違うよ。私は行儀見習いだよ」と言い返すのです。

きょうことば【京言葉】
江戸の言葉は江戸弁、大坂の言葉は大坂弁ですが、京都の言葉は京都弁とはいわずに、京言葉といいます。なぜなら、「京都の言葉は方言やおへんえ」だからです。

きょうじょう【兇状・凶状】
罪状。ここから、凶状持ちは前科者を指します。怖いお兄さんが「俺は凶状持ちだ」とすごむのは、「俺はムショ帰りだ」というのと同じです。

きょうそく【脇息】
坐る際に肘をもたれかけさせる道具。

きょうび【今日日】
今どき。

きょうまち【京町】
吉原（よしわら）の**大門**（おおもん）をくぐり、**仲之町**（なかのちょう）を真っすぐ行き、三番目の十字路を右に折れたところが京町一丁目、左に折れたところが京町二丁目です。

ぎょく【玉】→ぎょくだい【玉代】

ぎょくだい【玉代】
女郎（じょろう）を買うお金のこと。**娼妓揚げ代**（しょうぎあげだい）ともいいました。略して、玉（ぎょく）とも。

きよもと【清元】
三味線音楽の一種。

きりすてごめん【斬捨御免・切捨御免】→ぶれいうち【無礼討ち】

きりど【切り戸】
大きな門、あるいは塀などにつけた、小さな出入り口。

きりもち【切り餅】
一**分金**や一分銀を百枚、すなわち二十五**両**を一包みにしたもの。形状が切り餅に似ていることからこう呼ばれました。**小判**は通貨としてはあまり一般的なものではなかったので、大金のやりとりをする場合でも、小判よりもこの切り餅を用いることの方が多かったようです。『御慶』で**富籤**（とみくじ）が当たったときの千両という大金も切り餅で支払われました。このとき八五郎（はちごろう）がもらったのが八百両ですから、切り餅三十二個です。

切り餅
（二十五両の包み）

きれいくび【綺麗首】
美人、美女。

きれば【切れ場】
物語の切れ目のところ。長い連続ものの話を何日もかけて寄席で読むときなどは、切れ場がよければ、お客は続きを期待して次の日も来てくれます。

きわもの【際物】
売れる時期が決まっている商品。たとえば、お祭りの日や**初午**（はつうま）には**お囃子**（はやし）が出るので、太鼓が売れますが、その日を外すとなかなか売れません。そこで、『火焔太鼓』の**女将**（おかみ）**さん**は「太鼓は際物だから売れない」と言うのです。

きんしん【近臣】
主人のそばに仕える家来。江戸時代のような身分社会では、主人の近くにいられるのは、主人に次ぐ身分の高い人たちだけでした。しかし、主人に個人的に気に入られれば、身分に関係なく近臣になれるという抜け道もありました。『将棋の殿様』の御意見番の侍（さむらい）が前者、『盃の殿様』の**茶坊主**が後者です。

きんそう【金創】
「金」は、刀や槍など金属製の武器で、「創」は傷。刀傷など、武器を受けた傷のこと。

きんそうこう【金創膏】
切り傷や火傷などに処方する塗り薬。『蝦蟇の油』で売っている**膏薬**（こうやく）も金創膏の一種です。

きんちゃくきり【巾着切り】
巾着は、袋の開いている部分を紐で縛れるようにしたもの。その中には、お金や貴重品を入れておきました。その巾着を切って、中身を盗み取るのが巾着切りですから、掏摸（すり）のこと。狙う対象が巾着でなくても、また切らなくても、巾着切りといいます。『鼠穴』では、ぶつかった瞬間に**財布**を盗られていますが、これも巾着切りの仕業でした。

きんばん【勤番】
参勤交代の折に、**お国表**（くにおもて）から**殿様**のお伴をしてついてきた下級侍（さむらい）。多くは、一年間**江戸**に滞在すると、翌年はお殿様と一緒にお国表へ戻りました。ですから、**江戸っ子**から見れば、勤番は江戸のルールを知らない田舎者の侍の代表で、**浅葱裏**（あさぎうら）と同様に、勤番、勤番侍、勤番者は侍に対する蔑称（べっしょう）でした。『首提灯』で酔っ払った江戸っ子が、田舎から来た侍を罵って言う言葉が、この勤番です。『井戸の茶碗』の若侍もおそらく勤番ですが、その性格のよさもあってか、落語では珍しいことに侮蔑の対象になっていません。

きんぷくりん【金覆輪】
刀の鍔や馬の鞍などの武具の縁の部分が覆輪で、その覆輪を金色に塗ったものが金覆輪です。武将は強力な武器を携帯するだけでなく、豪華なものを身に着けていることも強さの表れとしていました。

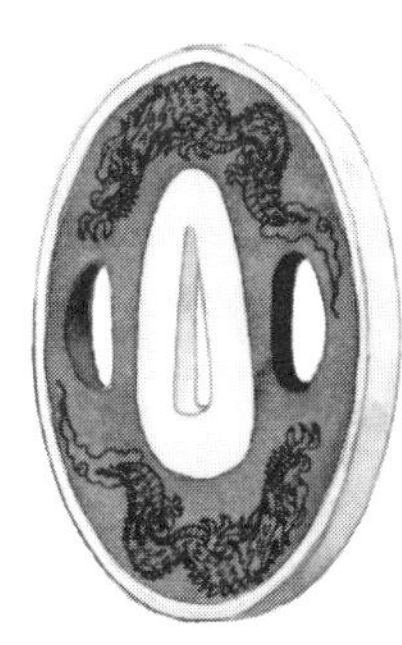
金覆輪

きんまきえ【金蒔絵】
漆器の表面に金や銀を使って描いた模様や絵を、蒔絵といいます。銀を蒔くように散らして描いたものが銀蒔絵で、金を蒔いたのが金蒔絵です。

きんまんか【金満家】
金持ち。

きんむく【金無垢】
純金。無垢は混じりっけがないこと。純正であること。略して、「むく」とも。『怪談牡丹灯籠』で、下男が主人萩原新三郎から盗み出すのが金無垢の仏像です。仏像を潰して（溶かして）原型をとどめないようにすれば、盗んだことがバレない上に、純金ですから高値で売ることができます。

きんめいちく【金明竹】
真竹と呼ばれる竹の一種。

きんらんどんす【金襴緞子】→**どんす【緞子】**

【く】

くいちがい【食違・喰違】
赤坂にあった地名。**吾妻橋**が**身投げ**で有名だとすれば、食違は首くくり（首吊り自殺）で知られていました。

くがい【苦界】
苦しい世界。そこから転じて、**女郎**から見た**廓**のこと。廓勤めは、そこで働く女郎にとって辛いものでした。

くさったはんてん【腐った半纏】→**しるしばんてん【印半纏】**

くさばのかげ【草葉の陰】
草葉とは、草が生い茂るほど誰も訪れなくなった墓のこと。その陰ですから、墓の下、即ち、「あの世」という意味。「草葉の陰からあなたを」とは、「死んでからもあなたを」という意味です。

くさりかたびら【鎖帷子】
鎖をつなぎ合わせて作った**帷子**。江戸時代の防弾チョッキです。

くさりがま【鎖鎌】
草刈り鎌と、分銅を鎖でつないだ武器。

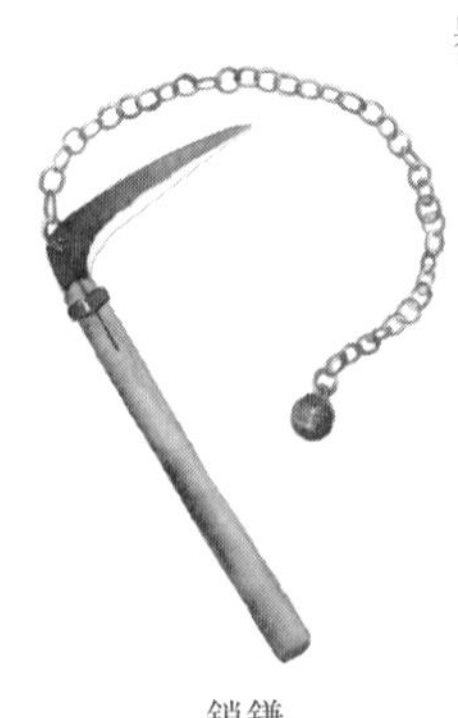

鎖鎌

くしゃくにけん【九尺二間】
間口が**九尺**、奥行きが**二間**の**長屋**のこと。面積が三坪、つまり六畳ですが、土間も含まれているので、実際に畳のあるスペースは四畳半です。もちろんバストイレなしで、押入もありません。落語に登場する長屋は、おおむねこのタイプのものです。これよりもワンランク上のものが、同じ九尺二間でも二階建てのもの。同じ間取りで二階があるので、居住空間が倍になります。『宮戸川』の霊岸島（れいがんじま）のおじさんが住んでいるのがこのタイプです。二階へ上がるための階段を取りつけるスペースなどありませんから、壁などに取りつけた梯子で二階へ上がります。反対に一階建ての九尺二間よりワンランク下が一間九尺という、半分のサイズのもので、こちらは畳敷きのスペースが二畳。『子別れ』で別れた妻と子どもが住んでいたのが、この一間九尺の長屋でした。

くずや【屑屋】→かみくずや【紙屑屋】

くすりくそうばい【薬九層倍】
売薬は売値が原価の九倍はする、ということから、「売薬によって暴利を得ている」という非難の言葉。実際はどうだったのかは分かりませんが、江戸時代の庶民の多くはそう信じていました。薬が高値だったこともあるのでしょうが、薬がほとんど効かなかったからです。
　効果のない薬であれば、値段がいくらであっても、高いと感じるのは当然のことでした。

ぐそう【愚僧】
僧侶が自分のことをへりくだって「愚かな僧」と名乗る一人称。自分のことを**拙者**（せっしゃ）（つたない者）と名乗るのと同じです。

くだらねえ
つまらない物のたとえ。江戸時代は**上方**が文化の中心で、商品はメイドイン上方のものが高級品とされていました。上方から**江戸**へ「下る」ものは高級品で、反対に「下らない」ものは粗悪品とされます。メイドイン上方でないものは「くだらねえ」もの＝つまらないもの、なのです。酒も本場は上方でしたから、**灘**など、上方の酒蔵で造った酒は、「下り酒」として高級品扱いされていました。

くだりざけ【下り酒】→くだらねえ

くちあけ【口開け】
商人が一日の最初に行う商売のこと。どの商売でも縁起を担いで、口開けがよくないことを嫌いました。『付き馬』で借金取りと自称する男が「口開けに出銭では申し訳ない」と言っているのは、店を開けた途端、金が入るのではなく、反対に支払いをするというのは縁起がよくない、という意味です。反対に、一日の最初の客とはスムーズに商いをしたいという気持ちがあるからこそ、『壺算』では「あなた方は口開けのお客さんだから」と、商品を値切ることを了解しています。

くちいれや【口入屋】
職業斡旋所。**桂庵**、口入宿ともいいます。**飯炊き**から**中間**奉公まで、どんな仕事も斡旋しました。**妾**も奉公の一種と見なされていましたから、口入屋で仕事を、つまりは旦那を紹介してもらっています。口入屋では男女が別になっていたので、『引っ越しの夢』の口入屋の場面では仕事を求めているのは女性だけですし、『お化け長屋』では男性だけとなっています。**江戸**で旗本奴と喧嘩をして男を売った**幡随院長兵衛**はこの口入屋の**親方**でした。

くちいれやど【口入宿】→くちいれや

くちどみ【口富】
富籤で一番最初に突く（結果を発表する）もので、賞金も一番安価。「一の富」ともいいました。

くちぶちょうほう【口不調法】
口下手。

くちへんとう【口返答】
口答え。

くちをかける【口をかける】
芸者や**幇間**など、芸人を座敷に呼ぶこと。『居残り佐平次』で、客が**見**

世の者に「居残りに口をかけてくんな」と言ったのは、居残りをしている佐平次を芸人扱いして、座敷に呼んで芸をやらせようと思っている、ということを意味しています。ただ用事があって呼びつけているだけでは、「口をかけてくれ」とは言いません。

くっつきあい【くっつき合い】
野合ともいいます。恋愛をして結婚をするという、ただそれだけのことですが、昔はくっつき合いで夫婦になるのは一般的ではありませんでした。普通は、しかるべき人が間に入って、男女双方に縁談を持って行き、当人とお互いの家が承知をすれば、仲人を立てて結婚するのがスタンダードで、『たらちね』の貧乏人レベルでもそのルールに則っています。『締め込み』で男性から仲人を立てずに、結婚してくれと口説かれた女性は「くっつき合いじゃ嫌だ」とそのプロポーズを拒否しています。『粗忽の釘』で自分たち夫婦はくっつき合いだとのろけている男は、ですからかなり脳天気です。

くにおもて【国表】→おおさかおもて【大坂表・大阪表】

くにづめ【国詰】
諸大名が参勤交代をしていた江戸時代では、地方の侍には二種類ありました。参勤交代のたびに江戸へ行く者と、地元に残っている者です。前者が「勤番」で、後者が「国詰」です。田舎者と侍が嫌いな江戸っ子からしてみれば、どちらも野暮の代表のようなものでしたが、その野暮の中でも大野暮とされたのが、一度も江戸の土を踏んだことのない国詰の侍でした。

くによし【国芳】
歌川国芳。江戸時代の有名な浮世絵師。

くびったま【首っ玉】
首のこと。「首っ玉にかじりつく」は、ほとんど抱きつくと同義です。

くびぬき【首抜き】
着物の首から襟にかけて模様を染め抜くこと。また、その着物のこと。

くまさかちょうはん【熊坂長範】
平安時代の泥棒。落語では石川五右衛門に次ぐ、大泥棒の代名詞です。ただし、五右衛門が実在したのに対して、熊坂長範は実在したかどうか不明。

くまのい【熊の胆】
熊の胆嚢を乾燥させて作った**生薬**。文字通り熊の胆嚢（肝臓ではありません）を乾燥させて作ったものです。『鰍沢』には鉄砲が出てきて、亭主が元は**江戸**の生薬屋の若旦那と言っていますから、この鉄砲で熊を撃ち、熊の胆を作っていたのでしょう。

くめのせんにん【粂の仙人・久米の仙人】
空想上の人物で、奈良時代に活躍した仙人。いくつかの逸話がありますが、落語では「仙術によって空を飛んでいる最中、川で洗濯をしている女性の脛の部分がちらっと見え、性欲を感じた途端、仙術を失い、空から落下した」というエピソードでのみ知られています。

くやみ【悔やみ】
亡くなった人を惜しんで言う言葉。

くらまえ【蔵前】
現・東京都台東区の**隅田川**の西岸あたりの地名。地名の由来は、江戸時代にこの一帯に米蔵があったためです。ここを通る蔵前の通りは、浅草橋から浅草の観音様、ひいては**吉原**への道筋となり、吉原へ通う**駕籠**の往来が激しいことで知られていました。すなわち、『蔵前駕籠』の舞台です。

くるわ【廓】
壁に囲まれた地域一帯を廓といいますが、江戸時代の廓は売買春を行う**見世**が軒を連ねている町のことです。**吉原**は廓の語源通り、地域一帯を壁で囲まれていましたが、これは遊女の逃亡を防ぐためでした。**遊郭**とも。**→かごのとり【籠の鳥】**

くれむつ【暮れ六つ】
現在の午後六時頃。江戸時代は日没のときを、暮れ六つと定めていました。冬は日が暮れるのが早いので、暮れ六つの時刻も早くなります。夏は日が暮れるのが遅いので、暮れ六つの時刻も遅くなりました。現在も六時という時刻が午前六時と午後六時の二つあるように、江戸時代にも六つという時刻には、朝の六つと夕方の六つがあります。夕方の六つが暮れ六つ、朝の六つが「**明け六つ**」です。

くろいたべい【黒板塀】
文字通り黒い板塀のことですが、粋なものとされていました。**妾宅**の家の塀は、この黒板塀と半ば決まっていたようです。歌謡曲「お富さん」の歌詞、「粋なくろべえ」のくろべえは人名の黒兵衛ではなく、黒塀、つまり黒板塀のことです。

ぐろう【愚老】
老人が自分のことをへりくだって言う、一人称。自分の妻のことを愚妻と言うのと同じで、愚老は老人である自分を、愚妻の場合は自分の妻を侮辱しているのではなく、他人に対して謙遜して言っているのです

くろかわおどし【黒革縅】→おどし【縅】

くろもじ【黒文字】
木の名称。高級木材として知られていました。主な用途は、**小楊枝**（こようじ）（爪楊枝）の材料です。そこで、爪楊枝のことも黒文字というようになりました。

くんしゅさんもんにいるをゆるさず【葷酒山門に入るを許さず】
「葷（くん）」は葱や韮など匂いの強い野菜、「山」は寺のこと。『山号寺号』でも説明しているように、お寺には○○山○○寺と必ず「山号」というものがついており、そこから山＝寺となりました。仏教の修行のために妨げになる葷や酒は、お寺の門をくぐってはならぬ（僧侶は葷酒を口にしてはならぬ）という戒めです。
仏教のどの宗派にでも通用する教えですが、禅寺の門には必ず記されています。『蒟蒻問答』や『お見立て』でも、この文句が門に彫られていたので、その寺が禅寺だと分かったのでした。

くんしんのれい【君臣の礼】
君は主人、臣はその部下、家来。儒教では、主人が部下を使うのに礼儀を守り、部下が主人に仕えるにも礼儀を守らねばならないとされています。その上下間の礼儀のこと。

【け】

けいあん【桂庵】
職業斡旋所。**口入屋**（くちいれや）ともいいます。

けいこく【傾国】→けいせい【傾城】

げいしゃ【芸者】
宴席などで歌や踊り、三味線などの芸を披露して客を楽しませる職業。本来は男女の区別なく、男性も女性も芸者と呼ばれていましたが、次第に女性だけを芸者と呼ぶようになり、男性で芸を行う**幇間**（ほうかん）は女性の芸者と区別して、男芸者とも呼ばれるようになりました。一応「芸は売るが、身は売らない」とされていたので、**女郎**（じょろう）とは一線を画していました

が、それはあくまでも表向きのことで、だからこそ本当に芸しか売らなかった吉原(よしわら)芸者は、真の芸者として尊重されていました。

けいせい【傾城】
美人のことですが、素人の女性を傾城と呼ぶことはまずありません。一般には**女郎**(じょろう)、**妾**(めかけ)など、プロの女性の中でもとりわけ美しく、しかも魅力のある女性のことを指します。傾城は「城を傾ける」、つまり「国を滅ぼす」ほど、魅力があるということです。傾国とも。

けいめいあかつきをつげる【鶏鳴暁を告げる】
鶏が鳴いて、朝になったことを告げる、という意味。

げこ【下戸】→いちごうじょうご【一合上戸】

けころ【蹴転】
吉原(よしわら)で最下級の**見世**(みせ)。また、そこで働く**女郎**(じょろう)のこと。客引きのやり方も乱暴で、道を歩いているお客を捕まえて、蹴り転がして無理矢理店に入れるところから、この名がついた、とも言われています。値段は最下級でしたが、女郎のレベルもやはり最下級でした。

蹴転は『お直し』の舞台として、落語では悲惨なイメージがありますが、『徳ちゃん』で描かれるコミカルな見世も蹴転です。『お直し』では、蹴転に転落する前の女郎が同じ見世の**若い衆**(わかいしゅう)とこっそり一緒に風呂に入る場面がありますが、これは**小見世**(こみせ)以上の見世だからこそできたことでした。小見世、**中見世**(ちゅうみせ)、**大見世**(おおみせ)には、見世に自前の家風呂がありましたが、蹴転にはそんなぜいたくなものはなかったのです。吉原にも**湯屋**があり、そこを利用する女郎は、ほぼ全員が蹴転の女郎でした。**→らしょうもんがし【羅生門河岸】**

けさがけ【袈裟懸け】
片方の肩から、逆側の胴の方へ斜めに斬ること。袈裟は斜めに引っかけるようにして着る（掛ける）ので、こう呼ばれるようになりました。

けしずみ【消し炭】
一度火をつけて、最後まで使い切らずに、途中で**消し壺**などに入れて消してしまった炭のこと。次に使うとき、簡単に火がつくので重宝しました。

けしつぼ【消し壺】
まだ熾(おこ)っている炭を入れる壺。蓋をすると内部の酸素がなくなり、自然と火が消えます。

げしゅにん【下手人】
「（直接）手を下した人」ですから、殺人犯という意味。

げせわ【下世話】
世間一般、俗、という意味。「下世話に言う」とは「俗に言う」「世間で言うところの」という意味で、下ネタや品のない話のことではありません。

げそ【下足】
下足を気取った言い方。『鰻の幇間』の一八は芸人なので、下駄を「げそく」とは言わず「げそ」と言います。イカの足をゲソと呼ぶのは、下足番が下足を十足ずつまとめて管理していたからです。十足だからゲソです。ですから、八本足の蛸の足はゲソとはいいません。

けそう【懸想】
ひそかに異性を好きになること。

げそく【下足】
履き物のことですが、特に店などに上がる際に脱いだ履き物のことをいいます。大きな店や寄席などには、この下足と**下足札**を管理する専門の人がいて、下足番、ときに略して下足と呼びました。→**げそ【下足】**

げそくばん【下足番】→**げそ【下足】**、**げそく【下足】**

げそくふだ【下足札】
脱いだ履き物が誰のものか分からなくならないよう、履き物に下げておく札。**廓**では**清掻き**とともに、**見世**が始まる合図として、**若い衆**がこの下足札を打ち鳴らして景気をつけました。『居残り佐平次』で「見世が始まる時間になると方々の見世で**鼠鳴き**の声、下足札の音が始まって」と言っているのが、それです。

けだし【蹴出し】
女性が着物の下に着用する下着。女性の下着ですから、今と同様、地味なものから派手なものまでさまざまでした。**花魁道中**で**花魁**が**外八文字**に足を踏み込む際、裾が開いて赤い蹴出しが見えると、見物していた男連中は大喜びしました。

けちみゃくのいん【血脈の印】
仏教で師匠が弟子に伝える教えが「血脈」です。師匠の教えを正しく受け継いだしるしが血脈の印ですが、『お血脈』に登場する血脈の印はいわばそれの簡易版で、その印を押してもらえば、ありがたい教えを受け継いだも同然となるものでした。その日一日お参りをすれば、四万六千日お参りしたことになるという、『明烏』の**四万六千日**（しまんろくせんにち）と同じ発想です。

けっかい【結界】
元々は仏教から出た言葉で、境目（さかいめ）という意味。そこから転じて、**幇間**（ほうかん）などが座敷に呼ばれて、まずお客に挨拶をするとき、自分の前に横に置く扇子を、結界と呼びました。扇子より手前側が芸人である下の人間、扇子より向こう側がお客様である上の人間、という境目を表しています。噺家が**高座**（こうざ）に上がった際、扇子を前に置いてお辞儀をするのも結界です。さらに商家などでは、**帳場格子**（ちょうばごうし）のことを結界と呼びました。

けつからやにがでるほどのむ【尻から脂が出るほど呑む】
煙草には、ニコチン以外にタールが含まれています。**煙管**（きせる）で煙草を吸うと、このタールが粘着状のものになって煙管の内側にへばりつきました。これを脂（やに）といいます。その脂が肛門から出るほど、つまりそれほどたくさん煙草を吸う、というたとえです。現在では、煙草は「吸う」が一般的ですが、昔は煙草は「呑む」ものとされていました。

外道（面）

げどう【外道】
宗教的な教えに反する邪悪な存在、今で言うところの悪魔です。お能の面の一つとしても知られています。

けとばし【蹴飛ばし】
馬のこと。そこから馬肉のこと。さらにそこから馬肉を使った料理のことも蹴飛ばしと呼びました。馬肉を食べさせる専門店は「蹴飛ばし屋」です。江戸時代の人は結構獣肉を食べていて、その中でも人気だったのがこの蹴飛ばしこと、馬肉でした。精がつくというので、**吉原**（よしわら）の入り口あたりに、ずらりと蹴飛ばし屋が軒を並べていました。明治時代になって牛肉を食べるようになってからでも、蹴飛ばし屋は負けてません。店の看板に、牛が倒れて馬が前足を上げて立ち上がっている絵を描いたりしていました。「うまかった（馬勝った）、牛負けた」という洒落です。別名を桜、あるいは桜肉とも。

げなん【下男】→ごんすけ【権助】

けん【間】
およそ百八十センチ。畳の縦の長さです。

げんきてんしょう【元亀天正】
元亀は、西暦一五七〇年から一五七三年、天正は、一五七三年から一五九三年までの年号。この時期がいわゆる戦国時代の真っ盛りでした。江戸時代の人たちが「元亀天正の頃」と言うのは、現代人が「戦国時代の頃」と言うのと同じ意味です。
さらに江戸時代の侍(さむらい)が「元亀天正の頃」と言うと、身分の低い者でも戦場での働き次第で、いくらでも出世ができた時代を懐かしむ、というニュアンスがありました。江戸時代は太平の御代で戦乱がなかったため、『泣き塩』の侍のように武術に自信があっても、出世をする望みはなかったのです。

けんぎょう【検校】
江戸時代で、盲人の公的組織の階級の中で最上位のもの。大名に匹敵するほどの権威を持っていました。世間的な出世の観念からすれば、江戸時代の盲人が望みうる最高の位です。盲人の階級は細分化されていて、正規の手続きを踏むのであれば、徐々にステップアップしていくしかないのですが、金銭によって一挙に検校にまで登りつめることも可能でした。『三味線栗毛』の**按摩**(あんま)が狙っていたのも、金銭によって検校の位を獲得することでした。

けんげしゃ→ごへいかつぎ【御幣担ぎ】

けんし【検視】
切腹の際、確かに切腹したことを確認する役目、またその役目を担う人。

けんじょうはかた【献上博多】→おなんどけんじょう【お納戸献上】

けんつく【剣突】
小言や、それに類する荒々しい言葉。「剣突をくらわせる」は、「叱りつける」「文句を言う」という意味以外に、「相手を拒否する」という意味もあります。剣突は「くらわす」もので、「言う」ものではありません。

げんのう【玄翁】
釘を打つ部分が両端にある金槌(かなづち)。金槌は釘を打つ部分が平らになっていますが、玄翁は片面は金槌と同じく平らで、もう片面はうっすらと丸く膨れています。これは**鎹**(かすがい)を木に打ち込む際に、木を傷つけないためです。そこで、鎹を使って木と木をつなぎとめる場合は、金槌ではなく、玄翁を用います。

玄翁

けんのん【剣呑】
危険を感じる不安な様子、気持ち。

けんばん【見番】
芸者のマネージメントを行った事務所。基本的に、芸者はどこかの見番に所属し、そこから仕事をもらう、というシステムになっていました。お客が座敷から芸者を呼ぶときは、この見番に連絡をします。指名した芸者が今空いているのか、それとも他のお座敷に出ているのか、というチェックをするのも見番の仕事でした。ですから、指名した芸者がよそのお座敷に出ている場合、「今、ふさがっておりまして」「だったら、貰いをかけろ」というような交渉も、見番がお客と行っていました。**幇間**（ほうかん）は**男芸者**ですから、やはり見番に所属していました。『幇間腹』で一八（いっぱち）を呼び出すのも見番を通します。でなければ、事務所を通さずに、芸人に仕事を依頼することになってしまいます。**→もらいをかける【貰いをかける】**

けんぷ【絹布】
絹織物。

げんぶ【玄武】→しじんき【四神旗】

けんりょう【見料】
易者に占いをしてもらう料金。見世物などの見物代も見料といいましたが、寄席で芸を見るための見物料は見料ではなく、**木戸銭**（きどせん）といいます。

【こ】

こいぐちをきる【鯉口を切る】
餌を求める鯉が、口を開けている様に似ているところから、刀の鞘（さや）の刀身を入れる口の部分を鯉口と呼び、

鯉口を切る

刀の柄の部分を数センチ押し上げる状態を鯉口を切るといいます。刀は完全に鞘におさまったままでは、すぐには抜きにくいので、いつでも刀を抜ける状態にしておきたいときはさりげなく、あるいはこれ見よがしに、鯉口を切っておきます。つまり、鯉口を切るとは、臨戦態勢に入ったということを意味しました。

こう【講】→**こうじゅう【講中】**

こうか【後架】

トイレ。→**そうごうか【総後架】**

こうがい【笄】

髪を整える道具ですが、**三所物**（みところもの）の一つである笄は、刀の鞘に装着するように作られていました。

こうがけ【甲掛け】

草鞋（わらじ）を上から覆う雨よけ、埃よけのグッズ。今でいうところの雨よけ靴カバーです。旅の必需品でした。→**きゃはんこうがけわらじばき【脚絆甲掛け草鞋履き】**

こうぎ【公儀】

国家権力を持つ政府のこと。江戸時代であれば江戸幕府を指します。

ごうぎ【豪儀】

ものすごい。すばらしい。立派。派手。

笄は、差表（さしおもて）の鞘口辺りにある、笄櫃（こうがいびつ）に収められた

笄

こうこ【香々】

漬け物。香の物ともいいますが、**江戸っ子**は「お新香」とはいいません。お香々とも。

こうし【孔子】

古代中国の学者兼政治家。孔子の言行録が「論語」で、江戸時代には子どもの教育から武士の心構えに至るまで、圧倒的な影響力を持っていました。学校教育でもっとも重視された教科書の一つでもあります。『厩火事』は、その「論語」の一節を元にした落語です。『明烏』の「お前は親孝行で、親いませば遠く遊ばず、なんてことを言うが」の、「親いませば遠く遊ばず」も「論語」からとられたものです。

こうじ【小路】

路地よりも広い道のこと。**上方**（かみがた）では

「しょうじ」と呼びます。通り抜けができない小路が**袋小路**です。公に作られた道が小路あるいは横町で、町人などが作った私道を**新道**(じんみち)・**新道**(しんみち)と呼びました。

こうじゅう【講中】
宗教や利害などが一致して結成されたグループ。略して、講とも言います。成田(なりた)の講中であれば、成田山信仰の者の集まりで、定期的に成田山詣でを行うために結成されたグループでした。**頼母子**(たのもし)講は、同じ頼母子のグループで、こちらは信仰心ではなく、頼母子という金銭によって結びつけられた仲間です。

こうじょ【孝女】
親孝行な女性。

こうじょう【光乗】→ゆうじょう・こうじょう・そうじょう【祐乗・光乗・宗乗】

こうた【小唄】
三味線音楽の一種。昔、**端唄**(はうた)と呼んでいたものを、小唄というようになりました。

こうのいけ【鴻池】→こうのいけぜんえもん【鴻池善右衛門】

こうのいけぜんえもん【鴻池善右衛門】
江戸時代の大坂の豪商。**紀伊国屋文左衛門**(きのくにやぶんざえもん)と並んで、大金持ちの代名詞的存在でした。『茶金』で、本当は一文の値打ちもない湯飲みを千両で買うのも、『御神酒徳利』で、**江戸**の**番頭**を顎足つきで大坂まで呼び寄せたのも、鴻池善右衛門です。『莨の火』に登場するスケールの大きな金持ちは、まさに鴻池善右衛門にふさわしいキャラクターでしたが、鴻池善右衛門当人はあまりにも顔が売れていたので、**お茶屋**の番頭が知らないはずはありません。そこで苦肉の策として、主人公を鴻池善右衛門の親戚としたのでしょう。鴻池善右衛門当人ではなく、その親戚ですら驚異的な金持ちであっても納得できるほど、鴻池は超のつく大金持ちだったのです。

こうのもの【香の物】→こうこ【香々】

こうばいやき【紅梅焼き】
煎餅の一種。梅の花をかたどっているところから、この名がつきました。

こうや【高野】
高野山の略称。江戸時代、一般人が急に思い立って僧侶になるというとき、まず思い浮かべるのが「高野山へ行って出家する」ということでした。出家をすると、頭を丸めます。そこで、「高野山へ行く」＝「髪を下ろす」＝「紙を落とす」から、トイレへ行くことを「高野へ行く」と言いました。『たけのこ』で人間に見立てた筍が殺され（食べられ）てしまい、翌朝高野へ埋葬というのも、高野山が多くの墓地を持っている霊山であることと、トイレの高野を掛けています。

こうや【紺屋】
布を藍で青く染める染め物屋。藍を扱うので、紺屋の職人はどれだけ手を洗っても、指の爪の間に藍が詰まり、爪が青く染まります。『紺屋高尾』の主人公が、**突き袖**で**吉原**へ行くよう勧められたのは、指先を見られて、紺屋の職人と見破られないためでもありました。

こうやく【膏薬】
練り薬。

こうようにん【公用人】
幕府や大名直轄の役人。

こうらいのうめばち【高麗の梅鉢】
高麗は、かつて朝鮮半島を統一した国家の名前ですが、ここでは高麗製、すなわち朝鮮製の陶器のこと。梅鉢は「梅鉢文様」というデザイン。その文様が入ったメイドイン高麗の陶器が、高麗の梅鉢です。

こうり【行李】
竹などで編んで作った箱。通気性が良いので、衣服などを入れるのに用いましたが、『道具屋』の与太郎のおじさんのように物入れにも使えました。

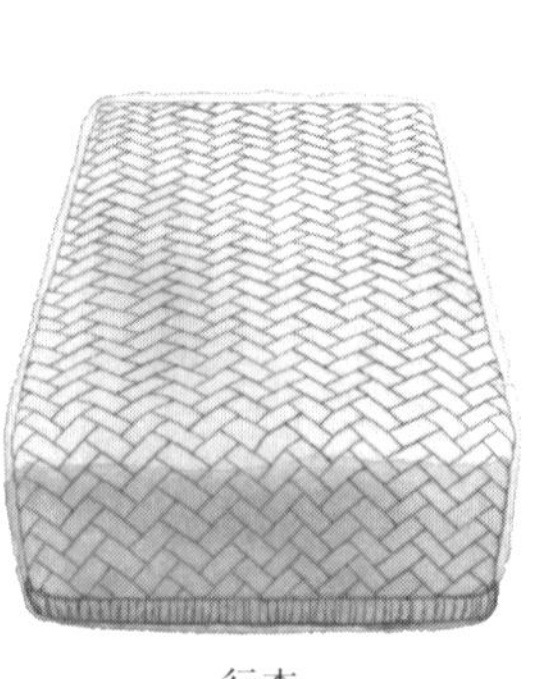
行李

ごうりき、ごうりょく【合力】
施し。また、施しを受ける人のこと。

ごえいか【御詠歌】
仏教徒が仏様を称えて歌う歌。

ごかい【五戒】
仏教における五つの戒め、戒律。**殺生戒**、**偸盗戒**、**邪淫戒**、**妄語戒**、**飲酒戒**のこと。

ごがたき【碁敵】

碁の相手のことですが、ただの対戦相手では碁敵とはいいません。お互いの実力が伯仲して、勝ったり負けたり、ほぼ互角の腕前の人が碁敵です。

こくいん【刻印、極印】
小判に刻みつけた所有者の印。刻印つきの小判は印がついているため、盗んでも使うことができません。『しじみ売り』の主人公の義兄は、人から恵んでもらった小判が刻印つきとは知らずに使ってしまい、泥棒と間違えられてしまいます。

こぐち【木口】→きぐち【木口】

ごくつぶし【穀潰し】
無駄飯食い、無為徒食（むいとしょく）の人を罵っていう言葉。「穀」は五穀（食べ物）の意味で、働きもせず、ただ無駄に食べているだけの人が穀潰しです。

ごくない【極内】
「ごく内緒」の略で、「絶対に内緒にしておいて（人には言わないで）」という意味。『鰍沢』で、元**女郎**（じょろう）の女主人公が泊まり客に「あなたが昔、私のお客だったことは、うちの亭主には極内に」と言っています。

こくぶ【国分】
刻み煙草の銘柄の一つ。江戸時代では最高級ブランドでした。

ごくもん【獄門】→うちくびごくもん【打ち首獄門】

こくらのおび【小倉の帯】
小倉織の布でこしらえた帯。小倉織は丈夫で肌触りがなめらかな生地で、帯や袴に用いられました。

こけ【虚仮】
馬鹿。愚か。無意味。

ごけ【後家】
未亡人。夫に先立たれた妻のこと。

ごこうぎ【御公儀】
お上（かみ）、国家権力のことで、江戸時代においては幕府のことです。正式には**公儀**ですが、庶民はお上をはばかって**御の字**（おんじ）をつけて御公儀と呼びました。**江戸っ子**は権力者に弱かったということもありますが、それと同じくらい将軍を代表とする幕府に対して尊敬の念を持っていたのです。将軍様のお膝元である**江戸**の町に生まれて育ったことは、江戸っ子の自慢の一つでした。

ここな【此処な】
「ここにいる」という意味ですが、

目の前にいる人を強調するときにも用います。『禁酒番屋』の「ここな偽り者め」は、「この偽り者め」ということです。「この偽り者」の「この」に強調以外にさして意味がないように、「ここな」にも意味はありません。

ここのつ【九つ】
現在の十二時。現在の時刻の数え方は、十二時をゼロ時と数え、この時刻を起点に一時間ごとに一時、二時、三時という具合に数が増えていきますが、江戸時代は九つを起点に、およそ二時間ごとに**八つ**（現在のおよそ二時）、七つ（現在のおよそ四時）、六つ（現在のおよそ六時）という具合に一つずつ数が減っていきます。現在のおよそ十時が**四つ**で、四つの次の時刻が再び九つ（十二時）となります。三つ、二つ、一つという時刻はありません。

『時そば』では、九つの**一刻**(いっとき)前が四つであることが、詐欺の失敗につながっています。現在でも十二時には午前十二時と午後十二時があるように、九つにも午前十二時の九つと、午後十二時の九つがありました。

こころやすい【心やすい】
親しい。気の置けない。

こしかけぢゃや【腰掛け茶屋】→かけぢゃや【掛け茶屋】

こじき【乞食】→ものもらい

こししょうじ【腰障子】
本来、障子は桟以外の部分はすべて紙ですが、腰障子は下の方が板になっています。「腰つき障子」とも呼びます。この「腰」は障子の腰の部分ということであって、人間の腰の高さとは関係がありません。障子の板張りになっている腰の部分がさらに高くなると、**腰高障子**(こしだかしょうじ)になります。

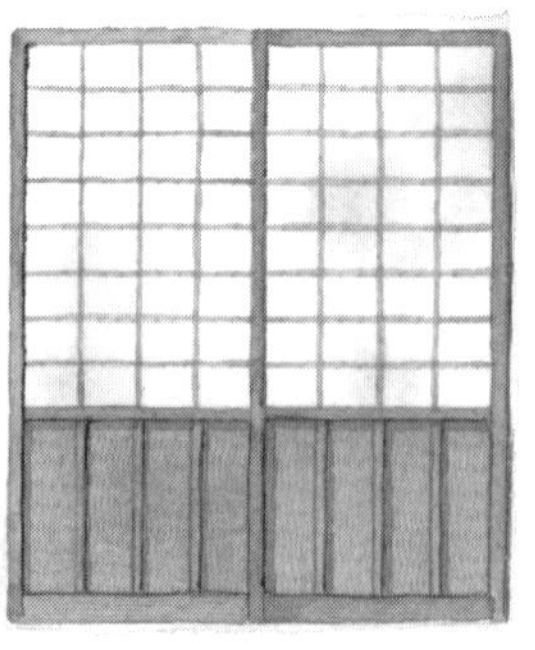
腰高障子

こしだかしょうじ【腰高障子】
下の部分が障子紙の代わりに板（腰板）が張ってある障子。店舗や**長屋**の各自の家の入り口などに用いられました。店舗などでは障子紙の部分が看板の代わりになりました。『不精床』の枕で「海老の絵が描いてあって海老床」という具合に**髪結床**（かみゆいどこ）の名前が列挙されますが、この店名を記してあるのは、たいてい腰高障子の紙の部分でした。**→こししょうじ【腰障子】**

こしのもの【腰のもの】→だいしょう【大小】

こしまき【腰巻】

腰から下を覆う布。着物を着る際の女性用の下着でした。普通の腰巻は、ずり落ちないよう紐がついていましたが、**女郎**（じょろう）の腰巻には紐がついていませんでした。客から無理心中をもちかけられ、腰巻をつかまれたときに、腰巻をするりと脱いで逃げ出すためとも言われていますが、職業上、脱ぎやすい形態にしてあっただけかもしれません。代々の**高尾**（たかお）の中で、**花魁道中**（おいらんどうちゅう）の最中に腰巻を落としてしまった腰巻高尾がいます。この腰巻が落ちたのも、紐がついていなかったためでした。

こしもと【腰元】

侍女。

ごしゅうぎ【御祝儀】

婚礼などの吉事に贈るお祝い。現在の結婚式は、参列者も費用を分担して払うシステムになっているため、婚礼の御祝儀＝金ですが、昔は婚礼の費用は主催者が全額負担するものでした。ですから、婚礼の参列者から贈る御祝儀は、お祝いの言葉、あるいは芸となります。そこで『松竹梅』では、祝いの言葉の代わりにおめでたい芸を披露しようとします。その御祝儀の中でもハイライトは、おめでたい謡曲「高砂」（たかさご）を謡うことでしたから、『高砂や』では、その重要な役を仲人が務めることとなったのです。

ごじゅっけんどう【五十間道】

吉原（よしわら）の**大門**（おおもん）から**日本堤**（にほんづつみ）までの道。距離が**五十間**（約九十メートル）あったので、こう呼ばれました。この道は、日本堤から**廓**（くるわ）の様子が見えないようにするために、わざと曲がりくねって作られていました。

こしょう【小姓】

身分の高い人の世話係。主に、少年の役目でした。『くしゃみ講釈』で胡椒を思い出すときのキーワードになる、**八百屋お七**（やおやおしち）の恋人の吉三（きちざ）の身分が寺の小姓でした。

こしょう【故障】

現代では、機械などが壊れたことを意味しますが、古くは反対意見という意味で用いられました。『くしゃみ講釈』で言う「故障があるのか？」は、「私に文句があるのか」あるいは「何か言いたいことがあるのか」という意味です。

ごしょう【後生】

来世(らいせ)のこと。分を過ぎたぜいたくなど、よくないことをすると、現世ではその罪は見逃されても、生まれ変わった来世でその罰が当たるかもしれません。ですから、現世でのよくない行いは「後生が悪い」ことになります。人にお願いするときの「後生だから」は、「一生のお願いだから」とほぼ同義。今の現世の一生だけでなく、来世の一生の後生まで含まれますから、「後生だから」は「一生のお願い」の強調形といえなくもありません。「後生を願う」は死後、極楽に行くことを願うこと。

ごじょく【小職】→まめどん【豆どん】

ごしんぞ【御新造】

江戸時代は身分社会でしたから、妻の呼び名も階級によって変わりました。武士でも旗本以上の妻が奥様、それ以下は御新造様、そして町人の妻が**女将(おかみ)さん**です。**長屋**住まいの妻が奥様と呼ばれることは（皮肉以外では）、絶対にあり得ませんでした。ちなみに夫の方も呼び名が変わり、侍でも旗本以上であれば**殿様**で、それ以下の御家人などは旦那様と呼ばれました。この中でさほど厳密ではないのが御新造様です。『夢の酒』の夢に登場する色っぽい女性はおそらくは妻ではなく**妾(めかけ)**ですが、**女中**からは御新造様と呼ばれているように、若い女性に対する呼称としても用いられました。

ごじんとう【御神燈】

「御神燈」という文字が書かれた**提灯(ちょうちん)**。縁起物で、芸人や**芸者屋**、**鳶(とび)**など、**縁起商売**の家の軒先に吊るしました。一般家庭ではあまり用いないものなので、『山崎屋』では、御神燈が家の軒先に吊るしてあるのを若旦那が見て「この家の主人は素人ではない」と思います。この家は**妾宅(しょうたく)**ではありますが、表向きは**清元(きよもと)**の師匠ということになっているので、御神燈を吊るしていたのでしょう。『包丁』の女主人公も清元の師匠で、この家の目印が「清元のぶあき」と書かれた御神燈でした。表札代わりにもなっていたのです。

御神燈

ごすんくぎ【五寸釘】
長さ約十五センチの釘。人を恨んで丑の刻参りをするときは、藁人形にこの五寸釘を打ち込む、というのがスタイルとして確立していました。

こぞう【小僧】→でっち【丁稚】

ごたいけ【御大家】→たいけ【大家】

こだし【小出し】
旅行用の小銭入れ。江戸時代の旅は、行く先々でお金をおろすことができないので、出立する際に大金を持って出ることになります。しかし、金を払うたびに大金を取り出していては**胡麻の蠅**に目をつけられるので、数日分の旅費は、小出しと呼ばれる小銭入れに入れておきました。『鰍沢』では、小出しから金を出そうとしたところが、中身が空になっていたので、**胴巻**から大金を取り出したところを見られて、のちの惨劇へとつながります。

ごつうか【御通家】
マニアの人のことを、やや持ち上げて言う呼び方。

こづか【小柄】
日本刀の小刀のこと。**→みところもの【三所物】**

こづかっぱら・こづかはら【小塚原】
千住大橋から山谷にかけての一帯。お仕置き場と呼ばれた刑場がありました。**獄門**にされた受刑者の首がさらされているのもここです。**吉原**から一キロ足らずのところにあったので、夏の暑い日など、小塚原方面から風が吹くと、吉原の**廓**の中にまで死臭が漂ってきました。

こっぱ【木っ端】
木の切り屑。ここから、「取るに足りないもの」「値打ちのないもの」を指す言葉となりました。つまらない役人なら木っ端役人、取るに足りない仕事なら、木っ端仕事です。

ごてんじょちゅう【御殿女中】
身分のある公家や武家に仕える**女中**。一般の女性よりも教養に富んでいるのですが、一般的には悪いイメージの方が強く、礼儀作法に通じていることは、「無駄に礼儀作法にうるさい」というふうにとらえられています。大奥やお局様に通じる、底意地の悪い印象があるようです。

ことといだんご【言問団子】
隅田川沿いにある団子屋。また、そこで売っている団子の商品名。

ごないしょ【御内所】→ないしょ【内所・内証】

こなから【小半】
二合半。五合が一升の半分で、その五合のさらに半分ですから、小さい半らで「こなから」です。小半の湯飲みは、お酒が二合半入ります。これは米を量るのにも使いました。小半一杯で一人分です。大阪で**妾**を小半と呼ぶのは、二合半（二号はん）だから。

こなべじたて【小鍋仕立て】
少人数用の鍋で煮炊きした料理。鍋ごと膳に出して食します。略して、小鍋立てとも。

こなべだて【小鍋立て】→こなべじたて【小鍋仕立て】

ごねる
死ぬこと。死は忌み言葉で、同音の四という言葉も嫌われました。そこで「四ぬる（死ぬる）」という言葉を避け、四の次の数字の五をあてたのが「五ねる」です。『らくだ』で、らくだの兄貴分がらくだが死んだことを「ごねた」と言ったのは、単に乱暴に言っただけでしょうが、兄貴分も博打を打つので、縁起を担いだのかもしれません。

こはぜ
足袋についている留め具。

ごはっと【御法度】
堅く禁じられていること。たとえば、『お直し』のように**廓**で働いている**女郎**と**若い衆**の恋愛は御法度でした。また『つるつる』のように同じ家に所属する**芸者**と**幇間**が関係を持つことも、実は御法度とされていました。もっともよく知られているのは「**不義**は御家の御法度」という言葉で、だからこそ『宿屋仇』の**小間物屋**は命を狙われることになったのです。

こばん【小判】
江戸時代に用いられた金貨。一枚が一両の値打ちがありました。諸説ありますが、一両が現在の金でおよそ十万円とすると、金貨は十万円札ということになります。諸物価の安かった江戸時代には、庶民は小判を持つどころか、見る機会すらほとんどない貨幣でした。**→おおばん【大判】**

ごばんしょ【御番所】→ぶぎょうしょ【奉行所】

こはんとき【小半刻・小半時】→**いっとき【一刻・一時】**

こびき【木挽き】
切り倒した木を、材木に加工すること。

ごへいかつぎ【御幣担ぎ】
縁起を担ぐ人のこと。単に「あの人はかつぐ人だから」と言うだけで、御幣担ぎを意味します。そこから御幣担ぎをかつぎやともいい、『かつぎや』という落語の演題にもなりました。**上方**(かみがた)では「**けんげしゃ**」といい、こちらもその言葉がそのまま『けんげしゃ茶屋』という落語の演目になっています。

こべり【小縁】
船のへりに張った板。

ごまいしころ【五枚錣】
兜の両側と後方を覆うもの。これが五枚重ねになっているのが五枚錣で、ぜいたくな武具でした。

こまげた【駒下駄】
一塊の材木から、台も歯もすべてくりぬいて作った下駄。男性も女性も履きました。**花魁**(おいらん)が**花魁道中**(おいらんどうちゅう)で履いているのも、この駒下駄です。

駒下駄

こまた【小股】
股のつけ根部分。「小股が切れ上がった」とは、左右の膝がくっつかないO脚のことです。現在では、O脚に悩む女性は多いですが、こういう形の脚で着物を着ると腰から脚のラインがとても美しく見える上に、裾さばきもきれいになりました。小股が女性のチャームポイントの一つとなったのは、江戸時代の女性の着物が、現在よりも合わせが浅かったからです。そのため、歩いたり、風が吹いたりすると、簡単に膝上までめくれました。お洒落な女性は見られてもいいように、小股の近くまで白粉(おしろい)を塗っていました。

こまち【小町】
小野小町(おののこまち)。平安時代から江戸時代に通じるまで、美女の代名詞的存在でした。美人のことを**今小町**(いまこまち)、若くてきれいな女性を小町娘と呼びます。生涯、男性と交わらなかったという伝説があるため、「弁慶と小町は馬鹿だ、なあ、嬶ぁ」という川柳が生まれました。

こまねずみ【独楽鼠】
小型鼠の一種。先天的に内耳に異常があるため、平衡感覚を保つため、常に独楽のように一方向に向かってくるくると回る、という習性を持っています。そこから転じて、小まめにくるくるとよく働く人のことを「コマネズミのようだ」と言うようになりました。

櫛や元結は、「小間物」と呼ばれていた

ごまのはい【護摩の灰】→**ごまのはえ【胡麻の蝿】**

ごまのはえ【胡麻の蝿】
旅人を騙して金品を奪う人。正しくは護摩の灰ですが、訛って「ごまのはえ」と呼ぶようになりました。

小間物屋

こまもの【小間物】
小間物屋が商う日用雑貨品。商品としては、種類が多い上にどれもが細々としたものばかりなので、吐瀉物にたとえられました。「小間物を広げる」は「吐瀉した」、要するに「ゲロを吐いた」ということです。

こまものや【小間物屋】
小間物を商う商店。女性が日常用いる化粧品や装身具などを扱ったので、背負い小間物屋が出入りするお得意先は、「妙齢の婦人のいる家」というのが通り相場でした。だからこそ、『宿屋仇』の小間物屋と、武家の奥方の間の密通事件が発生するのです。

こみせ【小見世】
廓（くるわ）の中で一番下のクラスの店。ですが、実際に小見世よりもさらにランクの下の**見世**（みせ）もありました。それが通称「**蹴転**（けころ）」と呼ばれた最下級の見世です。

こめのめしがてっぺんへあがる【米の飯が天辺へ上がる】
増長する。つけあがる。

こめをくうむし【米を食う虫】
人間、あるいは扶養家族のこと。人間を虫に見立てると、その虫の餌は米です。

ごめん【御免】
正式に許可を得ていること。江戸時代では幕府の許しを得ていること。「遊女三千人御免の場所」とは、三千人の遊女が労働（売春）をすることを法的に許可された場所、という意味で、**吉原**（よしわら）を指しました。**岡場所**（おかばしょ）は幕府の許しを得ていないので、御免の場所にはなりません。

ごめんそう【ご面相】
顔つき、顔の様子。要するに顔の美醜のことです。「そのご面相でよく言うよ」などと、ほとんど悪口で使われますが、「悪いご面相」という言い方はしません。

こも【菰】
むしろの目の粗い部分。

ごもう【呉猛】
二十四孝の一人。

こもかぶり【菰かぶり】
乞食（こじき）。着物の代わり、あるいは寒さしのぎに**菰**をかぶっていることから、こう呼ばれました。そこから転じて、「おこもさん」ともいいます。人からものをもらうので、「**ものもらい**」とも。また江戸訛りで、「こもっかぶり」ともいいました。

こもっかぶり→こもかぶり【菰かぶり】

ごようきき【御用聞き】
お得意様の家を回り、注文の品を聞いて回る商人。**岡っ引き**（おかっぴき）のことも御用聞き、あるいはそれを略して御用と呼びましたが、商人はあくまでも御用聞きであって、略して御用と言うことはありません。

こようじ【小楊枝】
爪楊枝（つまようじ）。**黒文字**（くろもじ）とも。**楊枝**（**房楊枝**（ふさようじ））は、小楊枝とは別物です。

こより【紙縒り】
細長く切った紙をねじって紐状にしたもの。ねじることを「よる」といい、紙をよるので「紙より（こ）」です。要するに紐なのですが、ホチキスなどがない時代は、紙を綴じる道具として重宝されていました。帳面（ちょうめん）は紙の束に穴を開けて、この紙縒りで綴じて作ります。商店ではなくてはならないものですから、『百年目』の**丁稚（でっち）**は**番頭**から、紙縒りを作るよう命じられていたのです。**煙管（きせる）**が詰まったとき、中のヤニを取るのもこの紙縒りで、『三枚起請』では**女郎（じょろう）**が**懐紙（かいし）**で紙縒りを作ろうとしています。それくらい即席に作れるものでした。

ごろうじろ【御覧じろ】
御覧なさい。

ごろはちぢゃわん【五郎八茶碗】
普通サイズよりも大きな飯茶碗。五郎八は、その作成者の名前。

こわいろ【声色】
物真似。

こわめし【強飯】
餅米を蒸したもの。現在では餅米を蒸したものといえば赤飯ですが、昔は三種類ありました。今の赤飯のように小豆と一緒に調理したもの、黒大豆と調理したもの、ただ餅米だけで作るものです。昔は**弔い（とむらい）**にも強飯を出すことがありました。これには黒大豆を用いますから、『強飯の女郎買い』に出てくる強飯はおそらく黒大豆のものです。『尻餅』に出てくる、**白蒸し（しろむ）**というのが、餅米だけで作った強飯です。強飯に**御の字（おんじ）**をつけて、**おこわ**ともいいました。『居残り佐平次』の**落ち**に出てくる「おこわにかけやがった」のおこわが、これです。

こんかんばん【紺看板】→かんばん【看板】

ごんさい【権妻】
妾（めかけ）のこと。権妻の「権」は「仮」という意味で、権現様の権と同じ。こちらは「**天竺（てんじく）**の仏様が〝仮に〟神様の姿で現れた」という意味で、日本の神様のことを指します。

ごんすけ【権助】
下男の総称。落語では、**飯炊き（めした）**といえば権助という名前で、固有名詞のようにして登場しますが、実際にはこの権助は役職名に近いものでした。飯炊きなど、下働きをする下男が権助です。『木乃伊とり』の主人公の名前は清蔵ですから「飯炊きの清蔵」、あるいは「権助の清蔵」と呼ばれています。

こんたび【紺足袋】
紺色の足袋。洗うと色褪せするので、紺足袋は二度洗えば、お洒落な人はもう履きませんでした。そして、だからこそ紺足袋は粋とされていたのです。反対に、白足袋は何度でも洗って履けるので、野暮でした。ところが、慶弔には必ず白足袋と決まっていたので、『強飯の女郎買い』で言うように「紺足袋は儀式に非ず（儀式めいたところには履いていけない）」で、どれだけ粋な人でも、**弔い**や婚礼には白足袋を履いたのです。

ごんぱち【権八】→いそうろう【居候】

こんぴら【金比羅】
江戸の虎ノ門にも金比羅様を祀るお宮がありましたが、もっとも有名だったのは本尊のある讃岐（香川県）の金比羅様です。この金比羅宮では酒樽が販売されていて、樽から出した酒を川へ流すと、禁酒断酒ができると信じられていました。金比羅様は禁酒の神様でもあったのです。江戸時代の人々は神信心を大事にしましたから、一般人は金比羅などと呼び捨てにせず、金比羅様と様づけで呼びました。

【さ】

さい【賽】
賽子の略称。

ざい【在】
田舎。「わしは在の者で」と言えば、「私は田舎から来ました」という意味で、「在はどこだ？」は出身地を尋ねています。

さいけん【細見】→よしわらさいけん【吉原細見】

さいごくじゅんれい【西国巡礼】
近畿地方にある、三十三ヶ所の**霊場**を**巡礼**すること。

さいころばくち【賽子博打】
賽子を使う博打。

さいのめ【賽の目】
包丁を使った食材の切り方の一つで、**賽**の形・大きさに切ること。『甲府い』では豆腐屋が客のニーズに応じて、豆腐を賽の目や奴（正方形）に切り分けていきます。豆腐を賽の目や奴に切るのは誰でもできますし、豆腐であればどんななまくらな包丁でも切れます。それなのに**長屋**の**女将(おかみ)さん**連中が豆腐屋に豆腐を切ってもらっているのは、昔の貧乏長屋に住まう人たちは、包丁すら持っていない家庭が多かったためです。豆腐屋で切ってもらえなかった豆腐を**おつけ**の実にするときは、豆腐をぐしゃりと手で握りつぶして入れました。

さいふ【財布】→かみいれ【紙入れ】

さえもんのすけゆきむら【左衛門佐幸村】
真田(さなだ)幸村(ゆきむら)。左衛門佐は、幸村の通称。

さおはさんねん、ろはみつき【竿は三年、櫓は三月】→ろ【艪・櫓】

さかさびょうぶ【逆さ屏風】
死者の枕元にかけ回す屏風のことで、わざと上下を逆に置きます。生者と死者の世界は逆さまにできている、という信仰があったためです。

ざがしら【座頭】
文楽や歌舞伎などの一座のトップ。
→とうどり【頭取】

さかて【酒手】
酒の代金のことですが、船頭や**駕籠(かご)かき**に渡す祝儀もこう呼びました。

さかなをあらす【肴を荒らす】
酒の肴を何品も食べること。**江戸っ子**は食い意地が張っているのを野暮とみなし、酒の肴は塩辛など、わずかなものだけで済ませるのを美徳としていました。『妾馬』で「親指をしゃぶっただけで五合は飲める」と言っているのは、大酒を飲むことを自慢しているのではなく、肴を荒らさないことを誇っているのです。

さかやき【月代】
男性が**髷(まげ)**を結う際、額から頭頂部にかけて髪を剃る部分。『不精床』でボウフラがわいた水を頭につけているのは、これから月代を剃るための準備です。頭の毛を剃るのですから、髭を剃るときよりも念入りに髪を湿らせる必要がありました。

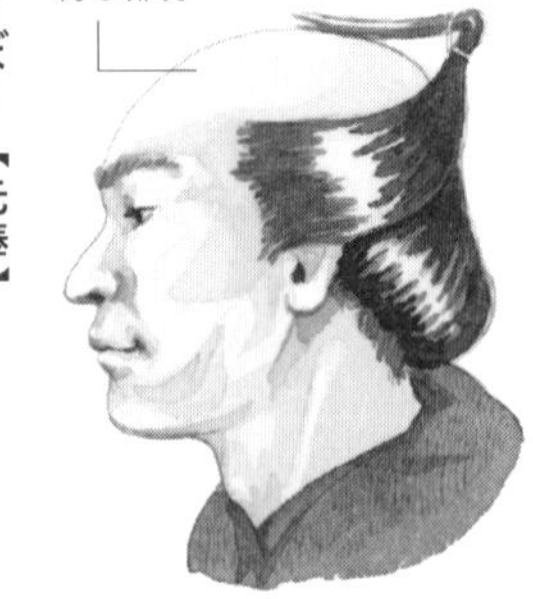

月代

さきぼう【先棒】
棒を使って二人で物を担ぐとき、棒の前の方を担ぐ人のこと。『らくだ』

で**早桶**代わりの菜漬けの樽を担ぐ際、**紙屑屋**が担いでいるのが先棒です。

さくら【桜・桜肉】→けとばし【蹴飛ばし】

下げ髪

さげがみ【下げ髪】
女性が**髷**を結わずに、首のつけ根あたりで結んでいる髪型。江戸時代初期まではポピュラーな髪型でしたが、のちに女性も髷を結うのが当たり前となって廃れます。落語の舞台は江戸時代も末頃がメインですから、『道灌』の八五郎は、**洗い髪**は見たことがあっても、下げ髪は見たことがなかったのでしょう。

さげわたす【下げ渡す】
目上の者から目下の者に、金や品物を与えること。目上が目下に言うときは「○○を下げ渡す」、あるいは「下げ渡してつかわす」「下げつかわす」で、目下の者が目上の者に言うときは「お下げ渡しを願いたい」と言います。『巌流島』では**紙屑屋**が侍に「**煙管**を売ってくれ」とは言わず、丁寧に「お下げ渡しを願いたい」と、かなり下手に出ています。

ささ【酒】
酒。宮中で使われた女房言葉からきたとも言われています。ですから『妾馬』のお**殿様**が酒のことを「ささ」と言うと、武張ったところのない、いかにも苦労知らずの殿様という感じが出ます。

ささら【簓・筅】
食器などを洗う道具。竹でできており、先を細かく裂いてあります。

さし【緡】
藁しべなどを縒って作った紐。**穴開き銭**を通す道具として用いられました。一文銭の場合、緡一本で百**文**ですが、一文銭九十六枚、すなわち九十六文で百文と数えるのを慣習としていました。

さしうらさしおもて【差裏差表】
刀の両面のこと。刀は必ず、身体の左側に差します。そのとき、刀の面が外側に向いている方を差表、内側を向いている方が差裏です。

さしがみ【差し紙】
役所からの呼び出し状。「差し紙がつく」とは、お役所から呼び出しがかかる、という意味。

さしこ【刺し子】
布を重ねて、刺繍などで補強したもの。ですから、とても頑丈でした。**火事装束**で刺し子の**半纏**を着たのも、それだけ丈夫で、防火にも役立ったからです。

さしにない【差し担い】
駕籠や**早桶**などを、前後二人で担ぐこと。

さつまのうずらもく【薩摩の鶉杢】
薩摩は、今は屋久杉という名で知られる薩摩杉のことで、高級建材です。「杢」は木材に現れた模様で、木目とは違います（木目は木の年輪）。鶉杢は「鶉の羽のような模様がついている木材」の意。杢そのものがすべての木にあるわけではない上に、それが鶉の羽の模様ですから、超高級品です。

さと【里】
文脈にもよりますが、男性が嬉しそうに「里に行こう」と言えば、**廓**すなわち**吉原**のことです。既婚女性が思い詰めた顔で「里に帰らせて頂きます」と言えば、これは実家のこととなります。

さとことば【里言葉】
吉原の**女郎**は地方出身者が多かったため、彼女たちの母語は田舎訛りでした。それでは色っぽくないので、人工的に作られたのが、女郎用の言語である里言葉です。しかし、里言葉を用いたのは**大見世**だけで、**中見世**、**小見世**では使われませんでした。落語でも大見世が舞台の『紺屋高尾』や『盃の殿様』では、里言葉が使われていますが、中見世や小見世の『錦の袈裟』や『お見立て』『五人廻し』の女郎たちは、**ぞんざい**な口を利いています。**新宿**を舞台にした『文違い』、**品川**の『品川心中』、**千住**の『藁人形』でも、女郎は里言葉を使っていません。「〜で**ありんす**」の「ありんす」が特によく知られているところから、ありんす言葉ともいい、そこから転じて吉原を「ありんす国」とも呼びました。大見世こそが吉原の看板だったのです。

さなだあわのかみまさゆき【真田安房守昌幸】
戦国武将。知将として知られていました。

さのづち【佐野槌】
吉原の**大見世**の一つ。**女郎**の**里言葉**の中で「こうなんし、ああなんし」は、佐野槌から出た言葉です。明治四年からは**江戸町**一丁目に、それ以前は江戸町二丁目にありました。

さはい【差配】
差配人とも。**→おおや【大家】**

さへいじ【佐平次】
人形浄瑠璃などの世界で「佐平次をあがく」という**符丁**があります。何か魂胆がある人が適当なことを喋る、という意味です。落語の『居残り佐平次』の主人公の名前もここから出たものでしょう。

さめざや【鮫鞘】
鮫の皮でコーティングした刀の鞘。鮫皮は表面がざらざらしているので、滑り止めになるのです。他にも用途はいろいろあり、『道具屋』に登場するワサビおろしの、ワサビをおろす面にもこの鮫皮が貼ってあります。

さやばしる【鞘走る】
自分の意思ではなく、刀身が自然と鞘から抜け出ること。『花見の仇討ち』では、**仕込み杖**が鞘走っているのを見とがめられ、杖だと思っていたのが仕込み杖だと感づかれてしまいます。また『鰍沢』では、**道中差し**が鞘走ったおかげで、筏をつないであった縄が切れ、危機を逃れることができました。

さらしくび【晒し首】→うちくびごくもん【打ち首獄門】

さりじょう【去り状】→みくだりはん【三行半】

ざる【笊】
笊は水をすくおうとしても、目から水が漏れてしまいます。そこから、抜け落ちるものが多い、手抜かりが多いことを意味し、下手な碁打ちに対する悪口となりました。また水をすくってもすくってもキリがないところから、大酒飲みのことも笊と呼びます。こちらは悪口ではありませんが、褒めているわけでもありません。

さんぎ【算木】
易者が占いをするときに用いる木の板。

さんごのごぶだま【珊瑚の五分珠】
簪に五分（直径約1・2センチ）の大きさの珊瑚の玉がついたもの。超高級品ですが、やや若向けでした。『御慶』で千両富に当たった男が、女房に「珊瑚の五分珠でも買え」と言っていますが、中年とおぼしきこの女房には、五分珠は派手過ぎます。この男は女性のファッションにあまり詳しくなかった上に、富に当たって浮かれていたのでしょう。

さんざ【三座】
江戸時代に公に興行が許されていた歌舞伎の芝居小屋のこと。三軒あったので、三座です。時代によって変転がありますが、**森田座**、**市村座**、**中村座**が三座として知られています。

さんさく【三作】
『金明竹』の**言い立て**の冒頭「**祐乗・光乗・宗乗**」に続いて出てくる文句で、三作とはこの三人の名工による作品という意味。

さんした【三下】
三下奴の略で、下っ端の人間のこと。**オイチョカブ**のような博打では、0から9の目で争いますが、その中で一番強いのが9で、一番弱いのが0です。となると、3以下の数字ではとても勝ち目がありません。3より下は駄目だということから、下っ端のことを三下と呼ぶようになりました。よく似た言葉の「サンピン」は三両一人扶持の略で、「三一」の、「一」をピンと読みました。これは収入と役の低い侍を罵って言う言葉ですから、三下とはまるで関係がありません。

さんすけ【三助】
湯屋（銭湯）のお客の、垢すりをする人。男性の職業だったので、男湯だけでなく、女湯でも男性の三助が、裸になった女性客の背中を流しました。背中を流すので「流し」ともいいます。『付き馬』で湯屋へ行った際、シャボン以外に「流しを」と注文しているのが、三助のことです。お湯の管理も仕事の一つで、『不動坊』で銭湯のお湯の温度の調節をしているのも三助です。

ざんそ【讒訴】
ありもしない罪をでっち上げて、訴え出ること。ですが、単に「悪く言う」ことを、大袈裟に「讒訴する」ともいいます。

さんだゆう【三太夫】→**たなかさんだゆう【田中三太夫】**

さんだらぼっち【桟俵法師】
米俵の上下にあてる藁製の蓋。さんだらぼっち以外の俵部分が**菰**です。『鼠穴』で桟俵法師をほとんど無料でもらえたのは、菰は使い道があっても、桟俵法師には使い道がないからです。

さんだん【算段】

妙案を考えつくこと。「困ったことがあるのだけど、何かいい算段はないか？」というふうに使います。『算段の平兵衛』の主人公が思いつく、苦境を救うアイデアが算段で、『道具屋』の与太郎が考えつく鼠の捕り方は算段ではなく、頓智頓才と呼ばれるものです。

ざんばら髪

ざんばらがみ【ざんばら髪】

髪が崩れた状態。江戸時代の男性の場合、**元結**が取れた状態がざんばら髪でした。**身投げ**をすると、水に飛び込んだ勢いで、元結が自然と取れます。そのため、**土左衛門**の多くはざんばら髪でした。投水自殺が未遂に終わった『品川心中』の金蔵もやはりざんばら髪になっています。

さんぽう【三方】

小さなものなどを置く儀式用の小さな台箱。前と左右の三方に穴が開いています。切腹の際はこの三方に腹を切る短刀を乗せて差し出します。

さんまい【三枚】

「三枚駕籠」の略称で、本来二人で担ぐ**駕籠**を三人で担ぐこと。**梶棒**は二人で担ぎ、その先を駕籠に結わえた紐を引っ張る役の者が先導します。そして、梶棒を担いでいる者がくたびれると、先導の者と交代します。そのため、ほとんど休むことなく走り続けることができるので、三枚と言えば「速い駕籠」を意味しました。そこから転じて速くすることも三枚といい、食べ物を急ぎで注文するときなど「三枚で頼む」といいます。『大山詣り』で主人公が、江戸に戻るときに乗る駕籠が三枚でした。それほど急いで江戸まで帰りたかったのです。

さんもん【山門】

お寺の門のこと、あるいはお寺そのもののこと。高野山金剛峯寺や比叡山延暦寺など、昔、お寺は山に建てられました。

さんやぼり【山谷堀】

三ノ輪から**大川**をつなぐ水路。**吉原**へ行く**猪牙舟**が往来したことで知られています。

【し】

しおちゃ【塩茶】
お茶に塩を混ぜたもの。酔い覚まし、あるいは二日酔いの薬として飲みました。

しかくいじ【四角い字】
平仮名に比べると、見た目が四角い感じがするところから、漢字のこと。

しかけ【仕掛け・裲襠】→うちかけ【打ち掛け・裲襠】

じかにかんむりをかぶらず【直に冠をかぶらず】
「李下（りか）に冠を正さず」の言い間違い。『風呂敷』で、「疑われるようなことはするな」と戒めるときの諺（ことわざ）として出てきます。元の「李下に～」は、「李（すもも）の木の下で曲がった冠を直そうとすると、李を盗もうとしていると思われる（から、そういうことはやめておけ）」という意味ですから、「直に冠をかぶらず（じかに冠をかぶると頭が痛い）」とは意味がまるで違います。

しかんそうばにこめはっと【四貫相場に米八斗】→もん【文】

しきま【色魔】
女たらし。さげすんで、こう言うこともありますが、女性関係が華やかな人を羨んで「よっ、色魔。憎いよ」と言うこともありました。「**女殺し**」よりは下ですが、「色気違い」よりは上という言葉です。

しごき
しごき帯の略。着物の丈が長いとき、たくし上げた着物を留めるのに用いました。元々は実用品でしたが、女性だけが用いる品によくあるように、次第に品質に凝るようになり、アクセサリーのようにも用いられるようになりました。

しごとし【仕事師】→とび【鳶】

しこみづえ【仕込み杖】
杖の中に刀身を装備している武器。外見は杖そのものですから、ちょっと見では刀には見えません。『花見の仇討ち』では、仇を探しているという設定の**巡礼**兄弟がこの仕込み杖を持っていますが、やはりちらっと見ただけでは刀とは思わなかったのでしょう、巡礼兄弟と対峙した侍（さむらい）二人のうち、この杖を仕込み杖と見破ったのは、一人だけでした。

しさい【子細】
細かい理由、詳しい事情。

じざい【自在】
自在鉤の略。釜などに炉を吊るす道具。『鰍沢』では地酒と生卵を入れた**燗鍋**を自在にかけ、焚き火の直火にあてて、卵酒をこしらえています。自在の材質はさまざまで、竹で作ったものもありました。『金明竹』では、「自在は**黄檗山金明竹**」と言っています。この自在鉤は、黄檗山で採取された「金明竹」という竹で作ってあるという意味です。

じざいかぎ【自在鉤】→じざい【自在】

ししゅく【四宿】
品川、新宿、千住、板橋の四つの**宿場町**のこと。江戸時代、**江戸**から旅に出るときの起点が日本橋で、そこから東海道を進むと、第一番の宿場町が品川でした。甲州街道だと、第一番の宿場町が新宿、中山道では板橋、日光街道と奥州街道は千住です。四つの宿場町なので四宿と呼ばれました。ですから四宿は江戸ではないのですが、江戸から歩いて行ける距離にあったので、**岡場所**が栄えました。やっていることは**廓**と同じですが、廓とは呼ばずに、宿と呼びます。「品川の廓」は間違いで、正しくは「品川の宿」です。

じしょ【地所】
土地。

しじんき【四神旗】
東西南北四方の神を祀った旗。そこで旗にはその神々である青龍（東）、白虎（西）、朱雀（南）、玄武（北）が描かれています。各地方にありましたが、江戸の四神旗には剣がついていたので、四神剣とも。

四神旗

しじんけん【四神剣】→しじんき【四神旗】

じしんばん【自身番】

現代の交番勤務の巡査のような役割をする人。この自身番が詰めている場所が自身番屋で、各町内の四つ辻（つじ）などに配置されていました。現在の交番は公営ですが、自身番屋は、町人の中でも富裕層である**地主**などが自分〝自身〟で運営するものでした。そこから自身番と呼びます。町内の治安を守り、不審者を見つけたら連行することと、火災防止のための火の番が重要な役目でした。

しかし、不審者を逮捕することはできても、その罪を裁くことはできません。そこで、**同心**（どうしん）が定期的に自身番を訪れ、事件が起きていないかをチェックしました。私営施設とはいえ、公的な場所でしたから、自身番屋で酒を飲むなどは絶対に許されません。この飲酒厳禁の自身番屋を舞台にしたのが、『二番煎じ』です。同様に、町内の治安を守るために設置された**木戸番**の小屋、略して**番小屋**がありますが、自身番屋と番小屋は違うものです。

したおび【下帯】→**えっちゅう【越中】**、**ふんどし【褌】**

したじ【下地】

醤油の異称。『居残り佐平次』で、**女郎**（じょろう）に待ちぼうけを食らわされている男がないと言って騒いでいるのが、醤油の下地です。それとはまるで別に、素質や根っからの好みのことも下地といいます。「下地は好きなり**御意**（ぎょい）はよし」は、酒好きの人が酒を勧められたときなどに言う台詞で、元々好きなところへ周りの人がOKを出してくれた、という意味。

したてや【仕立て屋】

布から着物に仕立てる仕事、またその業者。昔は、着物は基本的にレディメイドではなく、オーダーメイドでした。ですから、呉服屋などで買ってきた布を自分で縫うか、仕立て屋へ持って行って、着物に仕立ててもらいます。『小言幸兵衛』で**長屋**の娘が、引っ越してきた若旦那に着物の縫い方を習うのは、そこの家業が仕立て職（仕立て屋）だからです。また、できあがった着物をリフォームする「仕立て直し」も仕立て屋の仕事でした。『子別れ』の別れた女房がやっている仕事がそれです。

したみざけ【したみ酒】

酒樽から枡（ます）などへ移す際に、こぼれて受け皿に溜まった酒。酒屋ではこの酒は売り物にならないので、本来は捨ててしまうものでした。『二十四孝』では、その酒を酒屋からもらってくる逸話が出てきますが、かなり貧しい人でもしたみ酒を飲むことはなかったようです。

しちうけ【質請け】

質屋に入れていた品物（質草）を受け出すこと。

しちごさん【七五三】

子どもを祝う年齢のことではなく、男性のいなせな着物のこと。着物の後幅が**七寸**、前幅が五寸、おくみ幅が三寸で、締めて七五三です。この寸法の着物だと身幅が狭くなって、歩くたびに素足がちらっちらっと見え、それがセクシーだと言われました。江戸時代の**江戸**の町では、男性が生足の太ももを人に見せびらかして喜んでいたのです。『ぞめき』の主人公が**素見**（ひやかし）に行く際に着ていく衣装です。

しちさん【七三】

歌舞伎の舞台の花道上で、役者が演技をするメインの場所。花道全体の長さを十とすると、**揚幕**（あげまく）から七、舞台から三の距離に位置します。

しちや【質屋】

物品を抵当（質草）にして金を貸す商売。客が期日までに金を返せない場合は、利息だけ払えば、さらに返済期日を延ばすことができますが、借りた元金どころか、利子も払えない場合は抵当は質屋のものになり、質屋が自由に売買します。これを客の側からは「（品物を）流す」といい、あまりポピュラーな言い方ではありませんが、抵当に置かれた品物の側からすれば、「流される」となります。『質屋蔵』で**天神様**の掛け軸が「また流されそうな」と言っているのが、この「流される」です。この**落ち**は、掛け軸を質草にして金を借りた人が、元金どころか利息も払おうとしていないので、掛け軸が流されるのと、天神様こと**菅原道真**（すがわらのみちざね）が大宰府（だざいふ）に流された（流刑になった）ことを掛けています。

しちゅうひきまわし【市中引き回し】

江戸時代の刑罰の一つ。罪人を馬に乗せ、市中（町中）を引き回す、見せしめ刑です。もちろん見せしめにされてそれで終わりではなく、引き回された罪人は、その直後に死刑に処せられます。引き回しは、死罪の中でも罪の重い者が負う、死刑とセットの刑罰でした。落語の登場人物の中で、この市中引き回しとなったのは**八百屋お七**（やおやおしち）だけで、引き回しになるかもしれないと脅されたのが『千両みかん』の**番頭**でした。

さ

しちりょうがえしょう【質両替商】
江戸時代には金貨、銀貨、銭の三種類の通貨が流通しており、時期によってその交換レートが変動しました。そうした通貨を、そのときどきのレートに合わせて両替するのが両替商で、この仕事を**質屋**と兼業しているのが質両替商です。商売柄、現金を常時たくさん持っているので、その家の世間知らずの若旦那となればカモにされやすく、また強盗などに狙われやすい商売でした。**金満家**で知られた『ちきり伊勢屋』の主人公の商売も質両替商です。

しちりん【七輪】
土で作ったコンロのこと。魚を焼くなど、簡単な調理の際に用います。省エネの調理器具で、物を煮るのに、値段が七厘分の炭で間に合うことから、この名がつきました。コップ状の形をしていて、前に穴が開いています。中に炭を入れ、**火種**を入れ、穴の方へ団扇で風を送ると火がつきます。上に網などを乗せて、その上に魚を置いて、しばらくすると焼き魚のできあがりです。『たらちね』で七輪に火がつかなかったのは、穴の向きを逆にしていて、団扇で風を送る場所を間違えていたからです。『不動坊』で、やはり七輪に火がつかなかったのは、火種を入れ忘れていたからでした。

七輪

じつがない【実がない】→ふじつ【不実】

しっこし【尻腰】
度胸、意気地。「尻腰のねえ」は、「度胸がない」という意味です。

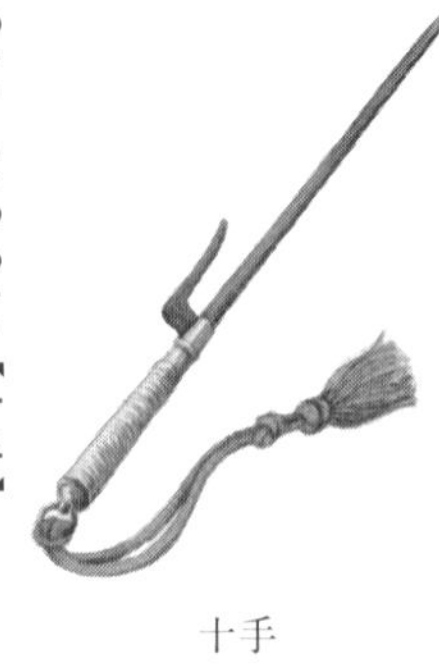
十手

じって・じゅって【十手】
鉄製の武器。五十センチほどの棒の根元のところに、鈎状の出っ張りがついています。ですから、形状は十字ではありません。十手と名がついたのは、十人分の手の働きをすることから。**大八車**が大の大人、八人分の働きをするところから命名されたのと同じ理屈です。**同心**、**与力**、**岡っ引き**の持つ道具として、彼らの代名詞ともなり、十手持ち＝同心、与力、岡っ引きを指しました。朱房の十手は、十手に朱色の房がついたものですが、これを持つことが許されたのは同心と与力だけで、岡っ引きの十手に房はついていませんでした。

じっとく【十徳】 和装の上着。羽織に似ていますが、羽織ではありません。

十徳

しっぽく【卓袱】 本来は、江戸時代の長崎料理のことを指しましたが、蕎麦で卓袱といえば、椎茸や蒲鉾などを具にした**種物**のことです。現在では、**おかめ**蕎麦が卓袱にもっとも近いでしょう。『時そば』に登場する**夜鷹蕎麦**などでは、蒲鉾が一枚入っているだけで、卓袱と銘打って販売しています。

じつぼさん【実母散】 婦人用漢方薬の一種。産前産後、月経不順、つわりなどに用いました。

しどうきん【祠堂金】 寺に寄進する金。

四斗樽

しとだる【四斗樽】 四斗（四十升。七十二リットル）の容量の樽。**江戸っ子**は四を「よん」ではなく「し」と発音しました。

しながわ【品川】→ししゅく【四宿】

しなん【指南】 教えること。ここから転じて稽古所を指南所とも呼ぶようになりました。**上方**ではあまり使われない言葉で、もっぱら**江戸**で広く用いられました。ですから、上方落語の『あくびの稽古』は、江戸では『あくび指南』となります。

じぬし【地主】 自分で**長屋**などを所有している人。この地主から依頼されて長屋の管理をしているのが**大家**（**差配**人、**家主**、**家守**）です。落語にも町人という言葉がたびたび登場し、侍以外の者はほとんど全員が町人扱いとされていますが、正式には税金である公役を納めている人だけが町人で、長屋住まいの人たちは（大家も）税金は納めていないので、法的には町人ですらありませんでした。落語の登場人物の中で法的にも町人と認められるのは、自分の地所を持ち税金を納めていた地主だけです。だからこそ地主は**自身番**の費用など、町に必要な経費を負担しています。それが町人の義務だったからで、長屋の住人たちは町人ではないおかげで、そのような義務からも免れていました。町人も一種のステータスでしたから、地主の社会的身分は町人ではない差配人よりも圧倒的に上でした。『明烏』の時二郎（ときじろう）は、その地主の息子であるにもかかわらず、差配人主催の**初午**（はつうま）の祭りで**強飯**（こわめし）など食べて喜んでいるので、父親から小言を言われたのです。

しはんぶん【四半分】
半分のさらに半分。四分の一。**江戸っ子**は、四を「よん」ではなく、「し」と発音しました。

しぶいち【四分一】
「四分一ごしらえ」の略称で、銅が三に銀が一の割合で作られた合金。メインの銀の割合が、全体の四分の一なので「四分一」です。

しぶいちごしらえ【四分一ごしらえ】
→しぶいち【四分一】

しぶうちわ【渋団扇】
表面に柿渋を塗った団扇。柿渋は、渋柿の汁から作ったエキスで、紙や木材などに塗る塗料として用いられました。この柿渋を塗ると、ただの紙よりもずっと長持ちしたのです。似た用い方をされた塗料に漆（うるし）がありますが、こちらは高価で、庶民には手が出ません。だからこそ、『たらちね』で「夏の道具は渋団扇」というだけで、いかにも庶民の持ち物という感じが出ます。

しぶかわのむけた【渋皮の剝けた】
渋皮は樹木や果実の表皮についている、ごつごつした皮のこと。その渋皮を剝くと、下から美しい木や果実が現れます。そこから転じて、「田舎くささが抜けた、都会風の」という意味。「一皮剝けた」とほぼ同義ですが、「渋皮の剝けた」はほとんど女性に対してのみ使われるので、たいていの場合、「渋皮の剝けたいい女」というふうに用いられます。

じぶんどき【時分時】

食事どき、食事をする時間。他人の家を訪れるとき、時分時に行くのは、行儀の悪いこととされていました。御飯を御馳走になろうとしているようなものだからです。

島田

しまだ【島田】 島田**髷**の略。女性の髷の一種。江戸時代は人の身なりや髪型なども、社会的地位によってほとんど決まっていました。女性であれば、未婚と既婚では髪型を変えるのがある意味決まりだったのです。その中で島田は、未婚女性、あるいは**芸者**など玄人の女性が結う髪でした。

しまんろくせんにち【四万六千日】 この日にお詣りをすると、一日で四万六千日お詣りしたのと同じだけの御利益があるとされる日。浅草の浅草寺が何と言っても有名で、参拝客がごった返します。四万六千日を「よんまん」と読まないのは、**江戸っ子**が四を「よん」とは言わずに、「し」と発音するからです。

　旧暦の七月九日か十日が四万六千日にあたりましたが現在浅草では、新暦の同月同日を四万六千日としています。

しみったれ→しわいや【吝い屋】

しめこのうさぎ【しめこの兎】 しめた、しめしめ。兎を絞めるの「絞める」と「しめた」を掛けた言葉。自分の思惑通りにことが運んだときに、「そいつはしめこの兎だ」というふうに用います。

じめん【地面】 所有している土地のこと。**大家**、**家主**という名称が、明治時代になると**差配**人と変わりますが、その正式名称は「地面差配人」です。その地面差配人が、現在では管理人となっています。つまり、地面を所有しているのが**地主**で、その管理を任されていたのが大家、家主、差配人だったのです。

しもごえ【下肥】 人糞を使った肥料。

しもざま【下様】 身分の低い人。これは身分の高い人から見て、自分たちより身分が低いということですから、下様といえば、庶民のことです。

しもやしき【下屋敷】→かみやしき【上屋敷】

じゃいんかい【邪淫戒】
五戒(ごかい)の一つ。みだらなことをしてはいけない、という戒律。正式には「不邪淫戒」ですが、一般には邪淫戒といわれています。

しゃく【尺】
およそ三十センチ。一尺が**十寸**で、六尺で一**間**(けん)。畳は縦が六尺(一間)で、横は三尺が基本の大きさです。

しゃく【笏】
細長い板。**衣冠束帯**(いかんそくたい)の際のシンボルの一つで、右手で持つことになっています。洋装の際のネクタイと同様、存在理由は分かりませんが、儀礼には必須のアイテムです。

しゃく【癪】
胸や下腹部が急に痛む病気。現代では、女性がかかる病と認識されていますが、『怪談乳房榎』では侍(男性)が罹患しています。

しゃくはたぼ【酌は髱】→たぼ【髱】

しゃぐま【赤熊】
入れ髪。**髷**(まげ)の中にこの入れ髪を入れて、髪の毛の量を多く見せました。「髪は女の命」だったので、髪が多いことは、美人の条件の一つだったのです。

しゃじ
匙(さじ)の訛り。スプーン。スプーンは江戸時代にも、すでに日本にありました。『酢豆腐』に登場する腐った豆腐は、匙で食べています。

しゃっちょこばる【鯱鉾張る】
行儀よく坐る。堅苦しく振る舞う。

じゃのめ【蛇の目】
蛇の目傘の略称。**番傘**(ばんがさ)に比べると、繊細で細身の作りの和傘。

じゃのめがさ【蛇の目傘】→じゃのめ【蛇の目】

しゃば【娑婆】
死後の世界である「あの世」から見た「この世」のこと。そこから転じて、普通の人が生きている世界のことも。牢に入っている罪人から見れば、牢の外の世界は娑婆となります。

しゅ【朱】→りょう【両】

しゅうし【宗旨】
宗教の流派、宗派のこと。「御宗旨は?」「**法華**(ほっけ)で(日蓮宗です)」というふうに使います。

じゅうじ【住持】

住職。寺で一番偉い僧侶のこと。そこで、『三十石』の謎かけのように、「感心な寺の小坊主（寺の中では最下層の身分）も辛抱すれば（努力をすれば）住持になれる」となります。

しゅうしちがい【宗旨違い】

宗旨の本来の意味から、それを好み、生き方、主義などと解釈し、自分の好みや主義と違うもののことを宗旨違いといいます。『唐茄子屋政談』で**女将**(おかみ)**さん**が**居候**(いそうろう)に「御宗旨違いでしょうけど」と**唐茄子**(とうなす)**の安倍川**(あべかわ)を持ってきたのは、「お酒を飲む人に、甘いものは口に合わないでしょうが、どうぞ一口」と勧めたのです。

しゅうせんにん【周旋人】

売買や商取引の仲立ち、斡旋を職業とする人。家を探している人に**長屋**を紹介するのも周旋人ですが、**妾**(めかけ)を紹介するのも周旋人でした。**女衒**(ぜげん)も周旋人と呼ばれています。

十能

じゅうのう【十能】

小型のスコップのような形をした、炭を運ぶための道具。炭を運ぶのにじかに手で持たず、わざわざ十能に乗せるのは、火がついた炭を運ぶからです。**火箸**でも炭をつかむことはできますが、一度にたくさんの炭は運べません。『たらちね』で、隣人から**火種**を借りる際にも十能を用いています。貧乏**長屋**の住人ですら常備している、必須の道具でした。

じゅうまんおくど【十万億土】

仏教における「あの世」のこと。極楽浄土。この世からあの世までは、十万億の仏土（仏様の教えが説かれている国）があり、その最果てにあるのが極楽、ということになっていました。ですから、死んでから極楽へ行くつもりの人は、死後、十万億土というものすごい数の土地を通過して行かねばならず、それはそれは長い旅なのでした。

しゅくば【宿場】

街道の要所に設けられた町。**宿屋**があるので、江戸時代の旅はこの宿場から宿場へと泊まり歩くことになりました。宿場町とも。

しゅくばまち【宿場町】→**しゅくば【宿場】**

しゅざや【朱鞘】
刀の鞘の朱色のもの。鞘は黒色がフォーマルでしたから、朱鞘はちょっと特殊な感じで、ある意味とてもお洒落でゴージャス、また別の意味では、「俺はみんなとは違う」という、ちょっと出過ぎた感じを与えます。また、神社などに刀を奉納する場合も朱鞘を用いました。

しゅす【繻子】
横糸か縦糸を浮かして織った織物。なめらかで艶のある高級品。

しゅずい【守随】
江戸時代の職人。江戸幕府から秤（はかり）の製造を許可され、一手に引き受けました。秤は精密機械ですから、そこから『蝦蟇の油』の**口上**（こうじょう）では、発条（ぜんまい）仕掛け人形の作者と見なしているようですが、詳細は不明。

しゅちん【繻珍】
繻子（しゅす）の生地に、金糸、銀糸などで模様をつけたもの。

じゅって【十手】→**じって【十手】**

しゅびのまつ【首尾の松】
大川（おおかわ）のほとりにあった松。浅草**蔵前**（あさくさくらまえ）には一番堀から八番堀まで**堀**があり、そのちょうど中央の四番堀と五番堀の間に生えていたのが、この首尾の松でした。ちょっと変わったこの名前は、この松が舟がよく通るわりに、夜分は人目につかないところに生えていたところからきています。船頭が男女の客を舟に乗せて、首尾の松まで来ると、「ちょいと用事ができました」と、この松に舟をもやって（つないで）、どこかへ行ってしまい、しばらくの間帰って来ないというお約束になっていました。その間、このカップルの客は人目を気にせず、舟の中で楽しめたというわけです。首尾の松の首尾は「首尾がいい（都合がいい）」という意味です。

しゅもく【撞木】
鐘や**半鐘**（はんしょう）などを打って、鳴らすための木製の棒。

じゅんれい【巡礼】
全国の**霊場**や聖地を参拝して回ること。これ自体が宗教的な行為ですから、普段着で行うことはありません。『花見の仇討ち』でも、巡礼兄弟は、一目見ただけで巡礼と分かる格好をしています。

しょいこまもの【背負い小間物】
店頭で商品を商うのではなく、商品を入れた**行李**（こうり）などを背負って、お得意先を回って商いする**小間物屋**のこと。

しょうがくぼう【正覚坊】
大酒飲みのこと。本来はアオウミガメの異称でしたが、この正覚坊と呼ばれたアオウミガメは、海亀のくせにお酒が好きだとされていました。江戸時代には、漁師が間違えてアオウミガメを捕まえてしまうと、酒を飲ませてやってから、海へ逃がしてやったといわれています。

じょうかん【上燗】
上手につけたお燗。江戸時代の**江戸**の町ではさまざまな事情から、夏場でもお酒は、**冷や**よりも燗酒が主流でした。

しょうかんろん【傷寒論】
中国の医学書の古典。江戸時代の医学は基本的にすべて漢方（中国医学）でしたから、**医者**にとって、この「傷寒論」と「**医心方**（いしんほう）」は必須のマニュアルでした。

しょうき【鍾馗】
中国伝来の神様。神様ですから、庶民は普通は呼び捨てにせず、鍾馗様と呼びました。トレードマークは長い髭といかつい顔、そして顔が真っ赤なこと。その荒々しい風貌から厄除けの神様として知られ、顔が赤いことから、酒に酔った人を「鍾馗様のようだ」と言います。

しょうぎ【床几】
背もたれと肘掛けのない、携帯用の腰掛け。茶屋などでは、客に腰掛けさせる縁台も床几と呼びました。

しょうぎ【娼妓】
娼婦（しょうふ）、遊女、**女郎**（じょろう）のこと。江戸時代でもまったく使われなかったわけではありませんが、一般にこの言葉が広がったのは、明治時代になって法律上、女郎のことを娼妓と呼ぶようになってからです。『五人廻し』では、田舎者が女郎の**揚**（あ）**げ代金**を、江戸時代そのままに**玉代**（ぎょくだい）と言っているのに対して、官員（役人）は明治時代らしく、「娼妓揚げ代金」と呼んでいます。

じょうご【上戸】
下戸（げこ）の反対で、酒を飲む人、酒が好きな人のこと。

しょうじん【精進】→**しょうじんけっさい【精進潔斎】**

しょうじんけっさい【精進潔斎】

肉食と酒、異性との接触を断ち、身を浄いまま保つこと。近親者の命日や神様に近づくときなどに、身に穢れがないように精進潔斎を行います。『大山参り』は内実はともあれ、表向きは神信心で行う行事で、山の神様にお詣りすることが目的ですから、大山へお詣りするまでは精進潔斎をして身を慎みました。だからこそ、大山詣りの後では、「精進落とし」と称して、羽目を外して酔っ払うことになります。

また『ざこ八』では、先夫の命日に魚（これも肉食に入ります）を食べるのは精進の感覚に反するので、現夫と妻がもめることになりました。略して、精進ともいいます。

しょうじんび【精進日】
先祖や近親者の忌日。この日は**精進潔斎**を行い、肉食を避けました。

しょうたく【妾宅】
妾の家。妾宅には**黒板塀**に**見越しの松**があり、**狆**を飼っているというのが、お決まりの図とされていました。

しょうちゅうび【焼酎火】
丸めた布に焼酎を浸し、それに火をつけたもの。芝居ではこれを鉄線などで吊るし、火の玉に見立てます。

じょうはりのかがみ【浄玻璃の鏡】
「閻魔の庁（役所）」にある鏡。死んだ人間の生前の行いがこの鏡に映し出され、その行いによって閻魔が裁きを行います。**→えんま【閻魔】**

じょうびけし【定火消し】→ひけしやしき【火消し屋敷】

しょうひつ【正筆】
真筆、直筆。

じょうふ【上布】
上等の麻織物。

しょうもん【証文】
証書、文書。証拠にするための文章、略して証文です。

しょうもんをまく【証文を巻く】
借金を棒引きにすること。**女郎**は例外なく**見世**に借金を背負っており、その借金を支払い終えるまで、勤めを辞めることはできませんでした。借金を完済する方法は三つです。一つは**年季**があけるまで働くことで、これが『紺屋高尾』のケース。もう一つが年季前に誰かに**身請け**してもらうことで、これが『山崎屋』のケース。最後の一つが、**楼主**の温情で証文を巻いてもらうこと、つまり借金を棒引きにしてもらうことで、これが『お直し』のケースでした。この最後の場合が一番まれで、それだけ『お直し』の楼主はものの分かったよい人だったのです。『お直し』の女郎は証文を巻いてもらって、嬉し泣きに泣いています。

しょうゆだる【醤油樽】

醤油を入れる樽。瓶がポピュラーになる前は、醤油は、樽か徳利に入れて保存していました。『ねぎまの殿様』『居酒屋』『もう半分』では、居酒屋の椅子代わりに使われていて、安い居酒屋の代名詞になっていました。

醤油樽

じょうるり【浄瑠璃】

三味線を伴奏として、**太夫**が物語を語る音曲。用いる節（メロディ、音楽性）は何種類かありますが、中でも**義太夫**節が圧倒的に有名なため、浄瑠璃を義太夫節ともいいます。

じょうろかい・じょろかい【女郎買い】

漢字をそのまま読むと「じょろうかい」ですが、読み癖で「じょうろかい」、あるいは「じょろかい」と読みます。文字通り、**廓**に**女郎**を買いに行くことですが、**花魁**買いとはいいません。ですが、**傾城**買いとはいいます。

しょかい【初会】

客がこれまで相手をしたことのない**女郎**と初めて接すること。二回目を**裏**を返すといい、三回目で**馴染み**になります。客が**張り見世**で女郎を物色していると、見世の**若い衆**が「お初会さまですか？　お馴染み様ですか？」と聞いてきます。初会の客であれば、その見世の女郎はいわば選び放題ですが、馴染みの女郎がいる場合はそうはいきません。

しょかいぼれ【初会惚れ】

女郎が**初会**の客に愛情を感じること。**廓**の一応のルールでは、初会、**裏**、**馴染み**という段階を経ながら、客は女郎と少しずつ親密になっていくことになっているので、いきなり初会で女郎に惚れられるというのは破格のことでした。『明烏』では主人公が初会であるにもかかわらず、その夜、女郎と**同衾**しています。これも破格ではありますが、時代が明治ということもあって、馴染みになるまで待たずとも、初会から親密になることもあり得たのでしょう。

しょしき【諸式】
諸々の品物のこと。また、その諸々の品物の値段のことから、物価を意味します。

じょちゅう【女中】
商家などで働く、女性従業員のこと。差別的なニュアンスがあるからと、現在では放送禁止用語になっています。御主人や**女将さん**など、主人一家の雑用をこなすのを上の女中、台所などの下働きをするのを下の女中といいます。**上方**では女子衆と呼びますが、上と下の区別があるのは、**江戸**と同じでした。『おすわどん』のおすわが上の女中、『仔猫』のおもよが下の女中です。

じょろう【女郎】
娼婦、売春婦。この事典では、この手の女性をおおむね女郎で統一しています。**太夫**、**花魁**という呼び名もありますが、どちらもハイクラスの女郎のことで、「花魁は……」と表記すると、その記述の中では、中級下級の女郎が除外されてしまいます。また太夫は、江戸時代のある時期から正式な名称としては使われなくなった呼称で、落語の舞台である文化文政期以後の言葉としては不適当と判断しました。遊女という言葉もありますが、これは歴史が古く、平安時代の白拍子まで含んでしまうので、意味が広過ぎて使えません。女郎は、太夫や花魁や遊女に比べると、やや差別的なニュアンスもある言葉ですが、以上のような理由から、この事典では、この言葉を使わざるを得ませんでした。しかし、文脈の都合で一部、花魁という言葉を使っている場合もあります。

しらべ
締太鼓。『片棒』の次男が計画した**弔い**の祭囃子の中で、「てんすくすすてんてん」と叩いているのがしらべです。

しりおし【尻押し】
後ろ盾。「尻押しをしてやる」は、「お前の後ろ盾になってやる」の意味です。

しりきればんてん【尻切れ半纏】
丈が短くて、裾が尻の上くらいまでしかない**半纏**。

尻切れ半纏

しりっぱしょり【尻っ端折り】→**しりをはしょる【尻を端折る】**

しりをはしょる【尻を端折る】
着物の裾をめくって、帯に挟んだ格好。こうすると、走るときや踊るときなど、着物の裾が邪魔になりません。また、長い距離を歩くときなどは、尻を端折っておくと、着物の裾が傷まないという利点がありました。尻を端折った状態を「尻っ端折り」といいます。

しるしばんてん【印半纏】
大店などが、雇い人や出入りの職人などに配布した、店の紋などが入った**半纏**。印半纏を着ているのは、その店に出入りしている証となるので、大店の印半纏を着ることは、職人にとっては一種の身分証明ともなりました。取引先の多い職人は当然、たくさんの店からこの印半纏をもらっていますから、それを何枚も重ねて着るのが、職人にとって一種の見栄ともなりました。『子別れ』の大工の熊さんが、半纏を何枚も重ね着しているのは、それだけの数のお得意様がいて、それだけ信用を持つに至ったという証でした。『木乃伊とり』で**鳶の頭**が、**節季**ごとに店からもらっているという「腐った半纏」は、この印半纏を悪く言ったものです。

印半纏

しるしもの【印物】
半纏や手拭い、**提灯**などに屋号、家紋、姓名などが染め抜かれているもの。→**しるしばんてん【印半纏】**

しろいはをみせる【白い歯を見せる】
笑うと口が開いて、話し相手に歯が見えます。そこから、笑うことを「白い歯を見せる」といい、さらに転じて「優しくする」という意味にもなりました。「白い歯を見せりゃあ、つけあがりやがって」というように使います。

しろうま【白馬】
どぶろく、すなわち漉してない日本酒のこと。日本酒は、米と米麹と水を発酵させて〝漉した〟ものですから、完全に液体ですが、どぶろくは〝漉してない〟ので、米と麹がどろどろに溶けた状態で残っています。

現在のどぶろくは、かなり洗練されていますが、昔の白馬は飲み物というより、水気の多いお粥のようなものでした。しかもアルコール度数は意外と高いので、飲むと酔うだけでなく、お腹もふくれ、身体も温まります。そこで『厩火事』の亭主は、「冬場は白馬に限る」と言っているのです。

しろくのがま【四六の蝦蟇】
前足の指が四本、後ろ足の指が六本のガマガエル。前足と後ろ足の数が四本と六本なのは、そう見えるだけで、実際には前足の指は一本が退化しており、後ろ足は指以外にコブができていて、それが六番目の指に見えるのです。四六の蝦蟇は『蝦蟇の油』の**口上**(こうじょう)で述べているほど、特殊なものではありません。

しろざつま【白薩摩】
薩摩**上布**の白絣(しろがすり)のもの。薩摩上布は薩摩(実際には琉球で作られていたとも)でできる上等の麻布地で、紺絣と白絣の二種類がありました。
　白絣は夏向きのものですから、『白ざつま』で白薩摩を着た**芸者**が現れると、それだけで夏の雰囲気が漂います。

しろたび【白足袋】→こんたび【紺足袋】

しろねずみ【白鼠】
忠実な奉公人。中でも主人に忠義な**番頭**のこと。『短命』で両親を亡くした**大家**(たいけ)の娘が働かずにやっていけたのも、その店の番頭が白鼠だったからです。

しろべえかいしょ【四郎兵衛会所】
吉原(よしわら)の**大門**(おおもん)のかたわらにあった会所(事務所)。吉原の事務などをここで行っていましたが、一番重要な役割は、吉原の**女郎**(じょろう)の逃亡を阻止することでした。この会所で最初に事務をとっていた男の名が四郎兵衛だったので、ここの番人の名は以後も代々、四郎兵衛と呼ばれるようになりました。『明烏』に出てくる、「大門の近くで、怪しい奴はいないかと見張っている、怖いおじさん」というのは、源兵衛がついた嘘ですが、それに近いものが、この四郎兵衛会所の四郎兵衛です。

しろむく【白無垢】
白無地の着物。婚礼の儀式に女性が着ましたが、死装束でもありました。ですから、『品川心中』では、金蔵(きんぞう)が**心中**の準備にと、白無垢を買い求めます。『星野屋』で心中を持ちかけた旦那が、**妾**（めかけ）に着ろと言ったのも白無垢でした。

しろむし【白蒸し】
小豆を入れない赤飯のことですが、『尻餅』に出てくる白蒸しは、餅米をただ蒸しただけのものを指しています。餅屋は蒸した餅米を搗（つ）いて餅を作りますから、「白蒸しにしてくれ」と言うのは、蒸した餅米を搗かなくてもよい、という意味です。

しわいや【吝い屋】
ケチ。「吝（しわ）い」とはケチでしみったれの意味。**→しわんぼう【吝ん坊】**

しわんぼう【吝ん坊】
「吝い」に人を表す「坊」という語をつけて、擬人化したもの。**→しわいや【吝い屋】**

しんがく【心学】
儒教や仏教の教えをやさしく、平明に説いた学問。究極的には人の心を知ることを目的にした学問ですから、心学です。

じんく【甚句】
民謡の一種。

しんこざいく【新粉細工】
新粉とは、米を原料にした粉です。この粉を水でこねると、餅のようなものができあがります。これを動物や人形などさまざまな形に練り上げ、さらに彩色したものが新粉細工です。食べられる玩具ということで、子どもに人気の商品でした。『蛙茶番』では主人公の逸物が尋常のものではなかったため、新粉細工でこしらえたものだ（本物ではない）と誤解されます。

しんしゃ【辰砂】
天然の硫化水銀。薬として用いました。

しんじゅう【心中】
男女が一緒に自殺すること。この心中が、江戸時代の間に何回か大流行したことがあったため、禁止令さえ出ています。心中という文字は、組み合わせると「忠」となるのでけしからぬと、「相対死に（あいたいじに）」と名称まで改められました。これだけの制約がありながら、それでも心中を決行し、しかも死にきれなかった人は罪人として裁かれます。日本橋（にほんばし）の晒（さら）し場でさらされた後、**乞食**（こじき）にされるのがその罪科でした。『鰍沢』の心中未遂の元**女郎**（じょろう）が、**江戸**からの客に「私たちがここにいることは誰にも言わないで」と頼んでいるのは、女郎とその夫が心中未遂で罪に服する前に、江戸から鰍沢へ逃げた逃亡犯だからです。

しんじゅく【新宿】↓**ししゅく【四宿】**

しんしょう【身上】↓**しんだい【身代】**

じんじんばしょり
着物の後ろの裾を、帯の中にたくし込むこと。

じんすけ【甚助】
嫉妬、焼き餅。「甚ばり（嫉妬深い）」という言葉を擬人化したもので、語尾に「助」という字がつくくらいですから、多く男性に対して用いました。女性の場合は、**悋気**といいます。

しんせつごかし【親切ごかし】
親切なふりをして、自分の利益のために何事かを企むこと。↓**おためごかし【御為ごかし】**

しんぞ【新造】
若い女性の総称。また、**吉原**で働く女性の職種の一つ。振袖新造、留袖新造、**番頭**新造に分かれますが、落語で新造と言えば、おおむね振袖新造のことです。振袖新造は将来**花魁**になるために養育されている女性で、多くは**禿**と呼ばれる子どもの頃から**廓**で育ちました。そして、禿から新造となる間に、花魁にとって必須の教養を学びます。新造の教育係は花魁でしたから、新造には花魁の妹分、という意味合いもありました。そのため、**花魁道中**に同道するだけでなく、花魁を座敷に呼んだ場合、必ず花魁に新造がつきました。『山崎屋』で「三分で新造がつく」というのは、**揚げ代金**が三分で、そのお座敷には花魁以外に新造も同席する、という意味です。
『船徳』では、できあがったばかりの船のことも新造と呼んでいますが、これは新しい船を若い女性にたとえた言い方でした。船の新しさを女性の若さにたとえています。船を女性になぞらえたのは、「人を上に乗せると揺れるから」です。

しんだい【身代】
財産、資産。身上とも。

しんだいがかたむく【身代が傾く】
商店などで、店の経営が危うくなること。

しんだいかぎり【身代限り】
破産、倒産。

しんない【新内】
三味線音楽の一種。

しんないながし【新内流し】
流しは、楽器を持ったミュージシャンがバーや居酒屋などで、お客のリクエストにこたえて演奏すること。江戸時代には**吉原**(よしわら)などを中心に、**新内**を流しで回ることが流行りました。新内流しが吉原に出るのは、**引け過ぎ**と決まっており、**見世**(みせ)が終わった後に、流しの哀切(あいせつ)な新内を聞いていると、**女郎**(じょろう)が感極まって客に**心中**を持ちかけたといいます。そのため、新内流しが禁じられたこともありました。

しんばりぼう【心張り棒】
戸が開かないよう、内側から支えるつっかえ棒。略して、「心張り」ともいいます。**長屋**の各戸の防犯は基本的にこの心張り棒だけで行われていました。人が在宅のときは戸をロックすることができますが、外出時には戸は無施錠となりますので、家を留守にするには基本的には留守番が必要でした。
大家(たいけ)でも事情は変わらず『蔵丁稚』では、店の者が全員で芝居見物に行くときには、「家を守る留守番がいる」と言っています。一人住まいの場合は隣家に頼むしかなく、『子別れ』の主人公は外出する際、お隣に留守にすることを断ってから出かけています。『締め込み』や『出来心』では、この留守番がいなかったため、泥棒に家を狙われました。『もぐら泥』『夏泥』『だくだく』など、落語では住人がいる家に忍び込む泥棒が多いのは、心張り棒が鍵の代わりをしていた時代には、基本的に家には必ず人がいたからです。

心張り棒

じんぴんこつがら【人品骨柄】
その人となり。その人の様子。その人が持っている雰囲気、風格、品性のこと。

じんみち・しんみち【新道】→こうじ【小路】

しんもつ【進物】
人に贈る品物。贈り物。正式には上に**水引**をかけます。

さ

【す】

すいくち【吸い口】
煙管の煙を吸うときにくわえる部分。

すいこでん【水滸伝】
中国の長篇小説。日本では江戸時代に爆発的な人気を博します。百八人の英雄豪傑が活躍する話で、この登場人物たちの姿を**彫り物**に入れることまで流行りました。

すいじん【水神】
向島にある鎮守の森で、遊楽地。「**植半**」「**八百松**」など有名料理店があることでも知られていました。**大川**は場所によって、**宮戸川**、**隅田川**、大川と名前を変えますが、この水神から**吾妻橋**までを宮戸川と呼びました。

すいだし【吸い出し】
膿やできものを治療するために貼る**膏薬**。吸い出し膏薬、吸い出し膏ともいいますが、一般には略称の吸い出しで知られていました。『味噌蔵』で「(子でもが) できた」をできものと勘違いした夫が妻に勧めたのが、この吸い出しです。

すいつけたばこ【吸いつけ煙草】
煙管の**雁首**に**刻み煙草**を詰め、火をつけて軽く息を吸うと、煙草に火がつきます。これが「煙草を吸いつける」で、この後、さらに煙を吸うと「煙草を吸う」になるのですが、「煙草を吸いつける」段階までを他人にやってもらい、火がついた煙草をもらうのが吸いつけ煙草です。『紺屋高尾』で**高尾**が煙草を吸いつけて、「ぬし、一服吸いなんし」と差し出すのが、上等の吸いつけ煙草でした。間接キス的な意味合いがありそうですが、煙草を吸いつけて相手に煙管を手渡すとき、口が触れた**吸い口**を**懐紙**や袂で軽く拭うのがマナーでした。もちろんわざと拭わない場合もありました。
『ぞめき』などで、**女郎**が「一服おあがりなさいよ」と**素見**の客に格子越しに差し出しているのも、吸いつけ煙草です。格子越しにやりとりする吸いつけ煙草の煙管は、放って返すのが常法とされていました。手渡すと、その拍子に煙管の雁首を袂などに突っ込まれ、**見世**に引っ張り込まれるからです。

すいてんぐう【水天宮】
安産の神様。参拝客の多くは、子宝を願う既婚女性でした。また水難除けの神様でもあるので、子どもが泳ぎに行くとき、水天宮のお札を首にかけておくと、溺れないといわれていました。蛎殻町の水天宮が有名ですが、これは明治になってから他の土地から移ってきたもので、江戸時代に蛎殻町に水天宮はありません。江戸時代の人々は神信心を大事にしましたから、一般人は水天宮と呼び捨てにせず、水天宮様と様づけで呼びました。

すいどう【水道】
江戸時代の**江戸**の町は水の質が悪いところだったので、飲料水の確保が大きな問題になっていました。この問題を解決したのが、多摩川から水を引いて作った神田上水と玉川上水です。この水は地下に通された竹の樋などを通して、各町内の井戸へと送られました。これが江戸の町の水道です。江戸時代に水道があるのは、とてつもなく文化的なことで、**江戸っ子**は「水道の水で産湯をつかった」ということを自慢にしていました。江戸の町で「井戸」と呼ばれているのは、多くはこの水道から来た水を溜めたもので、**掘り井戸**ではありません。

すががき【清掻き】
女郎が**張り見世**に出るときに演奏する、三味線音楽。どの**見世**によって、何の曲を弾くのか決まっていたので、その清掻きを聞くと、どの見世が営業を始めたのか分かるようになっていました。噺家にとっての**出囃子**のようなもので、**廓**の見世におけるオープニングミュージックです。『千早振る』で初めて**吉原**に行った竜田川が最初に耳にしたのも、この清掻きの音でした。

すがわらのみちざね【菅原道真】
平安時代の学者兼政治家兼詩人。死後は「学問の神様」として祀られました。天神様とも呼ばれています。都のあった京都から、九州の大宰府まで流された（実際には左遷）逸話が知られており、それが『質屋蔵』の**落ち**につながっています。

すかんぴん【素寒貧】
金がまったくないこと。

すきかえしや【漉き返し屋】
紙屑屋が回収してきた古紙を買い取り、この古紙を漉き返す（再生する）商売。こうして漉き返された紙は、主に**落とし紙**として利用されました。

すぎのもりじんじゃ【椙森神社】
日本橋堀留にある神社。江戸時代で

は、富籤（とみくじ）の興行が行われた場所として知られていました。

すぎもの・すぎもん【過ぎ者】
自分の実力、能力、財力、魅力よりも上のもの。一般には配偶者のことを指し、ろくでもない男と夫婦になっている女性を「あの男には過ぎ者だ（あの男にはもったいない）」などと評しました。『替り目』では、半ばのろけでこの台詞が夫の口から出てきます。『お直し』では、**中見世**（ちゅうみせ）か**小見世**（こみせ）から、**蹴転**（けころ）に転落した**女郎**（じょろう）が、「蹴転には過ぎ者だ（掃き溜めに鶴だ）」といわれています。

すげがさ【菅笠】
スゲの葉で編んだ笠。晴れた日には網目が縮んで隙間ができるので、通気性がよくて涼しく、雨の日にはスゲの葉が膨らんで隙間を防ぐので、雨を通しません。そこで表を歩く**棒手振り**（ぼてふり）の商人などが用いました。**手甲脚絆**（てっこうきゃはん）に**草鞋**（わらじ）履きで、頭に菅笠をかぶれば、スタンダードな旅姿となります。

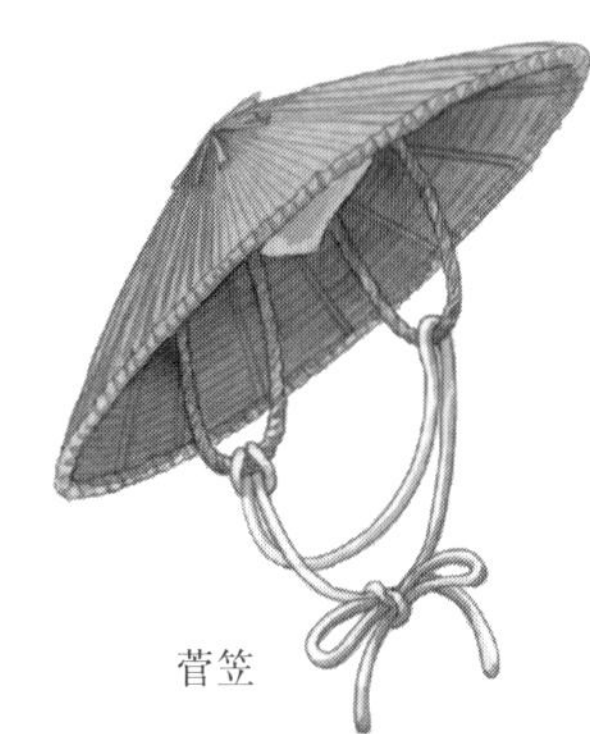
菅笠

すげる→らう【羅宇】

すこて【素小手】
剣道の防具の小手をつけずに、剣術の稽古を行うこと。面をつけないのが**素面**（すめん）です。

すざく【朱雀】→しじんき【四神旗】

すずがもり【鈴ヶ森】
江戸時代に刑場のあった場所。獄門晒し首になった罪人の生首もさらしてあり、鈴ヶ森＝怖い場所というイメージがありました。**→うちくびごくもん【打ち首獄門】**

すすぎ
足を洗うための湯もしくは水。江戸時代だけでなく、明治時代になってからも道は舗装されていません。歩けば必ず土埃などで足が汚れましたから、歩きづめの旅で**旅籠**（はたご）に着いたときにまずもてなされるのが、このすすぎでした。『ねずみ』『宿屋仇』でも、**宿屋**に着いて、まず出てくるのがこのすすぎです。旅の噺などで、噺家が手拭いで足をはたく仕草をすることがありますが、これはすすぎを省略して、足についた土埃を手拭いではたいているところです。

すすはらい【煤払い】
十二月十三日は正月事始めと呼ばれ、この日から正月の準備を行うことになっていました。この日には、一年のうちでもっとも本格的な大掃除が行われます。普段であれば、そこまでは手をつけない天井の煤まで払うことから、煤払いと呼びました。『柳田格之進』で紛失していた五十両が出てきたのも、『御神酒徳利』で徳利（とっくり）が紛失するのも、この煤払いの日、すなわち十二月十三日のことです。

すずみだい【涼み台】
縁台。そこに坐って涼むための台だから、涼み台です。

ずだぶくろ【頭陀袋】
死人を葬るとき、首にかけてやる袋。この中に入れた六文銭が、三途（さんず）の川の渡し賃となります。

ずつうこう【頭痛膏】
頭痛のときに貼る**膏薬**（こうやく）。

すなずり【砂摺り】
砂とコンニャク粉を水でこねたものを粗塗りの壁に塗って仕上げる工程。茶室の壁などに用いる、ぜいたくなものです。

ずぬけおおいちばんこばんがた【図抜け大一番小判型】
早桶（はやおけ）のサイズには、何種類かあります。標準サイズが「並一」と呼ばれるもので、これは成人男性用でした。「並二」は並一よりやや小さく女性用。並一より大きいのが「大一番」で、それよりもさらに大きいのが「図抜け大一番」です。小判型は小判の形をしているものですが、普通の早桶はサイズにかかわりなく丸形ですから、小判型は大変珍しいものでした。そのため、作るのにも手間と時間がかかります。

すまき【簀巻き】
むしろで、ぐるぐる巻きにすることですが、実際には人間をそのような状態にして、川の中などに投げ込んで殺すことを意味しました。今でいうところの「コンクリート詰めにして海に沈める」です。

すみかえ【住み替え】
女郎（じょろう）が自身の事情、あるいは**見世**（みせ）の事情によって、別の見世に籍を移すこと。『子別れ』の主人公がのぼせ上がっているのが、元は**品川**（しながわ）にいて、

吉原（よしわら）へ住み替えた女郎でした。住み替えができたのは、女郎としての商品価値、つまり女性としての性的な魅力があってこそのことでした。『お直し』の女主人公は、**内所**（ないしょ）から、「その年では住み替えもできないだろう」と言われています。

すみがはいったからだ【墨が入った身体】
手首などに、入れ墨が入っていること。江戸時代は罪人は、罪を犯したという印に、手首などに墨で一生消えない印を入れられました。これが入れ墨です。現在「タトゥー」と呼ばれているものは**彫り物**と呼ばれ、入れ墨とは厳密に区別されていました。彫り物は個人の趣味で、人に見せても恥ずかしくないものでしたが、入れ墨は罪を犯したことがあるという印です。そして、江戸時代は、前科者には厳しい時代でもありました。『芝浜』の主人公は、「墨が入った身体になったら、後はのたれ死ぬしかない」とまで言っています。

すみだがわ【隅田川】→おおかわ【大川】

すみだわら【炭俵】
炭を入れた俵。

すみちょう【角町】
吉原（よしわら）の**大門**（おおもん）をくぐり、**仲之町**（なかのちょう）を真っすぐ行き、二番目の十字路を左に折れたところ。

すみばこ【炭箱】
炭俵に入っている炭を、小分けにして入れておく箱。炭屋は、炭俵ごと各家に届けるので、俵に入った炭を切って炭箱に入れるのは、各家の仕事でした。『化物使い』では、**権助**（ごんすけ）がその仕事をやっています。

すみをつぐ【炭をつぐ】
炭を継ぎ足すこと。火鉢などで炭を熾（おこ）しておいても、放っておけば炭は燃え切ってしまいます。そこで、定期的に炭をつぎ、火を絶やさないようにしました。

すめん【素面】
剣道の防具の面をつけずに、剣術の稽古を行うこと。小手をつけないのが**素小手**（すこて）です。

すりこぎ【すりこ木】
すり鉢（ばち）で、物をするために用いる棒。多くは山椒の木で作られているため、これで食材をすると、山椒の香りが移りました。『味噌蔵』で具が入っていない味噌汁を指して、「うちの味噌汁にはちゃんと実が入っている」と言っているのは、味噌汁に入れる味噌は、すりこ木ですってから用いていたからです。昔は味噌の粒が粗かったので、味噌はすり鉢と、すりこ木ですってから使うものでした。すった味噌は、**味噌漉し**で漉して汁などに入れます。残った味噌が「味噌っかす」です。

すりこぎやろう【すりこ木野郎】
すりこ木は、使えば使うほど減っていくところから、年月が経てば経つほど、小さくなる（駄目になる）人のことを指して言う悪口になりました。僧侶に対しても、悪口で使うことがありますが、これは僧侶の中でも地位の低い者は、すりこ木で味噌をする仕事をしていたためです。ですから、お坊さんに対しては、「すりこ木野郎」よりも「味噌すり」という悪口の方が多かったようです。

すりばちやま【すり鉢山】
上野公園の中にある山、というよりも丘。古墳ともいわれていますが、江戸時代は上野の花見スポットの一つでした。

すん【寸】
およそ三センチ。十寸で一**尺**。

ずんどうぎり【寸胴斬り】
筒状のものを、真横から真っ二つに上下に切り分けること。『胴斬り』の被害者がやられたのが、この寸胴斬りです。

ずんどうのはないけ【寸胴の花生け】
太い竹を輪切りにした花生け。上から下まで、くびれがないので寸胴です。

【せ】

せいがんのかまえ【青眼の構え】
剣術で刀を中段に構え、相手の顔を真っすぐに見据える型。

青眼の構え

せいしょうこうさま【清正公様】
加藤清正（かとうきよまさ）のこと。清正を音読みして「せいしょう」、それに尊称の「公」と「様」をつけて、清正公様です。豊臣秀吉の家来で、猛将として知られており、庶民の間で人気がありました。毒饅頭で毒殺されたという伝説から、『子別れ』で饅頭を見て涙ぐんでいる熊さんを見て、周りの人が「あの人は清正公様の生まれ変わりじゃないか」と言います。肥後熊本藩の藩主でしたから、「熊本の清正公」と呼ぶ人もいました。

せいたい【青黛】 芝居のメイクに用いる、青い色の顔料。

せいだん【政談】 政治や裁判などをモチーフにした物語。

せいりゅう【青龍】→しじんき【四神旗】

ぜいろく【贅六】 **上方贅六**の略で、**上方**、主に大坂の人間を罵って言う言葉。贅六の贅は未詳で、六は、おそらくはろくでなしのこと。**宿六**の六と同じです。

せきもり【関守】 関所の番人。

せぎょう【施行】 僧侶や貧しい人に、物を施し与えること。

ぜげん【女衒】 女を**廓**などに売ることを職業とする者。女衒という言葉はよいイメージがないため、表向きは**周旋人**とも呼ばれました。『柳田格之進』で、柳田の娘を**吉原**へ売る仲立ちをしたのが、この女衒です。『文七元結』や『もう半分』などでは、娘が自主的に自分を吉原へ売りに行きますが、何のつてもない素人、とりわけその手のことに暗い武士であれば、娘を吉原へ売るには、女衒の手を借りるより他ありませんでした。

せっき【節季】 商店が売掛金の精算を行う時期。盆と年末が主な節季でしたが、それ以外の節句前も節季としている商店もありました。決算に関係なく、盆と年末を総称して節季とも呼びます。一年の中の区切りでもあり、商店が出入りの者や店員に**お仕着せ**を配るのも節季でした。

せっしゃ【拙者】 自分をへりくだって言う一人称。

せっしょう【殺生】 〝生〟きているものを〝殺〟すことが殺生です。むごたらしいことです。そこから、ひどいこと、むごたらしい行為も「殺生なこと」というようになりました。

せっしょうかい【殺生戒】
五戒(ごかい)の一つ。生き物を殺してはいけないという戒律。正式には「不殺生戒」ですが、一般には殺生戒といわれています。生臭物(なまぐさもの)を食べるのも生き物を殺していることになるので、酢蛸(すだこ)や泥鰌(どじょう)を食べる『蒟蒻問答』の僧侶は、殺生戒を犯していることになります。

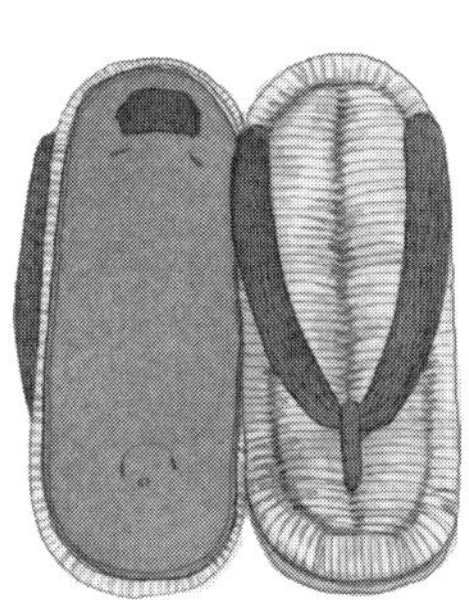
雪駄

せった【雪駄】
竹皮でこしらえた草履の裏面に、革を張った履き物。

せっちん【雪隠】
トイレ。**はばかり**、**後架**(こうか)、**高野**(こうや)ともいいます。

ぜに【銭】
現代では、お金のことを金銭、あるいは銭とひとくくりにしていいますが、江戸時代には金貨、銀貨、銭貨の三種類の貨幣が流通していました。その中の銭貨だけを「銭」といいます。『芝浜』で拾った**財布**の中身を見て、魚屋の**女将**(おかみ)**さん**が「これは銭じゃないよ、お金だよ」と驚いたのは、「銭貨だと思っていたら、金貨だった（思っていた以上に大金だった）」からです。

ぜひ【是非】→もらいをかける【貰いをかける】

ぜひにおよばず【是非に及ばず】
是非の是は「正しい」、非は「正しくない」です。いいか悪いかなど、言ってる場合ではないということで、そこから「議論している余裕はない」「そうするしかない」「やむを得ない」という意味。

ぜひもらい【是非貰い】→もらいをかける【貰いをかける】

せん【先】
前、以前。『鰻の幇間』で、住所を聞かれた男が答える「先のところ」は、「以前から住んでいるところ」の意味。「先に申し上げました」は、「以前にそう言いました」。「先から」は「前から」。

せんき【疝気】
腰や下腹部が痛む病気。主に、男性

がかかりました。『夢金』で「この寒さで疝気が出た」と言っているように、疝気は冷えると発病する、ともされていました。また「疝気になると睾丸が腫れる」とも言われていました。

せんぎ【詮議】
罪状などを取り調べること。

せんこう【線香】
仏壇に供えるお香。時計のない時代、**花柳界**では、この線香を使って時間を測りました。**吉原**など**廓**での遊びは、昼遊び、あるいは夜遊びと半日単位でしたが、『お直し』の舞台である**蹴転**だけは、数十分単位の線香で遊びの時間を測りました。それだけ慌ただしく、しみったれた遊びだったということです。一方、『たちきれ』のように**芸者**をあげる豪華な遊びの場合も、線香で時間を測りました。

ぜんざい【善哉】
中国語で相手を言祝ぎ（言葉で祝福すること）、自身を称えるときに言う決め台詞で、神仏や尊い僧侶、修行者などが現れたとき、また退場するときに発します。キリスト教における「アーメン」のようなもの。無理やり日本語に訳すと、「よきかな」になります。『景清』で観音様が登場の際にこの言葉を発するのは、観音様が仏教徒で、日本の仏教はお経をはじめとして基本、言語が中国語だからです。『御神酒徳利』で神道の**稲荷**大明神が退場の際にこの言葉を発するのは、神様といえども、日本人ならではの外国かぶれです。

せんじゅ【千住】→ししゅく【四宿】

せんじゅおおはし【千住大橋】
かつて**大川**に五つしか橋が架かっていなかった時代に、一番上流に架かっていた橋。奥州街道の通り道で、**江戸**から千住大橋を越えると下総国に入ります。千住大橋から山谷までの一帯が**小塚原**です。

せんぞやまんぞ【千艘や万艘】
昔のわらべ唄「千艘や万艘」の出だしの文句、「千艘や万艘、お船はぎっちらこ」からとったもの。『猫久』に出てくる台詞で、この台詞の前に、主人公の男が侍から「貞女なり、孝女なり、烈女なり、賢女なり」という文句を聞かされ、それを真似ようとします。ところが「貞女なり、孝女なり」と言うべきところを、間違えて「貞女や、孝女や」と言ってしまったので、その「〜や、〜や」につられて、耳覚えのある「千艘や」

と言ったあと、続けて「万艘」と言ってしまったというものです。

せんだいひらのはかま【仙台平の袴】

仙台平は、仙台で作られている高級絹織物で、主に袴の生地として用いられました。ですから、仙台平の袴といえば、袴の中では最高級品ということになります。『だくだく』で、絵に描いてもらうのがただの袴ではなく、仙台平の袴というところは貧乏人ならではのせこさで、『普段の袴』で仙台平の袴を普段の袴と言うのは、金持ちならではの余裕です。

せんだつ【先達】

元々は先輩という意味ですが、そこから案内人を意味するようになりました。江戸時代は旅をする機会が少なく、また困難でもあったので、旅に出るときに同道する先達がいると安心でした。仲間からも信頼されており、『大山詣り』でも先達が強いリーダーシップを発揮しています。

ぜんだな【膳棚】

台所の食器棚。

せんばん【千万】

とても、非常に、の意。「失礼千万」は、「とても失礼」という意味です。

せんぼんこうし【千本格子】

目の細かい格子。

せんりょうばこ【千両箱】

千両の金を貯蔵しておくための箱。入れるお金の大きさと量によって、千両箱のサイズもさまざまでした。一番小型なのは、**大判**を入れるもので、大判一枚十両ですから、百枚で千両でした。これが一両**小判**だと、千枚で千両。**二分金**では二千枚。さらに、**切り餅**という二十五両の包みならば、四十個という具合に、入れる貨幣の大きさによって量も変わり、千両箱の大きさ自体も変化しました。小判千枚が入った千両箱で、重さがおよそ二十五キロですから、『宿屋の富』で言うように、重量としては、立派に漬け物石の代わりになります。

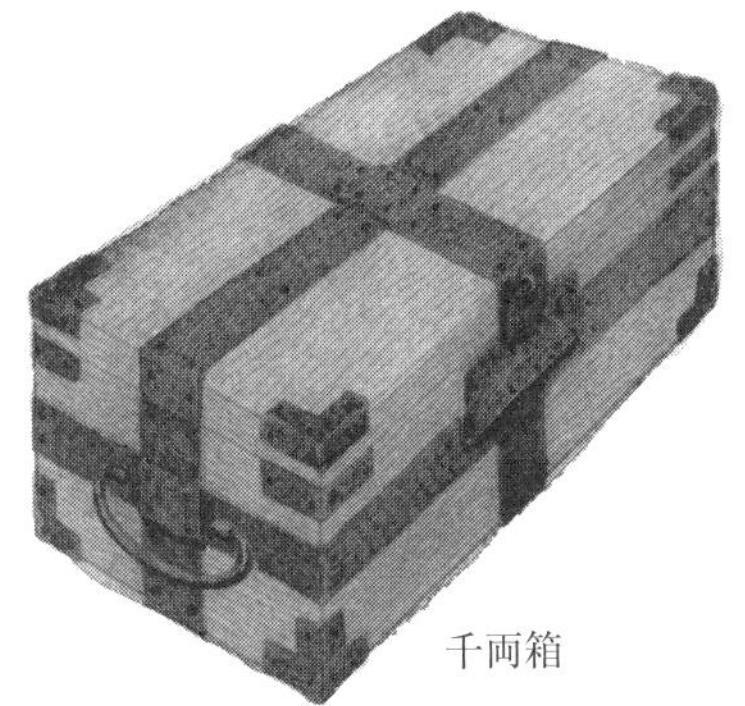

千両箱

さ

【そ】

そうおどり【総踊り】
全員参加で踊ること。

そうけん【総見】
総見物の略で、芝居や相撲などを、町内一統や仲間全員で見に行くこと。これには莫大な金がかかったので、そのリーダーシップをとる人は人望だけではなく、経済力も必要とされました。『蛙茶番』で主人公が、「芝居の総見なら、一肌脱ぐ」と言っていますが、**褌**を質に入れるような貧乏人にできることではありません。

そうごう【相好】
表情。「相好を崩す」は笑う、にこやかな表情の意。

そうごうか【総後架】
共同トイレ。**裏長屋**のトイレは、この総後架です。一応、戸はありましたが、丈が低く、中に入っている人の頭が見える程度のものも多々ありました。『へっつい幽霊』では**後架**の外にいる人が、後架の戸の〝上から〟中にいる人に紙を手渡していますが、これができたのも戸が低かったからです。総後架に溜まった人糞は、**おわい屋**が回収に来ました。

ぞうさく【造作】
家の中にあらかじめ設えてある畳、棚などの、取りつけ物一切のこと。ここから転じて、目鼻口など顔のパーツのことも、造作というようになりました。

そうじや【掃除屋】 →**おわいや【おわい屋】**

そうじょう【宗乗】 →**ゆうじょう・こうじょう・そうじょう【祐乗・光乗・宗乗】**

そうたい【総体】
全体。総体檜造りは、家屋などに使用された木材がすべて檜、総体御影造りは、造園などで用いられた石が、すべて御影石だという意味。どちらも『牛ほめ』の主人公のおじさんの家の造作として知られていますが、『茶金』の茶屋金兵衛の店も総体檜造りです。

そうたいひのきづくり【総体檜造り】 →**そうたい【総体】**

そうたいみかげづくり【総体御影造り】 →**そうたい【総体】**

総髪

そうはつ【総髪】
男性の髪型で、**月代**（さかやき）を剃らずに伸ばした髪を後ろで束ねたもの。男性が月代を剃るのが当たり前だった江戸時代には、珍しい髪型でした。虚無僧（こむそう）は尺八を吹き、**深編み笠**をかぶっていますが、笠に隠された頭は僧侶であるにもかかわらず、髪を剃らずに総髪にしていました。**町医者**も基本は総髪ですから、『代脈』や『転失気』に登場する医者は総髪のはずですが、『夏の医者』のような半農半医の医者は、おそらく月代を剃っていたものと思われます。この町医者が出世をして、**殿様**やお姫様の脈をとる御殿医（ごてんい）ともなると、頭を剃ることが義務づけられていたので、禿頭となります。

ぞうひょう【雑兵】
戦場における最下級の侍（さむらい）。**→あしがる【足軽】**

総籬

そうまがき【総籬】
見世（みせ）の籬の高さが天井まで届くのを「総籬」といいます。この総籬は、**吉原**（よしわら）では**大見世**（おおみせ）だけが許されました。籬の大きさが見世のステータスに正比例したのです。大籬（おおまがき）とも。

そくたい【束帯】
平安時代の公家の正装。『狸賽』の**落ち**で、狸を演じる噺家が扇子を手に持っているのは、**衣冠束帯**（いかんそくたい）の折の必須アイテムの一つであった**笏**（しゃく）を持っている様子を演じています。この狸は衣冠束帯をして、平安時代の公家であった**菅原道真**（すがわらのみちざね）（**天神様**）の物真似をしているのです。

束帯

そこひ
眼病の一種。外見上、異常は見えないのに、視力低下、失明などに陥ります。現在の白内障、緑内障などにあたる病気がこう呼ばれました。

そっくび【素っ首】
首のことですが、普段の会話ではあまり使いません。もっともポピュラーな用例は「あの野郎の素っ首、たたき斬ってやる」です。

そつじながら【率爾ながら】
いきなりすみませんが。突然で失礼ですが。

そっぱ【反っ歯】
出っ歯。昔の人は、前歯が突き出ていることを、歯が「出ている」とは言わず、歯が「反っている」と言いました。

そでにする【袖にする】
異性を冷淡に扱う。異性を振る。「あの女に袖にされた」は「あの女に振られた」という意味。

そでをひく【袖をひく】
文字通り、人の着物の袖をそっと引っ張ることですが、こちらに注意を向ける、注意をする、催促をする、という意味があります。女性が男性の袖をひくのは、誘惑するという意味があり、**夜鷹**(よたか)などが客引きに用いました。

そとおりひめ【衣通姫】
「古事記」「日本書紀」に登場する古代日本の代表的な美人。美しさが、身に着けている衣を通して外に現れたことから、こう呼ばれるようになりました。落語では美女を表現するとき、ほとんど「衣通姫か**照手姫**(てるてひめ)(のようだ)」と、照手姫とセットで登場します。

そどく【素読】
漢文を読み下し文で、ただ読み上げること。漢文を学ぶ上での最初期の勉強法でした。『明烏』で時二郎(ときじろう)が「**火の玉食う**」と言っているのも、『井戸の茶碗』で昼間、浪人が子どもたちに教えているのも、この素読です。

そとはちもんじ【外八文字】
花魁道中(おいらんどうちゅう)の際に**花魁**が行う独特の歩き方。高下駄を履き、つま先を外側に八の字になるように向けて歩きます。習得するだけで何年もかかりました。京都で**内八文字**が行われるようになったのは、京都には帝(天皇)がいるので、それをはばかって内股で歩き、**江戸**では「そんなこと知ったことか」と外八文字になった、と

も言われています。→**うちそとはちもんじ【内外八文字】**

そにん【訴人】
告訴人のことですが、「訴人する」は「訴える」という意味になります。名詞に「～する」をつけて動詞に変える語法は、江戸時代にもありました。

そばきり【蕎麦切り】
現在の蕎麦のこと。蕎麦はまず粉末にした蕎麦粉を水でこね、茹でただけの蕎麦掻きとして食されました。そののち、この蕎麦掻きを細く切り、麺として食べるようになったのが蕎麦切りです。

ぞめき→ひやかし【素見】

ぞめく→ひやかし【素見】

そらじゃく【空癪】
仮病。具体的には、健康な女性が**癪**になったと偽ること。「癪」は女性の病とされていたので、女性がする仮病だから空癪です。

そりみ【反り身】
上半身を、心持ち後ろに反らせるようにするポーズ。「屈み女に反り男」といって、江戸時代は女性はやや前屈みに、男性はやや反り身にしているのが、見映えがよいとされました。『妾馬』では初めて正装した八五郎が、**大家**から「もっと反り身になれ」と注意されています。

そろばん【算盤】
江戸時代の算盤は五つ玉で、主に使われていたのは商家ですから、金の計算に用います。ところが、江戸時代は流通する通貨の種類が多く、**江戸**であれば、金貨（**両**や**分**）と銀貨（**匁**）と銭貨（**文**）の三種類の目盛りがあり（**上方**では**貫**、匁、分、厘の目盛り）、現在の算盤よりもはるかに複雑でした。『壺算』で客が算盤が読めないのも、ある意味当然のことだったのです。商人にとっても算盤での計算は非常に複雑難解で、習得するのには苦労しました。しかし、算盤ができなければ、**丁稚**から**手代**になることすらできません。『双蝶々』では、丁稚は毎晩仕事が終わると、算盤の稽古をさせられています。その甲斐あって『御神酒徳利』の主人公のように、**番頭**にまで出世した者は、誰でも算盤はお手のものでした。

そんこう【尊公】
「あなた」「君」などを、気取って言った言い方。

ぞんざい
丁寧ではないこと。やり方が乱暴なこと。

そんりょう【損料】
レンタル料、使用料。衣服や品物を借りるとき、その消耗を補うために支払いました。今もありますが、昔はレンタルの**布団**がポピュラーで、これを「損料布団」と呼びました。『ねずみ』で左甚五郎が宿泊したのは、布団すらない貧弱な**宿屋**だったので、宿屋の者が客である甚五郎のために損料布団を借りています。

【た】

だ【駄】→いちだ【一駄】

だいがら【台殻】
台の物が空になり、器だけになったもの。あるいは、その食べ残し。『居残り佐平次』で醤油の代わりに持ってきたのが、蕎麦台の台殻から取ってきた蕎麦のつゆでした。

たいけ【大家】
金持ちの家、社会的地位の高い家。頭に**御の字**をつけて、御大家とも。

たいこうさま【太閤様】
豊臣秀吉。

だいこくがさ【大黒傘】→ばんがさ【番傘】

たいこもち【太鼓持ち】→ほうかん【幇間】

だいじょ【大序】
序幕のこと。また、「仮名手本忠臣蔵」の第一段「鶴岡の段」のことも、特別にこう呼びます。

だいしょう【大小】
大刀と小刀のことで、刀を意味します。刀は腰に差すものですから、「腰のもの」ともいいました。髪につけるアクセサリーを、「**頭のもの**」と呼ぶのと同じ理屈です。

だいじん【大尽】
金持ち。頭に**御の字**をつけて「お大尽」ともいいます。大尽という言葉自体が尊称ですから、さんづけ、様づけの必要はなく、「ねえ、お大尽」と呼びかけます。相手の名前を入れるときは御の字を取ってもよく、杢兵衛という名前のお大尽であれば、「ねえ、杢兵衛大尽」でもよいとされました。金をさほど持っていないのに、金持ちの振りをするのが「お大尽風を吹かせる」です。

だいじんぐうさまのおみや【大神宮様のお宮】
大神宮とは、伊勢神宮に祀られている神様のこと。そのお宮といえば、伊勢神宮のことなのですが、神棚のこともお宮といいました。そこで、伊勢神宮のお札を祀っている神棚が「大神宮様のお宮」となります。『居酒屋』で**小僧**が客を坐らせる「宮下」という席は、大神宮様のお宮が飾ってある真下の席、ということです。

だいどうあきない【大道商い】
店舗を持たずに、路上で商売を行うこと。**棒手振り**などの商売。

だいどうじするがのかみ【大道寺駿河守】
戦国武将、大道寺政繁のこと。

だいのもの【台の物】
廓でお客が取る仕出しの料理。種類はさまざまで、刺身、酢の物といった酒の肴から鮨台、蕎麦台、菓子台までありました。数は、一枚二枚と数えます。**見世**がかすりを取るので、かなり高価でした。そのことは客も承知しているので、『居残り佐平次』でやっているように、台の物を惜しみなく注文するのは大変なぜいたくであり、また客の見栄でもありました。反対に『宿屋の富』で、**間夫**が台の物を豪勢に取ろうとしているのを**女郎**が止めているのは、間夫に無駄な金を使わせたくないからです。

台箱

だいばこ【台箱】
廻り髪結が提げて歩く、**髪結**の道具一式が入った箱。

だいはちぐるま【大八車】
大型の荷車。基本的に人間一人ではなく、数人がかりで引きます。大の

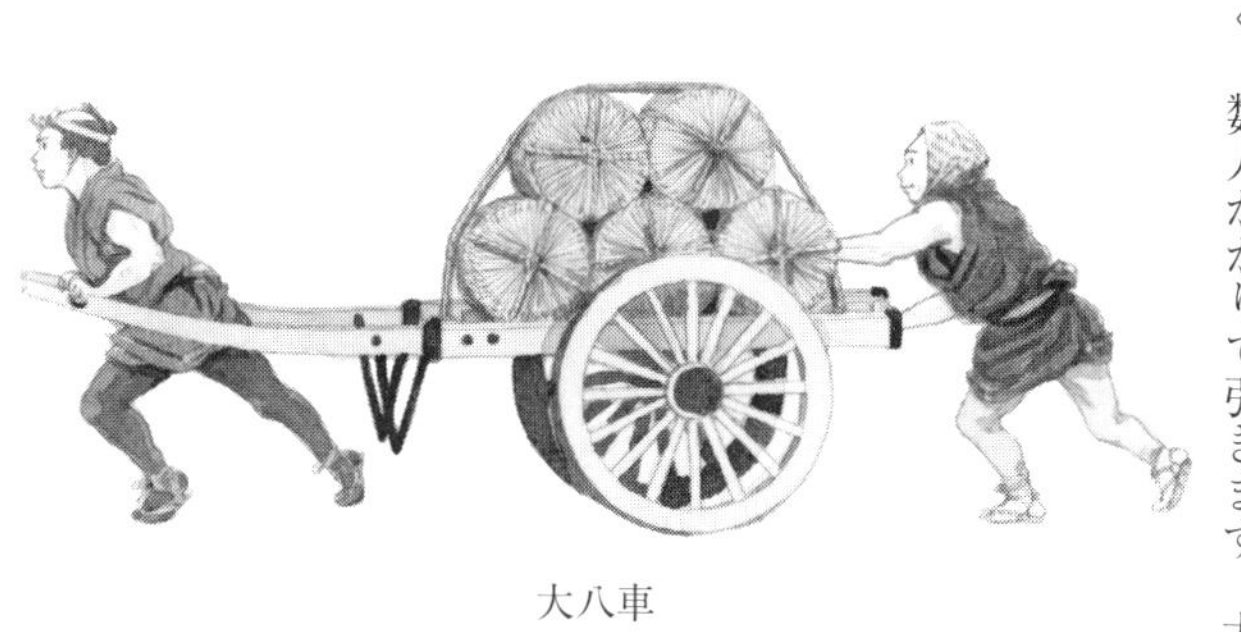
大八車

大人八人分の仕事ができる、というところから、この名がつきました。**明暦の大火**の後、瓦礫や資材を運搬するために発明されたものです。荷車は、本来は牛が引くものでしたが、**江戸**の町には牛車はあまりありませんでした。『馬の田楽』のように、馬は荷物を乗せて運ぶことはあっても、車を引いたりはしません。馬車ができるのは明治時代になってからのことです。人間が引く「荷車」という発明は、かなり画期的なことでした。

たいへい【泰平】
平和なこと。江戸時代の人々が、自分たちが今生きている時代のことを「泰平の世」「泰平の御代」といいました。江戸時代までは、俗にいう戦国時代で、戦乱に明け暮れていたからです。また、だからこそ**元亀天正**の頃を懐かしむ侍もいました。

たいへいらく【太平楽】
好き勝手なことを言い行っている様。

だいみゃく【代脈】
代診。主治医の〝代〟わりに、患者の〝脈〟をとるので、代脈です。

だいみょうのおあそびどうぐ【大名のお遊び道具】
「入山形に二つ星、松の位の太夫職」と呼ばれた、最高級の**花魁**のこと。その外見や見識だけでなく、料金もハイクラスなので、庶民にはとても手が届かない、大名クラスの人間でなければお客になれませんでした。

だいみょうびけし【大名火消し】→**ひけしやしき【火消し屋敷】**

たが
桶にはめる輪。鉄製のものもありますが、江戸時代は竹製でした。竹は『愛宕山』で知られるようによくしなります。竹製のたがは桶にはめる前は、**たが屋**が丸めて紐で縛っていましたが、紐がほどけると、たちまち真っすぐに伸びてしまいます。

たかお【高尾】
吉原の**花魁**の源氏名。伝統のある源氏名で、数代にわたってこの**名跡**が継承されましたから、高尾と名乗る花魁は時代を違えて数人が存在しました。その中で、落語で知られているのが、『反魂香』の仙台高尾と、『紺屋高尾』の主人公で演題と同じ名の紺屋高尾です。

たかさごや【高砂や】
謡の「高砂」の歌い出しの言葉。お

めでたい謡で、婚礼の式によく謡われました。そこから転じて、結婚をも意味するようになりました。未婚の人に「いつ、高砂やを聞かせてくれるんだ？（いつ結婚するんだ？）」というふうに用います。

たかなわ【高輪】

江戸の町は、町を細かく区切る**木戸**以外に、江戸の町とその外を区切る「大木戸」というものがありました。東海道でその大木戸があったのが高輪です。高輪の大木戸を通り抜けると、そこから先は江戸ではありませんでした。ですから、その先の**品川**は、もちろん江戸ではありません。旅に出る人を見送る人が、一番遠方まで行くとしても、この高輪までで引き返すことになっていました。旅立つ人を見送る際の「お前の留守中、嬶ぁを抱いて寝てやる」の小咄の舞台も高輪です。

たかの【鷹野】

鷹狩り、鷹を使って行う狩猟。

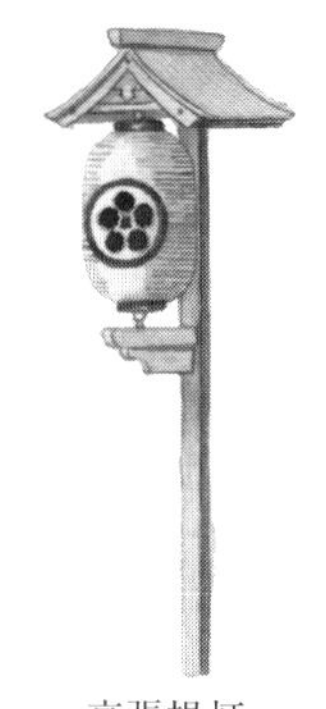

高張提灯

たかはりぢょうちん【高張提灯】

棒の先に固定した、紋の入った卵形の提灯で、玄関などにかかげました。高く張り出すから、高張提灯です。街灯や目印としての役割を果たしました。武家屋敷や、町人でも身分のある人の家の門口には、この高張提灯を張り出します。『提灯屋』で、御隠居が提灯屋に注文するのが、この高張提灯です。いわば、夜間用の豪華な表札ですから、提灯屋に注文して家紋を入れるのも当然のことでした。

たがや【たが屋】

壊れた桶などの「**たが**」の修理をする職人。

たがやさん【鉄刀木】

東南アジア原産の木。**たが屋**を敬って、さんづけしているのではありません。銘木として知られ、『金明竹』では、刀の**柄前**の材料として用いられています。

たきつけ【焚きつけ】

細かい木屑や紙などのこと。ちょっとした火で燃えやすいので、薪などを燃やす際、まず最初にこの焚きつけに火をつけてから、その火を薪に移しました。『味噌蔵』では、捨ててある割れた下駄を、この焚きつけにしようと目論みます。

たくあん【沢庵】
江戸時代の禅僧。また、沢庵禅師が発案したといわれている漬け物も「沢庵漬け」、略して「沢庵」と呼ばれます。この沢庵は、干した大根を塩と糠で漬けますが、糠は米糠のことで、玄米を白米に精米したときに出るかすです。つまり、沢庵を常食しているということは、それだけ白米を食べていることを意味しました。『長屋の花見』で沢庵を食べているのも、**在**の者から見れば、ぜいたくであったかもしれません。**江戸**で**脚気**が流行っていた遠因の一つが、こうした食生活でした。

たくあんいし【沢庵石】
沢庵を漬けるために上に乗せておく石。重たい物の代名詞で、下働きの**女中**にとっての力仕事の一つがこの沢庵石を動かすことでした。

たくはつ【托鉢】
僧侶が一般人から施しを受けること。修行の一つで、物乞いではありません。

たけだかつより【武田勝頼】
戦国大名。武田信玄の息子。

たけだぬいのすけ【竹田縫之助】
江戸時代の、からくり人形細工師。

たけやらい【竹矢来】
竹を粗く組んで作った柵。

だし【山車】
お祭りで人々が担いだり、あるいは車輪つきのものを引いたりする屋台。豪華な飾りをつけたり、上に人形を飾ったりしました。**江戸**の町でも、祭りには山車を出していたのですが、明治時代の中頃に中止されました。電線に引っかかって危ない、というのがその理由です。『片棒』で山車の人形が電線に引っかかるのは、とてもリアルな話だったのです。

たっつけばかま【裁着袴・裁付袴】
裾の部分が**脚絆**のようになっている袴。動きやすいのが特徴です。

裁着袴

たつみ【辰巳・巽】
東南の方角。深川が**江戸**の東南にあったので、深川のことも辰巳と呼び、深川**芸者**も辰巳芸者、また略して辰巳とも呼びました。

たてば【立て場】

馬子(まご)たちが休息する場所。または、古道具屋や**紙屑屋**(かみくずや)などが商品を持ち寄り売買する場所。『三人旅』で馬子が「立て場の帰りだ」と言っているのが前者で、『火焔太鼓』で道具屋が太鼓を買ってきたところや、『らくだ』で紙屑屋が「俺は立て場じゃあ、知らねえ者はいねえんだ」と言っているのが後者。ここでは、紙屑屋が「俺は屑屋仲間では有名なんだ」とつまらないことで威張っているのです。

たてひき【立て引き・達引き】

義理を立てる。意地を張る。ニュアンスのよい言葉ですから、「立て引きの強い男」というのは褒め言葉で、『酢豆腐』でも人をおだてるときに使っています。

たてひょうご【立兵庫】

女性の**髷**(まげ)の形の一種で、頭頂部に髪の毛を集めた、かなり派手な髷です。一般人の女性はあまり用いず、**女郎**(じょろう)や役者などがこの髪型をしました。

立兵庫

たどん【炭団】

炭の粉を丸く固めた固形燃料。色が黒いことから、顔の黒い人の形容にも用いられました。褒め言葉ではありません。**江戸っ子**は男女を問わず、色白を美徳としていたので、「炭団みたいな顔」は悪口でした。『塩原(しおばら)多助(たすけ)一代記』によると、炭団は多助の発明したもので、多助の呼び名である「多助どん」が訛って「たどん」になったのだそうです。

たな【店】

商店も店といいましたが、貸家も店と呼びました。裏通りにある店（貸家）が**裏店**(うらだな)、表通りにある店（貸家）が**表店**(おもてだな)です。

たなうけしょうもん【店請証文】

店子(たなこ)が**長屋**の一室を借りるときなどに、**大家**に提出する証書（**証文**）。現在の賃貸契約書です。**請人**(うけにん)の署名が必要なところも賃貸契約書と同じでした。『寝床』ではこの店請証文に「いつでも大家が必要なときは、すぐに貸家を引き渡します」と書いてあったため、それをたてに、店子は長屋から追い出されそうになりますし、実際に店請証文には、そうしようと思えば実行できるだけの法的根拠がありました。

たなかさんだゆう【田中三太夫】
落語国のレギュラーメンバーの一人。**長屋**に住んでいるのが八五郎、熊五郎であるように、お**殿様**の家来は田中三太夫とほぼ決まっています。三太夫は貴族の家の執事の通称で、**飯炊き**が**権助**と呼ばれたように、人名のようですが、実際は人名めかした役職名です。もと「笑点」のメンバーであった毒蝮三太夫の芸名は、この田中三太夫から立川談志が命名したものです。

たなこ【店子】
貸家を借りている住人のこと。借家人。

たなだてをくう【店だてを食う】
家賃滞納などで、住んでいる住居を追い出されること。

たなちん【店賃】
家賃。**九尺二間**の**裏長屋**で、一カ月四百から六百**文**というのが、江戸時代末期頃の相場でした。**夜鷹蕎麦**一杯の十六文を、現代の立ち食い蕎麦のかけそば三百二十円に換算すると、一文は二十円ですから、四百文だと八千円。相当に安い家賃ですが、それを未払いだったのが、『長屋の花見』『黄金の大黒』の**店子**たちでした。

たにぶんちょう【谷文晁】→**ぶんちょう【文晁】**

たねがしま【種子島】
火縄銃のこと。銃が伝来したのが種子島だったことから。江戸時代は新しい武器を開発することをお上から禁じられていたため、江戸時代になっても『お若伊之助』や『鰍沢』では、旧式の火縄銃を用いています。

たねもの【種物】
特別な食材という意味で、蕎麦屋では具が乗った蕎麦、つまり掛け蕎麦ではない蕎麦を指します。

たのしみなべ【楽しみ鍋】
寄せ鍋。

たのもし【頼母子】→**むじん【無尽】**

たばこいれ【煙草入れ】
刻み煙草を入れる袋。噺家が扇子を手拭いの中に突っ込んで、扇子をこねくり回すことがありますが、これは煙草入れの中に**煙管**を突っ込んで、煙管の**雁首**に刻み煙草を詰めているところを演じています。

たばこぼん【煙草盆】

喫煙のために、必要なセットがすべて揃っているお盆。基本的には**煙管**（きせる）、**火入れ**、**灰吹き**（はいふ）、**煙草入れ**が揃っていますが、火入れと灰吹きだけでもOKです（煙管と煙草入れは持参しているから）。喫煙が当たり前の習慣であった時代には、お客が来れば、まずお茶と煙草盆を出すのが礼儀でした。『代脈』でも、**医者**が往診に出かけると、まず煙草盆が出てくるのがルールとなっています。

形状はさまざまですが、取っ手のついたものもあります。噺家が口に扇子をくわえたまま、右手で何かを持ち上げる仕草をして、そこへ扇子の先を近づける仕草をすることがありますが、これは煙草盆を持ち上げ、煙管の先を火入れに近づけているところを演じています。

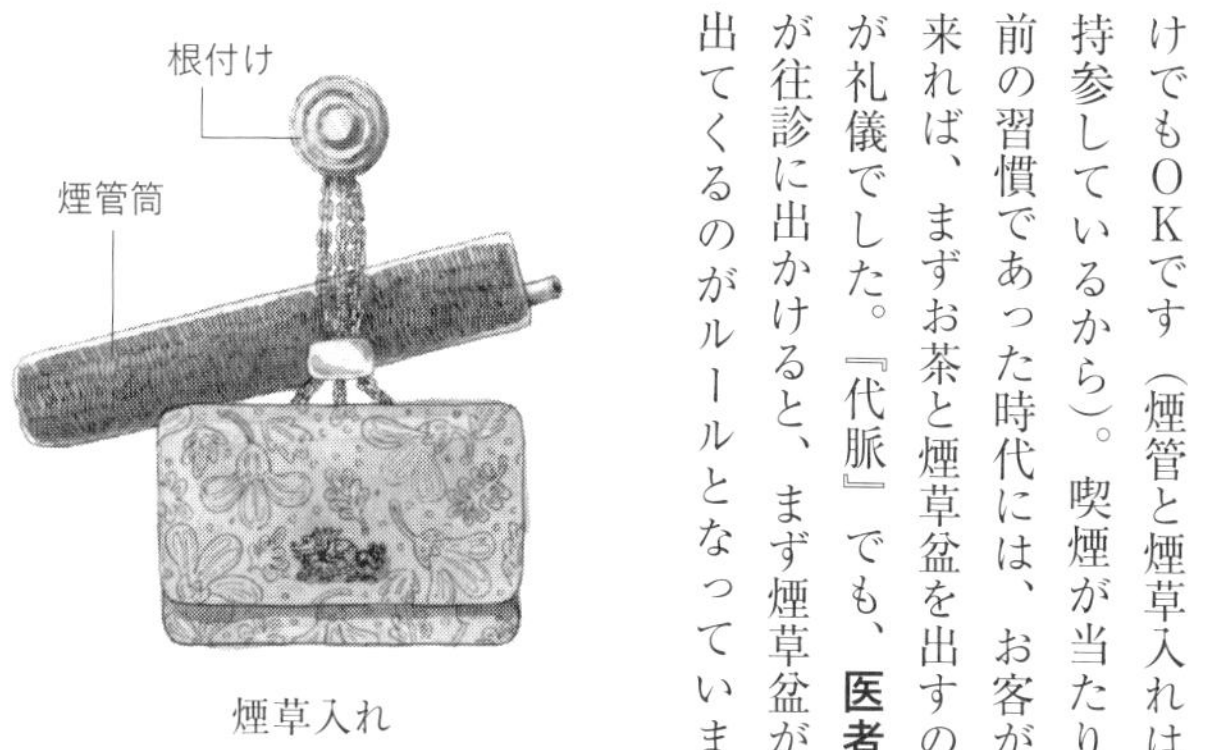

煙草入れ

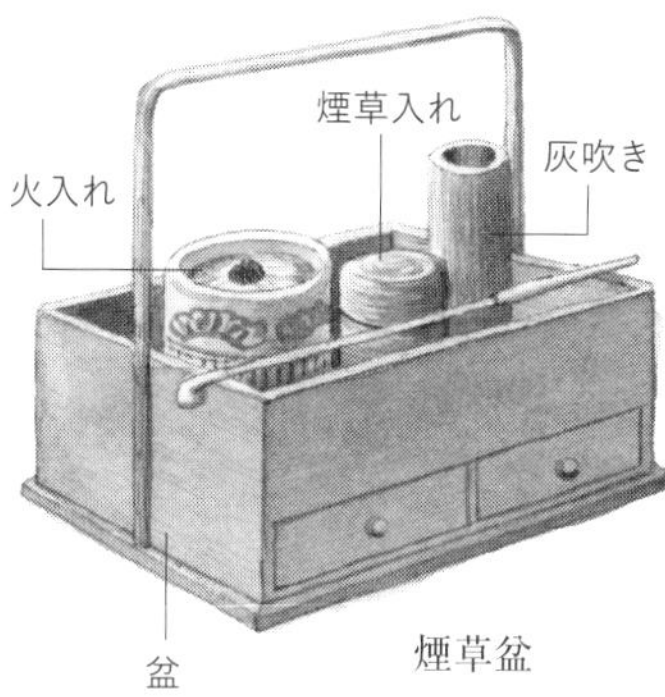

煙草盆

たびやのかんばん【足袋屋の看板】

足袋屋は、看板代わりに大きな足袋（あるいは、足袋を描いた絵）を、片方だけぶら下げていました。本来足袋は二つで一足なのに、看板ですから一つだけあれば用が足りたのです。一方、恋愛の両思いは二人が「できてる」のですが、片思いだと一人だけ「できてる」ことになります。そこで、片思いを足袋屋の看板の足袋に掛けて、「片方だけできている」と『蛙茶番』で説明しています。

たぶさ→もとどり【髻】

たぼ【髱】

女性が結った髪の、後ろに張り出した部分。女性特有のものですから、ここから髱を若い女性の代名詞とするようになりました。「酌（しゃく）は髱」とは、酒のお酌をしてもらうのは若い女性に限る、という意味です。

だぼはぜ【だぼ鯊】
魚類のハゼの一種。体長に比べて口が大きいところから、「何にでも食らいつく人」のたとえで用いられます。

たま【玉】
上玉の略。または女性のこと。『付き馬』で**素見**(ひやかし)の男が、**張り見世**(はりみせ)をしている**女郎**(じょろう)たちを見て、「玉揃いだね」と**若い衆**(わかいしゅう)に言っているのが前者の例で、「(この**見世**は)いい女が揃っている」と褒めています。『お直し』で、**吉原**(よしわら)で見世をやるという夫に「玉はどうするんだい?」と、妻が聞いているのが後者の例で、「その見世で働く女性はどうするのか」と尋ねているのです。同じ文字でも、玉を「ぎょく」と読むと違う意味になります。→**ぎょくだい【玉代】**

たまなし【玉なし】
玉はこの場合「たま」と読みますが、意味からすれば読みは「ぎょく」で、大切なものという意味です。大切なものを「無」にしてしまうので、台なしとなります。

たむけ【手向け】
死んだ人にものを贈ること。また、その贈ったもののこと。具体的な品物でなくても構いません。『野ざらし』では「手向けの句」といって、死者に俳句を捧げています。

たゆう【太夫】
最上位の**女郎**(じょろう)のこと。太夫という位は江戸時代の中期になくなり、それに代わって**花魁**(おいらん)と呼ばれるようになりました。正式な名称としては存在しなくても、女郎を太夫と呼ぶ客がいたのは、この呼び名が尊称だからで、現代でも先生ではない人を「先生」と呼ぶようなものです。

たらちね【垂乳根】
母という言葉につく枕詞。普通は「たらちねの母」というように、母につけて用いますが、『たらちね』では、「たらちねの体内を出でしときより(母の身体から生まれたときから)」という具合に、「たらちね＝母」の意味で用いています。

だんじこむ【談じ込む】
相手のところへ押しかけていって、不満や不平を述べたり、要求や抗議を強く主張すること。

たんすのかん【箪笥の環】→かん【環】

たんちょう【丹頂】
何種類かある鶴の中の一種。日本で

鶴といえば、この丹頂のことです。鶴は縁起のよい生き物とされています。『たらちね』では、その鶴を夢に見た後に妊娠に気づいたことになっていますから、鶴の出てくる夢はまさに吉夢でした。

だんつく【旦つく】
旦那のこと。ただし、その旦那を軽んじて呼ぶ言い方ですから、当人に向かって「旦つく」と言うと、失礼にあたります。

たんと
たくさん。

だんなさま【旦那様】→ごしんぞ【御新造】

だんなでら【檀那寺】
自分自身が世話になっている（檀家として帰依している）寺。よく似たものに菩提寺があります。菩提寺は先祖代々の墓を祀っている寺で、檀那寺はまだ生きている自分自身が世話になっている寺です。具体的には、旅に出るときに、その証明書を出してくれるのが檀那寺です。『金明竹』では、その檀那寺が兵庫にあると言っていますが、これは「旦那の檀那寺」というフレーズを言いたいがためで、実際に**江戸**に住んでいる者の檀那寺が兵庫では、遠方過ぎます。ここでは、菩提寺のことを檀那寺と呼んだのでしょう。**→ぼだいしょ【菩提所】**

だんびらもの【段平物】
幅の太い刀。元は大平広といい、それが訛って「だんびらもの」と呼ばれるようになりました。

【ち】

ちいさがたな【小さ刀】
短刀。小刀。**脇差し**。

ちぐさのももひき【千草の股引】
千草色（灰色がかった水色）の股引。『巌流島』に登場する**屑屋**がはいていますが、この股引は最初から千草色ではなかったものと思われます。元は藍色に染まっていたものが、洗濯を繰り返すうちに色が落ちて、千草色になったのでしょう。ですから、「千草の」と言うと、それだけで少し貧乏くさいという感じが出ます。

ちしゃ
レタス。江戸時代から、日本人はレタスを食べていました。もちろんサラダではなく、『夏の医者』では胡麻和えにしています。

ちっきょ【蟄居】

武士に与えられる刑罰の一つ。家に閉じこもり、外出を禁じられるのが「閉門」という刑罰で、さらにもうワンランク厳しく、家の外だけではなく、自室から出るのも禁じられるのが蟄居です。

ちのぼせ【血のぼせ】

頭に血がのぼる病。**血の道**が原因とされたので、基本的に女性特有の病でした。

ちのみち【血の道】

女性ホルモンの異常によって起こる病。ですから婦人病で、男性は無縁の病気でした。

ちみちをあげる【血道を上げる】

のぼせあがる。夢中になる。

ちゃけんじょう【茶献上】

献上は博多織の帯の生地。色が紺色のものは紺献上、茶色ならば茶献上です。最高級品の生地でした。『居残り佐平次』で、**佐平次**が**廓**の主からだまし取るのが、この茶献上の帯でした。

ちゃにする【茶にする】

馬鹿にする。

ちゃばん【茶番】

滑稽な寸劇のこと。ここから、笑いが目的の趣向も、茶番と呼ぶようになりました。『花見の仇討ち』で企んだニセ仇討ちも茶番の一種です。『蛙茶番』でやっているのは、「天竺徳兵衛」という外題のれっきとした芝居（歌舞伎）ですが、江戸時代は一時期、庶民が芝居をすることが禁じられていたため、お上をはばかって、素人芝居を茶番と称しました。そして、それが茶番であることを示すために、最後に**落ち**をつけて終わらせました。『蛙茶番』も最後まで無事に公演されたら、最後に蛙役の**丁稚**が出てきて、落ちのひと言を言って、芝居を終わらせる予定だったのです。

ちゃぶくさ【茶袱紗】

茶道に用いる絹などの布。茶碗を拭いたり、茶碗の下に敷くのに用いますが、使うのはお茶の席だけとは限りません。『崇徳院』では、大切な物を包むのにも用いています。

ちゃぼうず【茶坊主】

将軍や大名の世話や接待などを行う人。剃髪しているので坊主と名乗っていますが僧侶ではなく、れっきとした侍でした。身分はそれほど高くはありませんが、**殿様**などと直に接する機会が多かったため、非公式ながらかなりの権力を持っていました。いわば男版の大奥のような存在です。

ちゃみせ【茶店】→おちゃや【お茶屋】

ちゃらっぽこ
嘘、でたらめ。「ちゃらっぽこを言うねい」は「いい加減なことを言うな」の意味。

ちゃんちゃんこ
袖のない**どてら**。

ちゅう【中】
途中という意味。人が喋っているのをさえぎり、「お話しの中ですが」などと使います。キザで気取った言い方ですが、言いようによっては、学がある言い方に聞こえないこともありませんでした。

ちゅうき【中気】→ちゅうぶう【中風】

ちゅうげん【中間・仲間】
武家に奉公する奉公人。侍の格でいえば、最下層が**徒士**で、その下に侍としての身分を持たない**足軽**がいますが、中間はさらにその下の身分でした。
　足軽はまだ武士の端くれと見なされましたが、中間は武士ですらなく、ただの奉公人でした。町人と同様で刀を差すこともできませんから、代わりに木刀を差しています。しかし、武家に奉公しているので、そのコネは使えます。武家屋敷は治外法権だというのをいいことに、そこを博打場にして金を稼ぐ、というのが、『文七元結』に出てくる細川様のお屋敷です。この博打場を仕切っていたのは、細川家の中間でした。

ちゅうさん【昼三】
揚げ代金が昼夜とも**三分**のことで、最高級の**花魁**を意味します。昼で三分、夜で三分ですから、昼夜だと一**両二分**となります。随分安いようですが、これはいわばチャージ代のようなもので、ここにさまざまな料金が加算されるので、昼三の花魁を呼ぶとなると、総額では最低でも十両はかかりました。『紺屋高尾』で最高級の花魁を揚げるために、二十両を持参したのはもっともなことだったのです。『山崎屋』で若旦那が**番頭**に**無心**する三十両も、一日か二日で使い果たしてしまいます。番頭が「これではキリがない」と考えたのも当然のことでした。

ちゅうとうかい【偸盗戒】
五戒(ごかい)の一つ。物を盗んではいけないという戒律。正式には「不偸盗戒」ですが、一般には偸盗戒といわれています。『蒟蒻問答』では、寺の物を無断で売り飛ばそうとしたのですから、偸盗戒も犯そうとしたのでした。

ちゅうどしま【中年増】→としま【年増】

ちゅうにん【仲人】
仲裁する人。

ちゅうぶう【中風】
脳溢血などが原因で起こる半身麻痺。中気(ちゅうき)とも。

ちゅうみせ【中見世】
廓(くるわ)の中クラスの店。**大見世**(おおみせ)、中見世(ちゅうみせ)、**小見世**(こみせ)は店の造りから、勤める**女郎**(じょろう)のレベル、料金まですべてが高、中、低とランク分けされていましたが、それ以外にも、大見世と中見世・小見世の間には決定的な違いがありました。それは、客引きと**廻し**(まわし)です。大見世には客引きはなく、**お茶屋**を通して**登楼**(とうろう)しますが、中見世（あるいは小見世）では『強飯の女郎買い』『付き馬』のように、**妓夫太郎**(ぎゅうたろう)に声をかけられた客がそのまま登楼するシステムになっていました。大見世の手続きの煩雑さに比べるとごく安直です。

　また中見世（あるいは小見世）には、『五人廻し』のように廻しがありましたが、大見世には廻しはありません。しかし、だからといって大見世がベストだったわけでもなく、「中見世は大見世ほど格式張っていないし、小見世ほど貧弱ではない」と『突き落とし』で言うように、中見世は庶民の間では、もっとも親しみやすい遊び場であったようです。

ちょうあい【帳合い】
帳簿を合わせる。経理の確認作業をする。

ちょうし【銚子】
徳利(とっくり)の異名。本来は、徳利と銚子はまったく別物で、銚子は元々は急須のような形をした、酒を注ぐ器でした。ところが、後発で出てきた徳利が広く用いられるようになってしまったため、居酒屋などで本来の銚子を使われることはなくなりました。それなのに銚子の名称だけは残り、徳利のことを銚子とも呼ぶようになったのです。『替り目』でお銚子と呼んでいるものも、実際は徳利のことです。

ちょうず【手水】
元々は「手を清めるための水」という意味。そこから、朝の洗顔なども手水と呼ぶようになりました。またトイレのことも、用を足したあとに手を洗うことから、やはり手水といいます。手水という言葉に、すでに水という意味が含まれているのですが、『怪談牡丹灯籠』では、武家屋敷に勤める**女中**が「お手水の水」と言っています。

ちょうちょうなんなん【喋々喃々】
原義は「小声でぺちゃくちゃ喋る」という意味ですが、そこから転じて、男女が仲睦まじく、小声でお喋りをしている様。

ちょうちん【提灯】 →**はこぢょうちん【箱提灯】、ゆみはりぢょうちん【弓張り提灯】、たかはりぢょうちん【高張提灯】、ぶらぢょうぢん【ぶら提灯】**

ちょうづら【帳面】 →**ちょうめんづら【帳面面】**

ちょうば【丁場】
工事現場。

ちょうば【帳場】
商店などで、経理の仕事をする場所。「帳場を預かる」とは、その店の経理一切の責任者である、という意味です。『百年目』で旦那が帳面を調べるのは、不正を働いた恐れのある**番頭**が帳場を預かっているからです。

ちょうばごうし【帳場格子】
帳場を囲う低い**衝立**(ついたて)。帳面をつける机と、その机の前に坐る人を囲うようにして立てます。『百年目』で、下の者を叱りつけている**大番頭**が坐っているのが、この帳場格子の中です。店の中からでも表の様子がよく見える位置にあったので、店の前を**幇間**(ほうかん)がうろついているのもすぐに分かりました。

帳場格子

ちょうはん【丁半】

賽子博打(さいころばくち)の一種。賽子を二個使い、出た目を足した数が偶数になるか、奇数になるかを賭けます。丁が偶数で、半が奇数。丁度割り切れるから、偶数が丁で、割り切れなくて半端が出るから、奇数が半です。『へっつい幽霊』では、出た目が五と二ですから、足して七は奇数なので半。そのため五二(ぐに)の半となります。

ちょうまん【腸満】
病気でお腹が膨れること。

ちょうめいがん【長命丸】
催淫強精(さいいんきょうせい)の薬。このての薬の中では江戸時代でもっともポピュラーなものでした。『子ほめ』の「お爺さんに似て長命丸」は、「お爺さんに似てバイアグラ」ぐらいのニュアンスです。

ちょうめんづら【帳面面】
帳面に記されている表向きの数字などのこと。帳面(ちょうづら)とも。そこから「帳面面は合っている」とは「表向きの収支計算は合っている」から「お前の言ってることは一応は辻褄が合っているけど、でもなあ」の意味になります。

ちょうめんをしめる【帳面を閉める】
動作としては文字通り、記入していた帳面を閉める（閉じる）ことです。帳面を閉めると、もう帳面に新たに記入することができません。そこで、商人が帳簿をつけて、その日のお金の計算を終えたことを「帳面を閉める」といいます。

ちょうもく【鳥目】
江戸時代の通貨の中で銭貨は真ん中に穴が開いており、その穴が鳥の目に似ていたことから、銭貨を鳥目と呼びました。しかし後年になると、銭貨だけではなく、金貨や銀貨など金銭一般も鳥目と呼ぶようになっています。

ちょうやく【町役】→ちょうやくにん【町役人】

ちょうやくにん【町役人】
町役(ちょうやく)、つまりそれぞれの町単位の事務や政務を行う人のこと。「町役」をする「人」であって、「町」の「役人」ではないので、役人ではありません。よく似た言葉の町方(まちかた)役人は、町方**与力**(よりき)や**同心**(どうしん)のことで、こちらは町奉行所（**奉行所**）の役人です。読み方も違っていて、町役人は「ちょうやくにん」あるいは「ちょうやく」ですが、町方役人は「まちかたやくにん」あるいは「まちかた」です。

ですから、江戸時代の人は耳で聞く限り、この二つの言葉を混同することはありませんでした。落語を聞くときも同様です。町役人は、名主や**家主**(いえぬし)などがこの役を務めました。『大工調べ』や『三方一両損』で、主人公の町人と一緒に奉行所のお裁きの場へ出廷するのが、この町役人です。

ちょきぶね【猪牙舟】
屋根のない小型の舟。**吉原**(よしわら)へ行くときの便として、よく用いられました。小型舟だったため、揺れがひどく、乗り心地はあまりよくありません。「猪牙に乗って小便ができるようになったら、一人前」と言われたのも、猪牙舟がよく揺れたためです。『船徳』で猪牙舟に乗っている客が、煙草に火をつけるのに苦労しているのもあり得ることでした。

ちょこ【猪口】
小さな盃。主に陶製でした。『百年目』や『夕涼み』で、船の中で**芸者**が**徳利**(とっくり)から客の猪口に酒を注ぐ場面が出てきますが、揺れる船の中で、徳利を猪口にぶつけたりせず、それでいて酒をこぼさずに注ぐのは、練達(れんたつ)の芸者でなければできないことでした。

猪牙舟

ちょぼ
歌舞伎で用いられる、**義太夫**(ぎだゆう)節のこと。

ちょぼいち【樗蒲一】
賽子博打(さいころばくち)の一種。賽子を一つだけ使い、一から六の目までの好きな数字にお金を賭けます。『狸賽』は賽子を一つしか持っていないので、必然的に、やる博打は樗蒲一となりました。数字が当たると、賭けた金の四倍がキャッシュバックされますが、外れると張ったお金は、すべて**胴元**(どうもと)に取られてしまいます。
『看板のピン』で樗蒲一に負けた男は、仲間が張った金の四倍の金を払わなければならなくなったのです。この男が「胴をとらせてくれ」と言ったときに、「大丈夫か？」と確認されたのも当然のことでした。胴をとるのは、元手がなければできないことだったのです。

ちょんちょんごうし【ちょんちょん格子】
吉原の横町にあった**小見世**。**素見**の客が、格子をちょんちょんと叩いて歩いたところから、こう呼ばれるようになりました。

ちりからたっぽう
「ちりから」は鼓の音を、「たっぽう」は大太鼓の音を真似たもので、**お囃子**が入ってお座敷が賑やかな様子を表した擬音。

ちろり
酒を燗するための銅製、あるいは真鍮製の容器。陶器の**徳利**と違って、金属製ですから熱伝導率が良く、すぐにお燗がつきます。火にかけると、「ちろりと急に温まる」ところから、ちろりと呼ばれました。落語の中に、燗徳利がよく登場しますが、実際に一般庶民が徳利でお燗をつけるようになるのは、明治以後のことです。

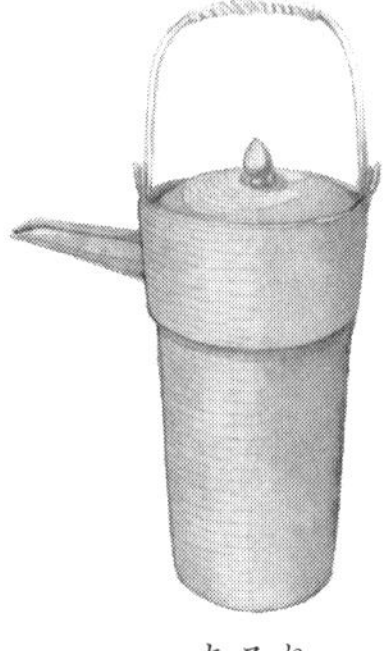
ちろり

ちん【狆】
小型犬の一種。日本では奈良時代から飼われていたようですが、江戸時代には女性用愛玩犬として、爆発的に流行しました。**女郎**や**妾**など、**色**気を売る業界の女性に人気だったようです。

ちんけいとう【珍毛唐】
珍は珍妙、毛唐は外国人を悪く罵った言葉。要するに、「この糞馬鹿野郎」ぐらいの意味です。

ちんつきや【賃つき屋】
家まで出張して、餅を搗く商売。もちろん臼、杵などは持参します。

【つ】

ついたて【衝立】
部屋を仕切る間仕切り専用家具、パーティション。現代も用いますが、落語の中では、やたらとこの衝立が出てくるのは、昔は使用頻度が高かったからです。**九尺二間**の貧乏**長屋**の部屋には押入れがありませんし、収納家具である箪笥はぜいたく品ですから持っていません。そこで、人目にさらしたくない汚れ物や**布団**

などは、部屋の隅に置き、その周りを衝立で囲みました。料理屋などは小部屋を何部屋も造るよりも、最初に大きな部屋をこしらえておけば、あとはお客の人数に合わせて、衝立で部屋を区切れます。**廻し部屋**なども、このシステムが多用されました。

つうげん【通言】
通の人が使う言葉。『酢豆腐』の若旦那、『五人廻し』の粋人が振り回しているのが、この通言です。

つうじん【通人】
あるジャンルのことに通じている（詳しい）人のことですが、江戸時代ではそのジャンルが、ほとんど**花柳界**のことに限られていました。**吉原**での遊びに詳しい人は、通人です。表向きはよい意味のはずですが、侮蔑的な意味でも使われました。現代の「インテリ」に近いニュアンスです。

つかまえ【柄前】
刀の柄。日本刀を手で握る部分。

つきうま【付き馬】
廓などで料金を払えなくなった客についていき、金を取り立てる人。**吉原**などでは、主に**若い衆**の仕事でした。略して、馬ともいいます。馬ですから「連れてきた」とは言わずに、「引っ張ってきた」と言います。

つきごめや【搗き米屋】
玄米を白米に精米する店。現在の米屋ですが、江戸時代は米屋と搗き米屋が分業している場合もありました。米屋が搗き米屋を兼業している場合もありました。『搗屋幸兵衛』の「搗屋」は搗き米屋のことです。

つきそで【突き袖】
両手をそれぞれ袂に入れて、指で袖口をちょいとつまむ格好。男性がやると、上品に見えました。

突き袖

つきどめ【突き止め】
富籤興行のフィナーレを飾る、賞金の一番多い富。「富籤」は箱に入った番号札を長い錐で刺し、突き刺さった札が「当たり籤」となります。突いた札の最後（止め）なので、突き止めといいました。『御慶』『水屋の富』『宿屋の富』などで、**千両**当たるのが、この突き止めの富です。

つぎのまつき【次の間付き】
吉原の**見世**の中でも**大見世**の**女郎**

の、その中でも最高ランクの者は、自分の部屋を持っていました。これを「本部屋」といいます。女郎の個人的な部屋ですから、客の中でもよほどの**馴染み**でなければ入ることができません。**花魁**は琴といった楽器から碁将棋まで指せたといいますが、その琴や碁盤将棋盤を置いてあるのが、この本部屋です。花魁と将棋を指せるのは、本部屋に入れてもらえるほど深い馴染みの客だけの特権だったのです。

この本部屋にもランクがあり、一室だけのものと二室あるものがありました。もちろん二室ある方がランクが上で、入り口にあたる襖を開けると、まず一室目の「茶の間」があり、さらに襖を開けると、そこが寝室になっています。この寝室を「次の間」と呼び、次の間がついているような最高ランクの本部屋を次の間付きといいました。

『明烏』で、「次の間付きとは、大見世の遊びはこういきたいもんだ」と言っていますが、まことにその通りで、大見世の次の間付きの部屋に泊まれるというのは、吉原の遊びの中でも最高のものでした。これを味わったのが、落語では『明烏』の時二郎と『紺屋高尾』の清蔵です。

つきばん【月番】

月ごとに順番で回ってくる役割。**江戸**の**奉行所**は、南奉行所と北奉行所が月番の制度をとっていたので、一カ月交替で業務を行っていました。**長屋**では、月番がその月一カ月のリーダーとなって、長屋の自治にあたります。『らくだ』『人形買い』では、祝儀不祝儀の集金を担当していますし、『佃祭』でも**弔い**を出すとなると、仕切り役として選ばれるのが月番でした。

つきや【搗米屋】→つきごめや【搗き米屋】

つくりざかや【造り酒屋】

自家の蔵で酒を造り、卸売りをする商売。

つけたり【付けたり】

ついでのもの。その場の口実に使う、本題とは異なるもの。

つじ【辻】

十字路のことですが、人通りのある路上のことも辻と呼びます。**江戸**で**夜鷹**と呼ばれた女性は、**上方**では辻君と呼ばれました。路上（辻）で客を引く姫君だからです。

つじうら【辻占】

占いの結果、あるいは吉凶の前兆。よいことが起きて「辻占がよかったんだ」と喜ぶのが前者、悪いことが起きそうでビクビクしながら、「何か辻占がよくねえ気がする」というのが後者です。『辰巳の辻占』では、占いの書かれた紙が中に入っている「辻占菓子」を辻占といい、その紙に書かれている占いの結果も辻占と呼んでいます。

つじうらない【辻占い】
路上に占いの道具一式を出して、占いの商売を行う人。また、その仕事のこと。『井戸の茶碗』の浪人・千代田卜斎が、「夜は**売卜**をしている」と言う売卜とは、辻占いを漢語でいかめしく言ったものです。この辻占いもピンキリで、いかがわしいものもありましたが、ピンの方は「易経」という中国の古典を裏づけにした、非常に高度で学問的なものでした。それもあって、占い師は見識があると自負しており、辻占いという商売をしていても、客に対してへりくだることがあまりありません。『ちきり伊勢屋』の辻占いも客と対等の口を利きますし、『怪談牡丹灯籠』の占い師・白翁堂勇斎は、人から「先生」と呼ばれています。
　浪人とはいえ、武士である千代田卜斎は、貧しくとも謹厳実直な人物ですから、売卜（辻占い）は卜斎にはふさわしい仕事でした。

つじかご【辻駕籠】
辻で客待ちをしている**駕籠**。現在でいうところの「流しのタクシー」です。『蔵前駕籠』など駕籠が出てくる噺の枕で、辻駕籠に乗って**吉原**へ行くという描写が出てきますが、実際に駕籠に乗って行けるのは吉原でも**大門**までで、大門から内側は、駕籠が入ることは禁じられていました。**女郎**が逃亡するのを防ぐためです。

つじぎり【辻斬り】
武士などが**辻**、すなわち路上でいきなり人を斬ること。

つじばん【辻番】
町方の番人を**自身番**といい、それに対して、武家屋敷の町の番人のこと。

つじばんしょ【辻番所】→**ばんしょ【番所】**

つづら【葛籠】
衣服を入れる籠。**九尺二間**の**長屋**には基本的に押入れがありませんし、箪笥は高価ですから、衣服の収納には葛籠が重宝しました。

つなぎ
長屋など一つの集団が、共同で出す金や物品。『人形買い』の人形がそのつなぎです。

つのだる【角樽】
角のような二本の柄をつけた酒樽。お祝いなどに用いました。『文七元結』では紛失した**財布**が見つかった**身祝い**として贈られますが、中は空で、酒は入っていません。この角樽は容器だけで、中身の酒は**切手**で持参しています。

角樽

つばもと【鍔元】
日本刀の刀身の一番根元、鍔に接するところ。

つぼざら【壺皿】
賽子を使う博打を行う際、その賽子を伏せて見えなくする道具。**賽子博打**は、その壺皿の中の賽子の目を当てることで競い合います。専用の壺皿がなくても、茶碗などでも代用できました。

つま【褄】

着物の帯から下の縁の部分。**芸者**や**花魁**は裾の長い着物を着ているので、室内では裾を引いて歩きますが、屋外では褄をつまんで持ち上げて歩きます。これを「褄をとる」といいます。

　この褄には、右褄と左褄があります。着物の前の部分に来るのが左褄、奥の方にあるのが右褄です。芸者は褄をとる際、左褄をとりました。そこで「あの人は左褄をとる人だ」と言うだけで、芸者を意味しました。左褄をとると、着物の裾の部分がめくれにくくなります。要するにそこに男性の手が入りにくくなる。「私は芸は売っても、身体は売らない」ということから、芸者は左褄をとりました。

女郎はその反対の理由から、右の褄をとりますし、お客の左に坐ります。その位置からだと、お客にすれば女郎の裾をめくりやすいからです。一方、左褄をとる芸者は、必ず客の右側に坐ります。ちなみに結婚式の際、和装の新婦は右褄をとりました。女郎は「一夜妻」とも呼ばれました。

『たちきれ』で、数人の芸者たちが帰ってくる場面は、ですから全員左褄をとっています。反対に『盃の殿様』などで花魁登場の場面では、必ず右褄です。

つまをとる【褄をとる】→つま【褄】

つめいん【爪印】
拇印。

つらあて【面当て】
あてつけ、あてこすり。

つりがえ【釣り替え】
交換、引き替え、取り替え。『ねずみ』で言う「首と釣り替えの**印形**」は、「命に匹敵するほど、大切な店の判子」という意味。

【て】

て【手】
筆跡。「いい手」は達筆のこと。悪筆は「悪い手」ではなく、「まずい手」。江戸時代は、筆跡＝教養とみなされましたから、『天災』で**心学**の先生が**長屋**の**大家**の手紙を見て「相変わらずいい手だ」と言うのは、かなりの褒め言葉でした。

てあぶり【手あぶり】
小型の火鉢。手を温める（あぶる）くらいの用しか足しませんが、昔は、これも立派な暖房器具の一つでした。

てかぎ【手鉤】
棒の先に、物を引っかける鉄製のカギがついたもの。魚河岸では大きな魚を動かすのに用いますが、落語では主に消火用の道具として、**火消し**や**鳶**が用います。江戸時代の消火は、火事を消すのではなく、延焼を食い止めることに重きが置かれていました。火事が発生すると、火元に水をかけるより先に、その周囲の家を壊して、火事がそれ以上広がらないようにします。大急ぎで家を解体するのに、手鉤はとても役に立ったのです。**鳶口**とも。

でがたり【出語り】
浄瑠璃などで、**太夫**が客の前で語ること。この反対を「**御簾内**で語る」といいます。

てきやく【敵薬】
組み合わせによって毒になった薬。落語では、食い合わせの悪い食べ物のことも敵薬といいます。よく知られているものが、『鰻の幇間』に出てくる梅干しと鰻ですが、科学的根拠があるわけではありません。一説では、どちらも御飯がすすむので、大飯を食わせないための予防策だったともいわれています。

てぐす
釣り糸。

てくせがわるい【手癖が悪い】
盗癖がある、あるいは女癖が悪いこと。

てこまい【手古舞】
芸者などの女性が男装して、金棒を引き、**木遣り**(きやり)などを歌って歩く踊り。

でしょうばい【出商売】
棒手振り(ぼてふり)など、往来に出て物を売り歩く商売のこと。この反対が**居職**(いじょく)です。

てしょく【手燭】
手に持って動かすことのできる、移動式照明。蝋燭を台に乗せたものがポピュラーでした。

てせん【手銭】
自前、自腹の金。

てだい【手代】
商家などで**丁稚**(でっち)を十年ほど勤め上げた従業員が、手代へと出世します。落語界でたとえると、**前座**(ぜんざ)から**二ツ目**(ふたつめ)へ昇進したようなものでしょうか。噺家が二ツ目になると、羽織の着用が許されるように、従業員も丁稚から手代になると、やはり羽織の着用が許されます。この手代の上のクラスが**番頭**ですが、これは誰もがなれるというわけではありませんでした。

でぢ・いぼぢ・はしりぢ【出痔・疣痔・走り痔】
出痔は、腸が肛門の外に押し出される脱肛(だっこう)、疣痔は、肛門の外側にいぼ状の腫れ物ができる病気、走り痔は、肛門の内部にいぼ状の腫れ物ができる内痔核(ないじかく)のこと。

てっこう【手甲】
肘から手首までを覆う衣類。元は武具として作られましたが、のちに旅をする際の、装束の一つとなりました。

【脚絆甲掛け草鞋履き】→きゃはんこうがけわらじばき

てっせん【鉄扇】
骨の部分が鉄でできた扇。武家社会では、身分の高い人の前に出るときには帯刀(たいとう)は許されません。そこで、万が一に備えて、武器の代わりに持つのが鉄扇です。

でっち【丁稚】
商家の中で一番下のクラスの従業員。ここから**手代**(てだい)、**番頭**へと出世していきます。落語界の**前座**(ぜんざ)のようなポジション。丁稚という名称があまりにも有名なため、よく使われる言葉ではありますが、実際には**江戸**では小僧と呼ばれることの方が多かったようです。**上方**でも事情は同じで、こちらは子ども、あるいは子供衆と呼ばれました。『花見小僧』では、徳三郎と定吉は「徳どん」「定どん」と、同等のように呼び合っていますが、徳三郎は手代で、定吉は丁稚です。

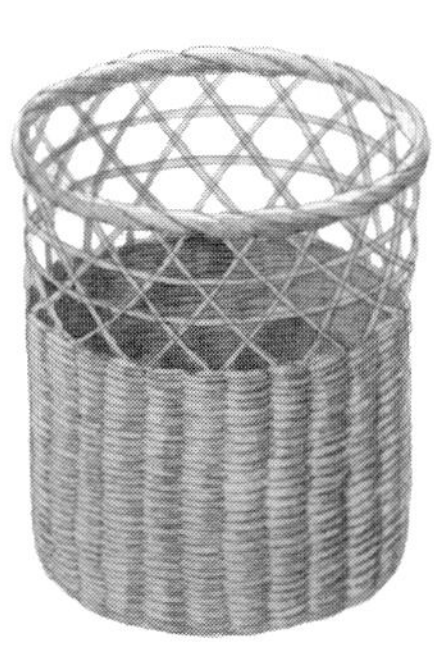
鉄砲笊

てっぽうざる【鉄砲笊】
円筒状の形をした笊。『らくだ』の**紙屑屋**が持っているのは、背中に背負うほどの大きさのもので、中に集めた屑を入れました。鉄砲笊でも小さなものは蕎麦などを湯がくときの湯切りに使います。鉄砲笊、略して「てぼ」です。

てっぽうだま【鉄砲玉】
一度出かけたら帰ってこない人。鉄砲の弾丸は一旦発射すると、もう二度と元へ戻ってこないことから。

てなぐさみ【手慰み】
暇つぶしに行う、ちょっとしたこと。ですから、日曜大工なども手慰みの一種ではあるのですが、落語の中では、ほとんど博打のことです。

てならい【手習い】
「習字」のことですが、子どもの学問の中心は習字でしたから、児童の学ぶもの一般が手習いと呼ばれました。そこで、学校は手習所、あるいは手習い指南所で、先生は「手習いの師匠」です。寺子屋も学校のことですが、寺子屋という言葉は「屋」がついていて商売のようで下品だ、と**江戸っ子**が嫌ったため、**江戸**では寺子屋という言葉は使われませんでした。『井戸の茶碗』の浪人や『茶の湯』の先生も、自分の仕事を手習いの師範とは言いますが、寺子屋の先生とは言っていません。

てならいどころ【手習所】→**てならい【手習い】**

でばな【出花】
淹れたてのお茶のこと。→**にばな【煮花】**

てぶんこ【手文庫】→**ぶんこ【文庫】**

てま【手間】
手間賃の略称。人から雇われている**丁稚**（でっち）や**女中**などは**給金**をもらいますが、大工など独立した一人前の職人は一仕事でいくら、あるいは一日でいくら、という具合に手間賃をもらいました。

てまちん【手間賃】→てま【手間】

てみず【手水】
この字を「ちょうず」と読むと、洗顔用の水、あるいはトイレのことですが、「てみず」と読むと、手につける水のことで、餅を搗（つ）く際に**臼取**（うすど）**り**の人が用います。

てらこや【寺子屋】→てならい【手習い】

てらせん【寺銭】
博打（ばくち）を打つ場所を提供することの見返りとして、博打の利益からもらう、歩合のお金。落語で博打がらみで「親分」と呼ばれている人の、収入源の一つがこの寺銭でした。『品川心中』でも親分の家で博打が行われています。

てるてひめ【照手姫】
歌舞伎「小栗判官（おぐりはんがん）」のヒロイン。美女の代名詞の一つ。落語では美女を表現するとき、ほとんど「**衣通姫**（そとおりひめ）か照手姫（のようだ）」と、衣通姫とのセットで登場します。

てれめんていか【テレメンテイカ】
ポルトガル語で「テレピン油」の意味。**膏薬**（こうやく）の材料になりました。

てれんてくだ【手練手管】
人をたくみに騙す方法。

てんがい【天蓋】
虚無僧（こむそう）がかぶる**深編み笠**の別名。形が蛸（たこ）の頭に似ているところから、僧侶の隠語で蛸を天蓋と呼ぶようになりました。『蒟蒻問答』で言うところの、酢天蓋の天蓋です。

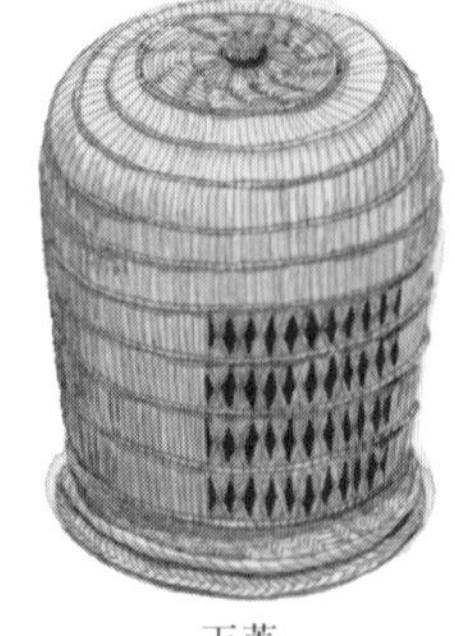
天蓋

てんかくちがんいっこくろくとうじしょうはちごう【天角地眼一黒鹿頭耳小歯違】
牛を褒めるときの文句だと『牛ほめ』で説明していますが、「天角地眼（てんかくちがん）」からあとの「一黒鹿頭耳小歯違（いちこくろくとうじしょうはちごう）」は米の量「一石六斗二升八合（いちごくろくとにしょうはちごう）」の洒落です。そのため、すべて音読みで進めてきた漢字を、「歯違」だけは「しい」ではなく、無理に訓読みで「はちごう」と読んでいます。

てんがんきょう【天眼鏡】 大型の虫眼鏡。**観相**（かんそう）をするときに用います。

天狗

てんぐ【天狗】 想像上の怪物。長い鼻と、空を飛ぶことが特徴です。この長い鼻（鼻が高い）にちなんで、自慢する人を天狗と呼び、そこからさらに、素人の落語家が自嘲して自分たちを天狗、**天狗連**と呼ぶようになりました。

てんじく【天竺】 インドのこと。江戸中期まで、日本人の庶民にとって外国といえば、まず天竺と唐（もろこし）でした。平安時代の「今昔物語集」は、当時の古今東西の不思議な話を集めた説話集ですが、その本は「インド編」「中国編」「日本編」に分かれています。この三カ国だけが、日本人にとっての全世界だったのです。その感覚は江戸時代になってもそう変わりませんでした。

てんじんさま【天神様】→すがわらのみちざね【菅原道真】

てんすいおけ【天水桶】 雨水を溜めるためのタンク。火災発生時の消火用に用いました。屋根の上に設置しているものもありましたが、たいていは家の前に積んで並べられていました。『怪談牡丹灯籠／刀屋』で酔っ払いが「天水桶から、三**尺**も往来へ出しゃばりおって」と罵（ののし）っているのは、家の前から一メートルも道路の方にはみ出ている、とケチをつけているのです。入る水の容量は大したことがないので、実際に火事が起きたときにも、ほとんど役に立ちませんでした。家の前に置いてある天水桶は、夜遊びに出かけた奉公人が、こっそり店に戻るときの梯子（はしご）代わりに利用されていたようです。

てんたく【転宅】 引っ越し。『転宅』で、主人公が「転宅って何？」と聞いているように、庶民にとってはポピュラーな言葉ではありませんでした。

てんてい【天庭】 顔を見て占う際に見る、額の中央、あるいは眉間あたり。『木乃伊とり』で**権助**（ごんすけ）が言う「天庭に曇りがある」とは、「やましいことがある」、すなわち「いやしい人間」という意味です。

てんとり【点取り】メモ。

てんびん【天秤】→てんびんぼう【天秤棒】

てんびんぼう【天秤棒】物を運ぶために、肩に担いで用いる棒。棒の前と後ろに物を下げると、天秤のようになって、バランスがとれ、しかも担いでいる人が楽ができます。略して天秤ともいいました。

てんぽうせん【天保銭】江戸時代の貨幣の一つ。百**文**（もん）に通用したので、当百（とうひゃく）とも。『井戸の茶碗』で仏像の値段が三百文だったので、当百三枚を渡しています。この天保銭が明治になると、八厘（りん）に通用しました。一銭の八割ですから、かなりの値打ちの下落です。『つるつる』で、金時計の代わりに天保銭を鎖にぶら下げている**幇間**（ほうかん）が「今**何時**（なんどき）？」「今八厘（八時）」と洒落ています。

てんもくざん【天目山】山梨県にある山の名。**武田勝頼**（たけだかつより）一族が滅ぼされた、「天目山の戦い」の戦場として知られています。

てんり【天理】自然界のルール。何にでも通用するルール。

【と】

といだけ【樋竹】竹の節を抜いて、樋にしたもの。

どうら【胴裏】着物の胴の部分の裏地。

とうえんめい【陶淵明】古代中国の詩人。酒が好きなことでも知られていました。

どうぎ【胴着】上着の下に着る防寒用の衣服。

とうきょうし【東京市】江戸の町は明治時代に東京府と名を改め、さらに明治半ばに東京市となりました。東京市が東京都になったのは、一九四三年のことです。ですから、噺の中で「東京市」あるいは「東京府」という言葉が出てくれば、それがいつの頃だったのかある程度特定できます。

どうきん【同衾】
男女が一つの**布団**で一緒に寝ること。

とうざいや【東西屋】
ちんどん屋。『不動坊』で太鼓を用意したのが東西屋です。仕事道具として太鼓を持っていたのです。披露目屋とも。**口上**を述べるとき、「とざい、と〜ざい（東西、東西）」と呼びかけたことから、東西屋と呼ばれました。東西は「右にいらっしゃる方から、左にいらっしゃる方まで」。つまり、皆様という意味で、英語でいうところの「レディース・アンド・ジェントルメン」です。

とうざん【唐桟】
綿織物の一種。唐という言葉がついているところから分かる通り、元々は外国から伝わってきた物です。伝来してきた江戸時代中期には、かなりモダンな織物でした。

とうしせん【唐詩選】
中国唐代の詩を集めた詩集。日本では、江戸時代を通じてのベストセラーでした。ですから、その古本は大量に出回っていました。『道具屋』に出てくる古道具屋で売られていても不思議ではありません。

どうしん【同心】
与力の配下の役人。役目は警備、犯罪捜査などで、現在でいうところの警察官です。**岡っ引き**が公には認められていない存在であったのに対して、同心は立派な公務員でした。

どうそじん【道祖神】→どうろくじん【道陸神】

どうちゅうざし【道中差し】
町人が旅に出る際、護身用に持った短刀。『鰍沢』では、懐に入れていた道中差しのおかげで、主人公は危機を逃れます。**→いっぽんざし【一本差し】**

とうちりめん【唐縮緬】
織物の一種。ヨーロッパから入ってきたもので、江戸時代の初期には新素材としてもてはやされ、以後も高級品扱いを受けました。ヨーロッパ製の物でも、海外からの**舶来**品は、当時はすべてメイド・イン・チャイナということにされて、唐の文字をつけて呼ばれました。中国製品は、憧れの高級外国製品だったのです。

とうどり【頭取】

歌舞伎の一座のトップ。**座頭**(ざがしら)が舞台上を支配・管轄するのに対して、頭取は楽屋を管轄します。座頭が頭取を兼ねる場合もあります。

どうなか【胴中】
胴体の真ん中。

とうなす【唐茄子】
かぼちゃ。

とうなすのあべかわ【唐茄子の安倍川】
甘辛く煮た**唐茄子**に、きな粉をまぶしたもの。『唐茄子屋政談』で、「お酒のみには、御**宗旨違い**(ごしゅうし)でしょうけど」と言っているのは、安倍川がお菓子だからです。

どうのま【胴の間】
船の中央部分。

とうひゃく【当百】→てんぽうせん【天保銭】

とうふう【道風】→おののとうふう【小野道風】

とうへんぼく【唐変木】
気が利かない人。

どうまき【胴巻】
胴に巻きつける袋状の物入れ。紛失や盗難に遭うと困るような貴重品を入れました。

とうまんじゅう【唐饅頭】
小麦粉に砂糖や水飴などを混ぜたものを皮にして、あんこなどを包んだものを焼いて作り上げた饅頭。カステラに食感が似ており、一説では、長崎に来た外国人からこの製法を学んだともいわれています。であれば、オランダの菓子がルーツなのかもしれませんが、当時の日本人は、外国製品をすべてメイド・イン・チャイナとみなし、唐(とう)の文字をつけました。

とうみょう【灯明】
神仏に供える明かりで、仏壇などに供えてある蝋燭などのこと。昔は油をともすのがポピュラーでした。

どうもと【胴元】
博打(ばくち)の元締め。**寺銭**(てらせん)を得る人のことで、賽子(さいころ)を使う博打では、賽子を振る役を務めることもあります。胴元を務めることを、「胴をとる」「**親になる**」ともいいます。**→ちょぼいち【樗蒲一】**

とうゆ【桐油】
アブラギリから採った油。この油を紙に塗ると**油紙**になります。油紙の別称が桐油紙で、この紙のことを略して、やはり桐油ともいいました。

とうらいもの【到来物】
よそからの頂き物。

どうらん【胴乱】
腰に下げる小物入れ。江戸時代のポシェット、ポーチです。多くは革製で、布製のものもありました。

胴乱

とうりょう・とうりゅう【棟梁】
大工の**親方**。職人にはさまざまな職種があり、それぞれの職種のトップに立つ人を親方といいますが、その中でも大工の親方のことだけを棟梁と呼びました。大工は職人の司(つかさ)ですから、職人の中では身分が一番上です。その大工の親方が棟梁ですから、職人としてはナンバーワンの位置ということです。「とうりゅう」と発音するのは、**江戸**だけの訛りではなく、古くは尾張(おわり)の方でも、棟梁は「とうりゅう」と呼ばれていました。

とうろう【登楼】
廓(くるわ)の**見世**(みせ)に上がること。→**あがる【上がる】**

どうろくじん【道陸神】
道ばたに祀ってある神様の像。つまり、道の神でした。『小言幸兵衛』で、母親を道陸神と呼んでいるのは、妻が山の神ならば、母は道の神だからです。**道祖神**(どうそじん)とも。

どうをとる【胴をとる】→どうもと【胴元】

とおしかご【通し駕籠】
目的地まで同じ**駕籠**で行くこと。寄り道はなしの上に、間で乗り換えや乗り継ぎをしませんから、遠距離だと、これが一番早く目的地に着く駕籠の乗り方でした。『大山詣り』では、「通し駕籠を頼む」を略して「通しで頼む」と言っています。

とおめがね【遠眼鏡】
筒型の望遠鏡。手で持ってレンズを覗くと、遠方を見ることができます。『蒟蒻問答』で、禅宗では卵の隠語だと言っていますが、これは遠眼鏡を覗いている格好が、卵の品質をチェックしている姿に似ているからです。昔は卵の鮮度をチェックするのに、卵を手で持って太陽など明るいものに透かして、中の具合を見ました。

とおめやまごしかさのうち【遠目山越し笠のうち】

「遠目」は遠くから見ること。「山越」は、山越しに物を見ること。「笠のうち」は**かぶり笠**をかぶった状態で、笠の中から外を見ること。どれも「ものをはっきりと見ることができない」のたとえで、こういう状態では悪いものでもよく見える、という意味です。『蝦蟇の油』の**口上**(こうじょう)では、これに続けて「**物の文色**(ものあいろ)と**理方**(りかた)が分からぬ」と続きますが、これは「見えにくい状態では、ものの真理や真の姿ははっきりと分からない」という意味。

どかんぼこん

川などに**身投げ**をするときの擬音。

とき【刻・時】

時間。「今、時間は?」は「今の時は?」で、「何時(なんじ)ですか?」は「何時(なんどき)でい?」となります。

とぎ【伽】

退屈を慰めること。退屈している人が男性で、伽をする人も男性だと、楽しいお話などをして聞かせます。これが「お伽噺」。伽をする人が女性の場合は、性的なサービスも行います。これを「夜伽(よとぎ)」ともいいますが、そればかりに限ったわけではありません。『野ざらし』では尾形清十郎(おがたせいじゅうろう)が夜伽と称して、女性に一晩中、肩や背中を揉んでもらっています。

ときわづ【常磐津】

三味線音楽の一種。

とくしん【得心】

納得、承知。納得したことを、「得心する」、あるいは「得心がいく」といいます。

とこのま【床の間】

座敷の床を一段高くしたところ。掛け軸や生け花などを飾ります。江戸時代には、一般庶民はぜいたくを禁じられていたので、家に玄関や門、床の間をこしらえることはできませんでした。『つる』や『牛ほめ』で床の間が出てくるのは、厳密に言えば、舞台は江戸時代ではなく、明治以降ということになります。

ところばらい【所払い】

江戸時代の刑罰の一つで、住んでいる住居から追放されます。一丁目に住んでいた人間が二丁目に移れば問題なかったので、ごく軽い刑罰でした。『ちきり伊勢屋』の**辻占い**師が、間違った占いをしたという罪状で、「江戸所払い」という刑罰を受けます。これは**江戸**から所払いをされるのですが、江戸の町は今よりもずっと狭かったため、江戸に住んでいた人が**品川**や**新宿**など、**四宿**まで移り住めばOKでした。あるいは、「本郷も**かねやす**までは江戸の内」ですから、兼康より先に引っ越すという手もありました。

どざえもん【土左衛門】
水死体のこと。江戸時代中期に活躍した成瀬川土左衛門という相撲取りが、水ぶくれのような肥満体だったところから、水死体を土左衛門と呼ぶようになりました。土左衛門自体は男名ですが、女性の水死体も土左衛門と呼びます。

どじごしらえ【どじ拵え】
間抜けな格好、無粋な**なり**。

としのいち【歳の市】
年末に行う売り出し市。正月用の品物を売り出しました。

としま【年増】
娘盛りを過ぎた女性のこと。人生五十年の時代ですから、二十歳を過ぎれば年増でした。さらに、二十五歳で「中年増」、三十歳を過ぎると「**大年増**」と呼ばれます。しかし、女性としての魅力が失われたというわけではなく、「色は年増にとどめをさす（**色事**の相手は年増が一番）」とも言われました。『明烏』で主人公の**相方**になる浦里は、全盛の**花魁**で、年が十八というと随分若いようですが、これくらいが娘盛りの年でした。**女郎**の**年季**あけの年齢は、二十八歳頃といわれていますから、年季があけて**紺屋**の妻になった『紺屋高尾』の**高尾**は、すでに中年増の年頃だったのです。

とせい【渡世】
職業のこと。盗人なら「泥棒渡世」、ホテル経営なら「**宿屋**渡世」、噺家なら「芸人渡世」と、現代では、ややくだけた言葉として用いられていますが、江戸時代には、公文書にも用いられるような格式のある言葉でした。『大工調べ』では、**お白州**で**奉行**が質草をとったという**大家**に、「その方、質渡世か？」と尋ねています。

どぞく【土足】
直箸で、他人と一緒に食物を食べること。「遠慮しないで、土足でやって下さい」というふうに使います。

とっくり【徳利】→ちょうし【銚子】

どてっぱら【土手っ腹】
腹のこと。ちょっと荒々しい言葉です。

どてはっちょう【土手八丁】→にほんづつみ【日本堤】

どてら
綿を入れた防寒用の和服。

どどいつ【都々逸】
五七五が俳句で、五七五七七が和歌（短歌）で、七七七五が都々逸です。『道灌』で熊五郎が間違えて覚えた「七重八重　花は咲けども山伏の　味噌一樽と　鍋と釜敷き」を、友人が「勝手道具の都々逸か」と言ってますが、これは五七五七七になっているので、都々逸ではなく和歌です。この都々逸を考案したのは、文政年間に活躍した初代・船橋亭扇橋の弟子で音曲師の初代・都々逸坊扇歌でした。扇歌の初**高座**が文政八年（一八二五年）ですから、この年が都々逸の本邦初お目見えとなります。

とのい【宿直】
夜の番、警備をする人、またその役割。

とのさま【殿様】→ごしんぞ【御新造】

とび【鳶】
現在の「鳶職」は、建築現場の足場を組む専門職ですが、落語に登場する鳶は、「町鳶」と呼ばれる**町火消し**の**人足**でした。つまりは消防隊員です。**江戸**は**火事早い**町でしたから、火消し人足が活躍する機会は多かったものの、毎日火事があるわけではありません。そこで普段は、町内の雑用を行いました。大工に依頼するほどではない簡単な大工仕事や、**長屋**のドブさらい、旦那の家で婚礼があれば婚礼の荷物を担ぐなど、あらゆる雑務をこなします。仕事師とも。
→とびのかしら【鳶の頭】

とびぐち【鳶口】→てかぎ【手鉤】

とびのかしら【鳶の頭】
鳶を総括する人。頭取、また略して**頭**とも。鳶は町内に必ず一つ組織されている**町火消し**ですから、そのトップの鳶の頭も町内に必ず一人いました。町火消しの収入は町内から出ていますが、その中でも多額の金を出していたのが町内の旦那衆です。ですから、町内に何か小さなトラブルが発生すれば、鳶の配下の者が処理をし、それが大きなトラブルであったり、旦那がらみのことであれば、鳶の頭がじきじきに出て行くことになります。ヤクザではないし、かといってまったくの堅気でもない。犯罪が発生したときも、頼りにはされるが逮捕権は持っていない、という微妙な存在でした。

しかし、だからこそ重宝もされていました。『穴泥』で商家に泥棒が入ると、鳶の頭が呼ばれるのは、逮捕権を持つ役人を呼べば、泥棒は逮捕されて大ごとになってしまうからです。一般人ではとても処理できないトラブルを穏便に解決するには、鳶の頭はうってつけの存在でした。『火事息子』の若旦那が火消しになりたいと言い出したとき、若旦那の親がまず相談したのも鳶の頭ですし、『お若伊之助』では、**大家**(たいけ)の娘の恋愛問題の処理まで任されています。『三軒長屋』で「ドブっさらい」と罵られているのは、鳶がドブさらいも含めた町内の雑用を一手に引き受けており、鳶の頭はその鳶たちのリーダーだったからです。

どぶいた【どぶ板】

昔の**長屋**には基本的に**路地**があり、その路地には、排水溝としてのドブが流れていました。江戸時代の**江戸**の町には、貧乏長屋にすら下水道が整備されていたのです。しかし、そのドブがむき出しだと、そこにはまってしまう恐れがあります。そこで、ドブを覆うために、その上に乗せられたのがどぶ板でした。

とぶくろ【戸袋】

窓に設置された、雨戸を収納するスペース。

どぶろく→しろうま【白馬】

とみくじ【富籤】

江戸時代の宝くじ。くじの代金と当(とう)籤額(せんがく)はさまざまでしたが、落語の世界では富籤の値段が一枚一**分**、「一番富」と呼ばれた一等賞の賞金は、**千両**と決まっています。四分で一両ですから、一番大きい額が当たっても、賞金は富籤一枚の金額の四千倍でした。現在の宝くじの賞金一億円を千両とすると、富籤の値段は一枚二万五千円となります。この値段の高さが、『御慶』で**女将**(おかみ)**さん**が夫の富籤狂いを止めようとしている、最大の理由です。

とみふだ【富札】

富籤(とみくじ)の札。宝くじにとってのくじ、競馬にとっての馬券です。宝くじのくじには、数字が羅列されているだけですが、富札は十二支や松竹梅、花鳥風月などのうちの一つと、数字が記されていました。

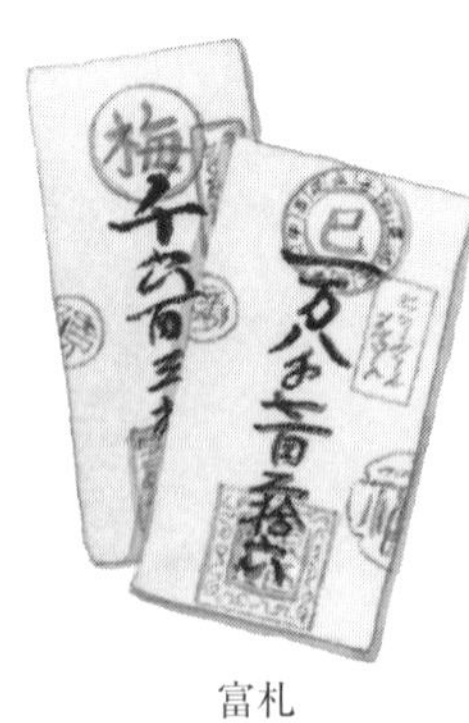

富札

とみもと【富本】
富本節の略で、三味線音楽の一種。

とむらい【弔い】
葬式。

とも【艫】
舟の後方のこと。反対の舟の前方が**みよし**、あるいは**舳先**です。

ともさき【供先】
参勤交代の移動の際などでは、侍は行列を組んで歩きます。その行列の先鋒が供先です。この供先の前を横切るのを「供先を切る」と言い、大変無礼なこととされており、斬り殺されても文句は言えませんでした。史実の生麦事件（一八六二年）では、供先を切った者が斬り殺されています。『盃の殿様』で供先を切ったのに許されたのは、大変な幸運でした。

とよかわいなり【豊川稲荷】
江戸時代の**江戸**の町では**稲荷**信仰が盛んで、江戸の名物に数え上げられるほど、あちこちに**お稲荷様**の神社がありました。中でも有名だったのが、王子稲荷、向島の三囲稲荷、浅草田町の袖摺り稲荷、橋場の真崎稲荷、芝の烏森稲荷、**吉原**の九郎助稲荷、そして赤坂の豊川稲荷でした。

とよくに【豊国】
歌川豊国。江戸時代の有名な浮世絵師。

とらのまき【虎の巻】
元々は、兵法の秘伝を記した書物のことでしたが、兵法に限らず、秘伝が記してあるものも総称して、こう呼びます。

とりあげばばあ【とりあげ婆】
産婆。

とりおい【鳥追い】
正しくは、鳥追い歌を歌う女芸人のことですが、**門付け**をする女芸人を総称してこう呼びます。「鳥追い女」とも。これは非人の仕事でした。身分制度の厳しかった江戸時代に、非人に落とされるというのは大変なことで、文字通り「人に非ず」の待遇を受けました。**心中**も罪であった江戸時代では、心中の生き残りは日本橋でさらされたのち、女はこの鳥追い女にされました。つまり、非人に落とされるのです。それが嫌さに心中相手の男と**江戸**を離れ、山奥まで逃げたのが『鰍沢』のお熊でした。

とりおいおんな【鳥追い女】→とりおい【鳥追い】

とりぜん【取り膳】
男女が二人で、一つの膳で飲食をすること。

とりのがら【鶏のガラ】
鶏のガラは肉がなくて骨ばかりです。そこから、痩せてみっともない人をこうたとえました。痩せているのが美徳とされるようになったのは、ここ半世紀ほどのことで、江戸時代の美の基準に、痩身は含まれていません。だからこそ「鶏のガラ」が悪口として成立したのです。反対に「恰幅がよい」は褒め言葉でした。

どんす【緞子】
織物の一種。絢爛豪華な模様を織り込んでいるものが多く、ぜいたくな織物の代名詞となっています。金襴緞子は緞子に金糸で模様を織り込んだもの。

とんちき
トンマでインチキな奴のこと。

どんつく
鈍磨、鈍感の「鈍」の意。旦那を「だんつく」と言うのと同じで、語尾の「つく」は特に意味がありません。
→うんつく

とんび
笛。

【な】

ないしょ【内証・内所】
廓の**見世**で主人がいる部屋。また、見世の主人のこと。尊称の**御の字**をつけて、お内証、御内所ともいいました。『居残り佐平次』で、見世の**若い衆**が**居残り**の客に「お内証がうるさいので（とっとと、金を払って下さい）」と言うのは、「奉公人の私ではなく、主人が金を払えと言っています」という意味です。『お見立て』では、客から難題をふっかけられた若い衆が、「内所へ相談して参ります」と言っています。客の方でも見世での最終決定は、内所が行うものだという認識があったのです。

なか【中・仲】
吉原のこと。

ながうた【長唄】
三味線音楽の一種。

なかがい【仲買】
ブローカー。

ながされる【流される】→しちや【質屋】

ながし【流し】→さんすけ【三助】

ながじけ【長湿気】
雨が降り続く天気。

なかす【中洲・中州】
川の流れの中で、そこだけ地面が露出している場所。

ながす【流す】→いつづけ【居続け】

なかつぎ【中継ぎ】
吉原へ遊びに行くとき、すぐに**見世**に上がらず、中宿と呼ばれる**腰掛け茶屋**へ行きます。そこで一杯やったり、着物を着替えたりすることを、中継ぎといいました。『明烏』では、見世に上がってから酒を飲むにもかかわらず、その前に中継ぎで一杯やっています。少し酒を飲んでから**登楼**する方が、粋とされたようです。初代・柳家小せんが金をかけずに、吉原で粋に遊ぶ方法の一つとして、「吉原まで走って行く」というのを紹介しています。すると顔が赤くなって、よそ目には「一杯やってから来たように見える」というのです。

ながっちり【長っ尻】
人の家に居座って、なかなか帰ろうとしないこと。また、その人のこと。

なかとみ【中富】
『宿屋の富』などで、一番の千両富に次ぐ**五百両**が当たる富。落語では五百両と決まっていますが、実際には**富籤**興行の規模によって、賞金はもっと低い場合もありました。

なかのちょう【仲之町】
吉原の**大門**をくぐり、そのまま真っすぐ進むメインストリート。さらには、その道の両側の町のこと。吉原の代名詞で、「法被一枚で、仲之町が歩けるか」と『文七元結』で言っている仲之町は、吉原のことです。現在は町の範囲を面で捉えますが、江戸時代の**江戸**の町では、道そのものが町名であり、ついでにその道の両側もその町名で呼ばれました。ですから、仲之町もメインストリート

な

と、その両側の町並みが仲之町です。道路を隔てて町名が変わるということはありません。吉原にある**江戸町**、**揚屋町**、**角町**、**京町**だけではなく、江戸の町名はすべて基本は道の名前で呼ばれていました。

なかのちょうげいしゃ【仲之町芸者】
仲之町は**吉原**のメインストリートであり、吉原の代名詞的存在。ですから、仲之町芸者とは吉原で働く**芸者**のことで、吉原芸者ともいいました。

芸者は「芸は売っても、身は売らぬ」といわれていましたが、それはあくまでも表向きのことで、**色気**を売る商売ではなかなかそうも言っていられません。その中で唯一、本当に「芸だけ」だったのが仲之町芸者でした。仕事場である吉原では、「芸ではなく、身を売る」**女郎**で栄える町だったため、芸は芸者、身は女郎という役割を侵さないようにしていたのです。

ところが、芸者も人間ですから、ついお客と関係を持ってしまうこともあります。そういう仲之町芸者は、横町芸者に落とされました。横町芸者も吉原芸者ですが、仲之町芸者が一流なのに対して、横町芸者は二流とされます。**大見世**などに呼ばれることはありませんでした。『紺屋高尾』の**高尾**や、『盃の殿様』の花扇の座敷に呼ばれる芸者は、仲之町芸者だけです。『木乃伊とり』に出てくる芸者も仲之町芸者ですが、その一流の芸者に向かって**権助**は「ろくな芸者じゃねえ」と言っています。

ながばんてん【長半纏】
文字通り、丈の長い**半纏**のこと。江戸時代の後期に流行し、大工の**棟梁**や**火消し**などが愛用した粋な着物でした。**火事装束**といえば、**刺子**の長半纏は欠かせません。

長半纏

なかびけ【中引け】
吉原での夜の**九つ**（午前零時）のこと。本当は九つとお上から定められていたのですが、夜がかき入れ時の商売なので、どの**見世**もまだもう少し営業をしていたい。そこで、吉原では独自の時刻のシステムを作り、もう九つになったのに「まだ**四つ**（午後十時）です」ということにしてしまいました。正しい時刻では九つなのに吉原だけはまだ四つ、大引けの時刻のはずなのにまだ大引けではない、それが中引けです。すると、順送りで八つ（午前二時）が終業時間である九つ（午前零時）となり、約二時間余分に営業ができます。吉原では時刻を**拍子木**で告げていましたから、夜の九つになると、吉原だけは夜の四つになったという拍子木を打ちました。これが中引けの合図です。

ながひばち【長火鉢】
横長、長方形の火鉢。たいてい引き出しがついていて、ちょっとした物入れに重宝しました。『文違い』では、捨てるに捨てられない紙類の保存以外に、人からもらったラブレターの隠し場所にもなっています。引き出しの上には蓋を兼ねた板が置いてあり、この板は猫が好んでうずくまるので、「猫板（ねこいた）」といいます。火鉢の真横ですから、冬でも暖かいのです。『だくだく』で、火鉢の横に猫がいることになっているのも、やはりそこが部屋の中で一番暖かいからです。この絵を描かせた男は、猫の好みをよく知っていました。

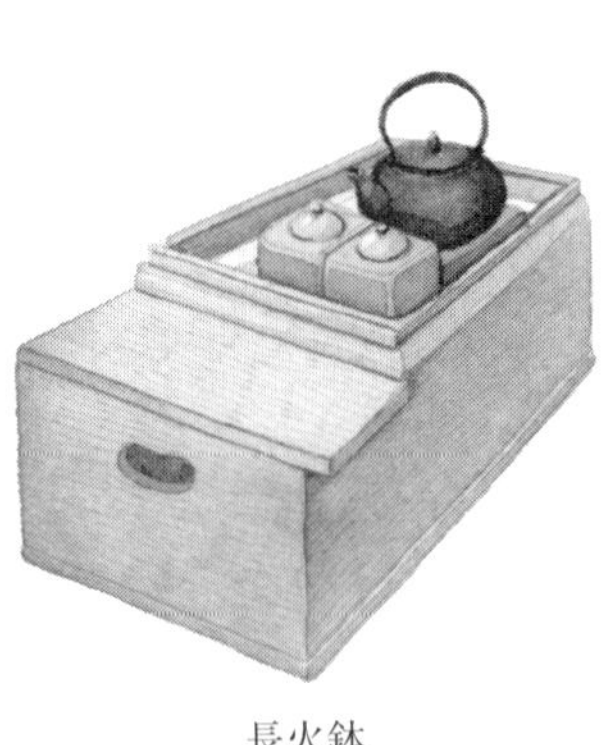
長火鉢

なかぼん【中盆】
賭場（とば）（博打場（ばくちば））の実際面でのリーダー。賭場の実質的なリーダーは**胴元**（どうもと）ですが、その場を具体的に仕切るのが中盆で、賽子賭博（さいころとばく）で賽子を振るのも中盆の役割です。しかし、『狸賽』や『看板のピン』などのような素人博打では、参加者が順番に胴元となり、胴元が賽子を振る中盆の役割も務めます。

なかむらざ【中村座】
三座（さんざ）の一つ。

ながもち【長持ち】
衣類などを入れる、蓋つきの長方形の箱。一応家具ですが、竿などを通せば、二人がかりで担いで移動させることができます。いわば、移動可能な箪笥（たんす）です。婚礼の際、花嫁道具を運ぶときなどに重宝しました。

ながや【長屋】
共同住宅。落語では、長屋＝貧乏長屋のイメージが強いのですが、長屋もさまざまで、**裏長屋**（うらながや）から**表店**（おもてだな）、さらには大名の御長屋（おながや）と呼ばれる立派な長屋までありました。『井戸の茶碗』で浪人親子が住んでいるのは、長屋の中でも裏長屋の貧乏長屋の部類ですが、対する細川家の若侍が**中間**と暮らしているのは、長屋でも御長屋の方です。

なかやしき【中屋敷】→**かみやしき【上屋敷】**

なかやど【中宿】→**なかつぎ【中継ぎ】**

ながらう・ながらお【長羅宇】
羅宇の長い**煙管**。羅宇の長い煙管は、実際に煙草を吸うには便利ではありませんが、その非日常的な形状から粋なものとされていました。**素見**の客が**吉原**を冷やかす際、格子越しに**女郎**から**吸いつけ煙草**を御馳走になることがありますが、このときの煙管は長羅宇が基本でした。

ながわきざし【長脇差し】
文字通り、長い**脇差し**のこと。しかし、脇差しの長さは決まっているので、規定の寸法よりも長い脇差しは理論的に存在しません。その存在しないはずの脇差しが長脇差しです。江戸時代、刀は侍だけが差すことを許されていましたが、例外として脇差しであれば、町人でも差すことを許されていました。やくざはこのルールを利用して、普通の刀を「長い脇差し」、すなわち長脇差しと偽って差していたのです。そこで長脇差しは、やくざのトレードマークの一つともなりました。→**わきざし【脇差し】**

なく【鳴く・泣く】
駕籠かきが駕籠を担ぐ際、「えっさ、ほいさ」などと掛け声をかけること。掛け声をかけながらの方が威勢がい、つまり見場がよいので、客は駕籠かきに祝儀を払ってでも「景気よく、鳴いてくれ」と注文しました。

なげし【長押】
襖の上部の溝のついている木材が鴨居で、その鴨居を上から固定している出っ張りが長押です。洗濯物を室内干しするのに便利なのが長押で、ハンガーが何とか引っかかってもすぐに落ちてしまうのが鴨居です。現在の住居では、鴨居はあっても長押がないところが多いのですが、昔の住居には必ず両方ありました。ですから『だくだく』では、絵の上のこととはいえ、長押の上に槍を置いてくれ、と言っています。鴨居の上には槍は置けません。

なこうどぐち【仲人口】
仲人が縁談をまとめるために、見合

い相手の良いことばかりを言うこと、またその話の内容。そういう前提があるからこそ、『たらちね』では縁談の話を持ってきた**大家**が「あとで仲人口とか言われちゃあ困るから」と、正直に相手の女性の欠点を語り出します。

なさけをひさぐ【情けをひさぐ】
「ひさぐ」は「売る」の意。「情け」は男女の情け、**情婦**（いろ）の「情」のことで、「情けをひさぐ」は女性が身を売ること、つまり売春のことです。

なじみ【馴染み】
初会（しょかい）、**裏**（うら）と重ねた客が、その**女郎**（じょろう）と三度目の会合を持つこと。こういう状態を「馴染みになる」といいます。**大見世**（おおみせ）の女郎は馴染みにならないと、客とは**同衾**（どうきん）しないという建前になっていました。また、客と女郎は建前上は、夫婦あるいは恋人ということになっていたので、馴染みの女郎のいる見世で他の女郎に手を出すことは、浮気と見なされました。それどころか、他の見世の女郎と関係を持つことも浮気となります。『首ったけ』で、馴染みの女郎と喧嘩した客が他の見世に上がるというのは、腹立ちまぎれに恋人の目の前で浮気をしたということです。『文違い』で、田舎者の客が他の見世に上がったことが、馴染みの女郎にバレてもさほど問題にならなかったのは、女郎がこの客のことをそれくらい軽く見ていたということです。女郎がこの客を**間夫**（まぶ）と思っていたら、大騒ぎになっていたでしょう。

なだ【灘】
現在も続く兵庫県の酒造地。江戸時代には、**下り酒**（くだりざけ）の名品として知られていました。下り酒は、**江戸**で飲める酒の中では高級品で、その中の名品ですから、江戸時代の**江戸っ子**にとって、灘の酒は最高の酒の代名詞でした。

なだい【名題】
名題役者の略。歌舞伎小屋の表看板の一つである、名題看板に芸名が書かれる役者のこと。

なだのきいっぽん【灘の生一本】→**きいっぽん【生一本】**

なだのさけ【灘の酒】→**なだ【灘】**

なたまめきせる【鉈豆煙管】
煙管の一種。形状がナタマメのサヤに似ているところから、こう呼ばれています。品質はピンキリで銀製の高級品というのもありますが、落語に登場する鉈豆煙管は、「貧乏人の煙管」というイメージが強いようです。『芝浜』で、海から**財布**を引き寄せるのも、この鉈豆煙管です。

鉈豆煙管

なつめ【棗】

木の一種ですが、茶道では抹茶を入れる蓋つきの器のことを棗といいます。『蝦蟇の油』の**口上**に出てくる棗は、後者の方で、物入れとして使っていたのでしょう。

ななつさがりのあめ【七つ下がりの雨】

七つとは、およそ午後四時を指し、ここでは「夕方」という意味です。夕方から降り出した雨はやまない、という意味で、そこから転じて「年をとってからの道楽」を意味し、中年過ぎの道楽はやめるのが難しい、という戒めにもなりました。

なべやきうどん【鍋焼きうどん】

蕎麦っ食いの**江戸っ子**が鍋焼きうどんを食べるようになったのは、幕末の頃から。その後、明治になって、一時期、鍋焼きうどんが大流行し、蕎麦を駆逐するようになります。

なみせん【波銭】

波の模様がついた銭貨で、四**文**銭のこと。

ならい

冬に吹く強くて寒い風。

なり

外見のことですが、多くは衣服やその着こなしを指します。良い着物を着ているのを「なりがいい」、その反対を「なりが悪い」といいます。『明烏』では、「なりが悪いと御利益が薄い（着物が良くないと**女郎**にもてない）」と言っています。

なりひら【業平】

在原業平。平安時代から江戸時代に至るまで、美男の代表でした。ハンサムな男の人を今業平と呼びます。この業平に対して、平安時代から江戸時代まで美女の代名詞だったのが**小町**でした。

なれそめ【馴れ初め】

恋人同士になった男女が、最初に知り合うことになったきっかけのこと。

なわつき【縄つき】
犯罪を犯して捕まった人。

なんじゅう【難渋】
物事が上手くいかないこと。難儀。

なんどき【何時】→とき【刻・時】

なんぴん【南品】
品川の**遊女**町のこと。**吉原**が**江戸**の北側にあり、**北国**と呼ばれたのに対して、南にある品川は洒落てこう呼ばれました。

【に】

にいちてんさくのご【二一天作の五】
一桁のかけ算は、「九九」という形で記憶しておくと便利ですが、昔は割り算も「わり声」という形で記憶していました。「二一天作の五」は、そのわり声の一番最初にあたるもので「10÷2＝5」という意味です。九九でいうところの「二二んが四」のようなものです。

にうりや【煮売り屋】
調理した総菜を売る店。ただ売るだけではなく、店を構えて、店内で飲食をさせる業者もいました。これが発展したものが居酒屋です。

にかいをはたらく【二階を働く】
廓に**登楼**すると、**若い衆**から「お上がりになるよお」と声をかけられます。お客が二階に上がるという意味で、廓では客室は二階にありました。ですから、その二階で働くのは、廓で客の相手をしたり、その下働きをすることを意味します。ただし、「二階〝で〟働く」とは言わず「二階〝を〝働く」と言います。『居残り佐平次』でも、「この**居残り**がそろそろ二階を働き始めた」という言い方をしています。

にかわ【膠】
糊、接着剤。

にぐら【荷鞍】
荷物を乗せるための鞍。『三人旅／びっこ馬』で、**江戸っ子**が乗った馬の背に置かれていたのがこの荷鞍です。人間用の鞍ではありません。**馬子**も「帰り馬」だと断っていますから、おそらく荷物を運んだ帰りに、今度は人間を乗せて帰ったのでしょう。

にしき【錦】
三色以上の色糸を使った絹織物。とても高級な生地で、だからこそかなり高価です。功成り名を遂げた人が

「どうだ、俺はこんなに出世したんだぞ」と見せつけるために故郷に帰るとき、着ていくのにふさわしい衣類であって、『錦の袈裟』のように、**褌**（ふんどし）の素材にするようなものではありませんでした。

にしきえ【錦絵】
多色刷りの浮世絵。

にしめ【煮染め】
野菜などを炊いた料理。**弔い**（とむらい）の席に出す場合は生臭物（なまぐさもの）は使わず、すべて野菜が材料の**精進**料理となります。落語でよく登場するのも、弔いの席での煮染めですから、『強飯の女郎買い』では、がんもどきに焼き豆腐ですし、『らくだ』のやくざ者ですら、その煮染めの具は「芋、蒟蒻、蓮根」と生臭物を避けて、きちんと精進の食材を指定しています。食文化の違いからか、**上方**（かみがた）落語の『らくだ』では、この煮染めを「砂糖をけちらずに、甘辛う炊いてこい」と言うのに対して、東京の『らくだ』では「醤油をきかせろ」と注文しています。どちらも、調味料をけちらずに使え（料理に手を抜いたら承知しないぞ）、という意味です。

にじゅうしこう【二十四孝・廿四孝】
中国で、親孝行で知られた二十四人の人たちのこと。

にのいと【二の糸】
三味線の三本ある糸のうち、真ん中の糸のこと。

にのぜんつき【二の膳つき】
本膳（メインの料理）以外についてくるのが、「二の膳」です。本膳にも御飯、汁物、おかず、その他が乗っているのですから、それ以外に、さらに二の膳がつくとなると、これは立派な御馳走で、「二の膳つき」というだけで御馳走の代名詞となりました。本物の「二の膳つきの本膳」となると「江戸時代のフルコース」

一の膳

二の膳

ともいうべきもので、ペリーが日本に来たとき、饗応として出されたのも、この二の膳つきの本膳でした。金額は千両。料理と場所を提供したのは、『百川』の舞台である料亭の百川です。**→ほんぜん【本膳】**

にはちそば【二八蕎麦】

夜鷹蕎麦などで売っていた、もり蕎麦、かけ蕎麦のこと。あるいは、その蕎麦を売る商人のこと。

『時そば』の枕で、「うどん粉二割に蕎麦粉が八割で、二八蕎麦。あるいは二八の十六**文**だから、二八蕎麦」と説明されています。ちなみに江戸時代、天保の改革で庶民は、諸物価値下げをお上から命じられました。蕎麦の値段も強制的に十四文に値下げさせられたので、二八蕎麦は名を改め、二七蕎麦としています。であれば、二八の十六文説が正しいということになるでしょう。

蕎麦の量は、今のかけ蕎麦などに比べるとずっと少量で、箸を三回掻き回せば食べ尽くせる、とも言われ、だからこそ「もり、かけは二杯食うのが礼儀」とされていました。であればこそ、『時そば』では、「もう一杯と言いたいところだが、今日はこれで勘弁してくれ」と、お代わりをしないことをわざわざ謝っています。

二八蕎麦の十六文はもり蕎麦、かけ蕎麦の値段ですから、『時そば』で**種物**の**卓袱**蕎麦が十六文というのは、厳密には間違いです。元**ネタ**とされる**上方**落語の『時うどん』が十六文だったので、そのまま移してしまったのかもしれません。『時うどん』のうどんは、かけ蕎麦にあたる素うどんです。

にばな【煮花】

淹れ立てのお茶。今はお茶は「淹れる」ものですが、昔はお茶を「煮出し」ました。煎じ薬などを「煎じる」のと同じやり方です。のちにお茶は、煮ずに淹れるようになりましたが、「煮」という言葉が残り、煮花となりました。煮花の「花」は、最初を意味する「ハナ」という言葉に、「花」というきれいな文字をあてたものです。**→でばな【出花】**

にばんめ【二番目】

二番目狂言の略。昔、歌舞伎は最初の一番狂言で時代物を、次の二番目の狂言で世話物を演じました。時代物は侍が主役の武張った芝居ですが、世話物は町人が主人公の人情もの、恋愛ものの芝居です。『鰍沢』の「**乙**な二番目が書けますよ」とは、**心中**の生き残りが二人仲良く江戸を離れた山中で暮らしている様は、さながら二番目狂言を地で行っているようだ、と言っているのです。

にぶきん【二分金】
文字通り一**分**(ぶ)の倍の価値のある通貨。わざわざ「金」という言葉がついているのは、金貨だったからです。そして、二分という半端な単位ができたのは、**両**、分、**朱**(しゅ)という江戸時代の金貨は、四進法で数えたためでした。一万円札にとっての五千円札が、一両**小判**にとっての二分金です。

にほんざし【二本差し】
大刀(だいとう)と**脇差し**(わきざし)の二本の刀を差していることから、侍(さむらい)のこと。また大刀と脇差しそのもののことも。『首提灯』で、「二本差しが目に入らぬか」と言っているのは、「刀が見えないのか」と、刀を持っていない町人を恫(どう)喝(かつ)しているのです。

にほんづつみ【日本堤】
山谷(さんや)と三ノ輪(みのわ)をつなぐ、**山谷堀**(さんやぼり)の土(ど)手(て)。**吉原**(よしわら)へ行くには必ず通る道だったので吉原土手とも、また長さが八町（八丁。約九百メートル）あったので土手八丁(はっちょう)とも呼ばれました。「通い馴れたる土手八丁」は、そこから生まれたフレーズで、吉原にしょっちゅう行っていることを誇った言葉です。

にまいこそで【二枚小袖】
内袖と外袖の、両方をつけた着物。

にゅうひ【入費】
経費のこと。入る費用=収入や利益、ではありません。

にょうごがしま【女護ヶ島】
女性ばかりが住むという伝説の島。「女護の島」とも。

にわさき【庭先】
庭の中でも縁側に近い部分。つまり住居に近いところ。その庭を所有しているのが自分よりも身分の高い人であれば、それをはばかって言葉の頭に**御の字**(おん)(じ)をつけて、お庭先といいます。

にんそく【人足】
力仕事をする労働者。最末端の労働者とみなされていました。

にんべつ【人別】
人別帳の略称。戸籍簿のこと。**勘当**(かんどう)をされると「人別から抜かれ」ます。つまり、その人は戸籍を失うことになるのです。

にんべつちょう【人別帳】→にんべつ【人別】

【ぬ】

ぬかぶくろ【糠袋】
米糠(こめぬか)を詰めた布製の袋。これで身体を洗うと、糠の成分のおかげで肌がぴかぴかになります。

ぬけうら【抜け裏】
通り抜けられる**路地**。通り抜けができない路地が「袋」で、袋路地ともいいます。『夏泥』の泥棒は見つかったときに備えて、抜け裏にある**長屋**を狙って入りました。『山崎屋』で若旦那が**湯屋**から出てきた美女の跡をつけると、この女が路地に入った途端、姿が見えなくなったので、「ここは抜け裏か」と若旦那は思います。女はこの路地を通って、さらにその先のどこかへ行ってしまったと考えたのです。

ぬけさく【抜け作】
間抜けな人、抜けている人を人名めかして言った言葉。酒飲みを**飲兵衛**(のんべえ)と呼ぶのと同じ理屈です。

ぬけまいり【抜け参り】
親や主人に無断で、**伊勢参り**(いせまいり)に出かけること。江戸時代には数回、この抜け参りが爆発的に流行しました。「商家の**小僧**が仕事の最中にふと思い立って」、というふうに、ある日突然伊勢に行ってしまうのです。ですから、抜け参りに出る者の大半はお金も着替えもない、着の身着のままで旅に出ました。民衆を巻き込んだムーブメントで、親や主人も抜け参りに対しては、ある程度容認していたようです。『居残り佐平次』の「抜け参りからぐれだして……」は、歌舞伎「白浪(しらなみ)五人男」の忠信利平(ただのぶりへい)の台詞を借用したもの。

【ね】

ねかん【寝棺】
遺体を寝かせて安置する棺桶(かんおけ)。現在は棺桶はこの寝棺が主流ですが、かつては遺体を坐らせて安置する、座棺(ざかん)が主流でした。→**はやおけ【早桶】**

ねくびをかく【寝首をかく】
寝ている人を襲って殺すこと。『袈裟御前』で企てられた殺人計画が、この「寝首をかく」というものでした。

ねずばん【不寝番】
一晩中眠らずに番をする役割。落語でよく知られているのは、**廓**(くるわ)の不寝番です。**若い衆**の中で一人は必ず不寝番になって、一晩中、定期的に部屋を回りました。『五人廻し』で知られている通り、表向きの理由は**行灯**の油の差し替えですが、**女郎**が客と**心中**する（あるいは客に無理心中させられる）のを防止するという役目もありました。『品川心中』では、不寝番のおかげで心中が未遂に終わっていますが、『鰍沢』はその心中を決行した者のなれの果ての話です。

ねずみいらず【鼠いらず】
鼠が入らないように、丈夫にこしらえた戸棚。『道具屋』で道具屋をやっているおじさんが嘆いているように、昔は一般家庭でも鼠がよく出没しました。食べ物は鼠に取られないよう、鼠いらずに入れておいたのです。

ねずみこぞう【鼠小僧】
江戸時代の泥棒。鼠小僧次郎吉として知られています。

ねずみなき【鼠鳴き】
鼠のチュウチュウという鳴き声を真似た声。鼠が物を引く（食べ物を口でくわえて引っ張る）ことを「客を引く」にかけて縁起を担ぎ、**廓**の**若い衆**が**見世**を開けるときに鼠鳴きをしました。**夜鷹**が客を引くときも鼠鳴きをしました。この鼠鳴きの声と**下足札**を打つ音が聞こえてくると、見世の幕開きだと分かると『居残り佐平次』で**佐平次**が言っています。

ねずみのけんしょう【鼠の懸賞】
明治時代の末期、ペスト予防のために、ペスト菌を媒介する鼠を捕ることが奨励されました。捕まえた鼠を最寄りの交番へ持って行くと、一匹五銭で買い取ってくれます。のちに、この賞金以外に懸賞も加わることになりました。これが鼠の懸賞です。十年ほど続けられましたが、鼠を飼育して、子どもを産ませて持ってくる人が続出したため、懸賞も買い上げも中止となりました。落語に厳密な時代考証は野暮で、無意味で、時に有害ですが、鼠の懸賞を手がかりにすると、『藪入り』は明治末から大正にかけての噺ということになります。

ねずみもめん【鼠木綿】
グレーの木綿。

ねだいた【根太板】
床板。根太とは、床板を張るための支えの材木のことです。その根太の上に張る板なので根太板。

ねつけ【根付け】
煙草入れなどを、帯にぶら下げる際の留め具。機能一点張りに見える道具ですが、形状や材質、デザインなどに凝る人は徹底的に凝りました。美術品同様の根付けもあります。

ねぶかじる【根深汁】
根深とは、葱のこと。葱の味噌汁が根深汁です。葱も味噌も身体を温めるので、冬にはもってこいの食べ物でした。

ねま【寝間】
寝室。

ねりべい【練塀】
土と瓦(かわら)を交互に重ねて作った塀。

ねん・ねんき【年季】→**ねんきぼうこう【年季奉公】**

ねんきぼうこう【年季奉公】
就業前に、何年働くのかを決めておく契約。略して「ねん」とも言います。商家の従業員から**吉原**(よしわら)の**女郎**(じょろう)まで、江戸時代の雇用人の多くは、この契約で働いていました。十年の年季で働いていた人が、その十年目を迎えることを「年季(ねん)があける」といいます。女郎の年季で一番多いのが十年で、十八歳で身を売った女性が**見世**(みせ)に借金もなければ、二十七歳で年季があけました。当時の二十七歳は**年増**(としま)ですが、まだ十分に結婚適齢期ですから、『お見立て』や『文違い』のように、「年季があけたら夫婦になる」という約束も成立するのです。

練塀

ねんげつがそろう【年月が揃う】
西暦二〇一九年が戌(いぬ)年で、二〇一八年が亥(いのしし)年という具合に、年に十二支があるように、月や日にも十二支があります。ルールは同じで、ある月、ある日を起点に、子(ね)、丑(うし)、寅(とら)と数えていきます。年も月も日も同じ十二支であった場合を「年月が揃う」といいます。
『肝つぶし』の悲劇は、主人公の妹の生まれた日が年月が揃っていたことから始まりました。『馬大家』の主人公が馬にこだわるのも自分の誕生日が午(うま)の年、午の月、午の日と年月が午（馬）で揃っていたからです。

【の】

のうはい【納盃】

酒宴などでの最後の一杯。

のがけ【野駆け・野馳け】

紅葉狩りなど、野山で遊ぶこと。

のぞきからくり【覗きからくり】

大道見世物の一種。箱についたのぞき穴を覗くと、レンズの仕掛けで拡大した写真や絵が見られるようになっており、かたわらにいる弁士（べんし）がストーリーを述べると、その話に合わせて、写真や絵が変わっていきました。映画の先駆けともいえる娯楽です。「からくり」は機械のこと。

のだいこ【野太鼓】

見番（けんばん）に所属していない**幇間**（ほうかん）。見番に所属していれば、そこから仕事が回ってきますが、野太鼓は、自力で客を見つけなければなりませんでした。

のだのしょうゆどんやのわかだんな【野田の醤油問屋の若旦那】

野田は現在の千葉県野田市で、江戸時代から醤油造りで有名なところでした。その野田の醤油問屋といえば金持ちで、しかもそこの若旦那とくれば、その金をぱっぱっと使ってくれるに違いない……という期待から生まれた〝**吉原**（よしわら）にはもってこいのお客〟像が野田の醤油問屋の若旦那です。あくまでも「こういう人がいたら、**見世**（みせ）が儲かるだろうなあ」という見世側の勝手な思惑から生まれた人物ですから、野田の醤油問屋の若旦那が、実際に落語に登場することはありません。ちなみに、この野田の醤油問屋の御子孫が、現在のキッコーマンです。

のちぞえ【後添え】

後妻。

のべたら

だらだら。

のべつ

しょっちゅう、いつも、ひっきりなしに。

のべのおくり【野辺の送り】

この場合の「野辺」は埋葬する場所、お墓のことです。そこから野辺の送りは、遺骸（いがい）を**焼き場**やお墓に運ぶこと、また遺骸を運ぶ一行のことを指すようになりました。野辺送りともいいます。

のめり

のめりの下駄のこと。前歯が低くなっているので、履くと身体が前にのめる（うつむく）感じになるので、歩くときに足に負担がかかりません。お洒落な下駄の一つでした。

のめり

のりもの【乗物】

車や馬など乗物一般のことではなく、江戸時代には高級な**駕籠**を乗物と呼びました。現代から見れば、乗物も駕籠も同じものに見えますが、はっきりとした違いがあります。外見では、駕籠は客が坐る両側に垂れを垂らしますが、乗物は両側に引き戸がついています。何よりも違うのは、乗物は身分の高い人だけが乗ることを許されましたから、ただの町人は乗れませんでした。『盃の殿様』で**殿様**が**吉原**に**素見**に行く際に**大門**まで乗っていくのが、この乗物でした。御駕籠とも呼んでいます。同様に『代脈』で銀杏が乗っているのも駕籠ではなく乗物ですが、こちらは外見は駕籠なのに、ただ乗物と呼んでいるだけ、という代物でした。↓**いしゃ【医者】、おんなのりもの【女乗物】**

のりや【糊屋】

海苔屋ではなく、糊屋です。売っているのは姫糊という、洗い張りに使う糊でした。着物はただ洗うだけでは皺になってしまうので、この姫糊で洗い張りをして、ぴしっとさせます。姫糊自体は安価なものでしたから、これを売って生計を立てようにも、ほとんどかつかつの生活しかできません。重労働ができない老人の仕事として、おじいさんは**番太郎**、おばあさんは糊屋というのが、一つの定番となっていました。

のれん【暖簾】

商家などの入り口に吊るした日よけの布のことで、多くは店の屋号などが染め抜いてあります。外部の人から見て、一番目につくところにあるため、暖簾は店の顔、店の信用、店のステータスを意味するようになりました。そこから、店の信用を損なうことを「暖簾に傷がつく」といい、店から分家、**別家**することを**暖簾分け**といいます。

のれんわけ【暖簾分け】

商家から独立して、同じ系列の屋号・店名の店を出すこと。この暖簾分けには二通りあって、兄弟など血族が新たに店を構えることを分家（ぶんけ）、従業員が暖簾分けしてもらうことを別家（べっけ）といいました。『千両みかん』『百年目』の**番頭**が目指していたのは分家ではなく、別家です。商家で働く従業員にとっての最高のゴールは、店の最高責任者である**大番頭**になるか、あるいは別家して暖簾分けをしてもらうことでした。

のんこう

江戸時代の楽焼きの名匠、楽道入（らくどうにゅう）の別名。道入が「のんこう」と呼ばれた理由にはいろいろな説があり、定説がありません。「のんこうの茶碗」は、のんこう作の茶碗。

のんこうのちゃわん【のんこうの茶碗】→のんこう

のんべえ【飲兵衛】

大酒飲み。酒を〝飲〟むことに「兵衛」という人名を加えて、擬人化した言葉。

【は】

ばあや【婆や】

家事や育児を手伝うために雇われた女性。その中でも、特に年配の女性を指していいます。女性の職場が少なく、さらに子だくさんが普通で、子どもの養育や家事に手間がかかった時代には、一般家庭でも必須の存在でした。少し大きな家ではほとんど必ず、婆やが雇われていました。**妾宅**（しょうたく）では住んでいるのは**妾**（めかけ）一人ですが、『山崎屋』『権助提灯』『悋気の独楽』『三軒長屋』『紫檀楼古木』と、どの家でも必ず婆やはいます。家事一切を請け負うのですから、現代の家電製品の代わりのような存在でした。

はいかぐら【灰神楽】

火の気のある灰に、水やお湯をかけると、灰が煙となって舞い上がります。その様を「灰神楽が立つ」といいます。

はいせん【盃洗】

盃（さかずき）を洗うための水がたたえてある器。酒席で用います。酒席で盃を洗うのは、**猪口**（ちょこ）をわざと一つしか用意していないからです。二人の酒客（しゅかく）が一つの猪口で順番にお酒を酌み交わすと、それだけ親密感がわきます。しかし、口をつけた猪口を相手に差し出すのは失礼なので、酒を飲み干したら、盃洗でその猪口を軽く洗ってから、相手に差し出すのが礼儀でした。その際、わざと洗わずに猪口を渡して、相手がその猪口でお酒を飲んでから「気がついてた？　今のお猪口、洗わなかったの（間接キス）」という高等テクニックを駆使したのが『湯屋番』の**妾**(めかけ)です。

はいちょう【蠅帳】
「はえちょう」とも。蠅いらずのこと。薄い網などを張って、食物に蠅がたからないようにした道具。

灰吹き

はいふき【灰吹き】
煙管(きせる)に詰まった吸い殻を捨てる器。現代の灰皿で、短い竹筒でできています。有名な**一分線香即席噺**(いちぶせんこうそくせきばなし)の「灰が落ちたよ」「はい、拭きましょう」の灰吹きがこれです。

ばいぼく【売卜】
占いのこと。**→えきがく【易学】、つじうらない【辻占い】**

はうた【端唄】
三味線音楽の一種。**長唄**(ながうた)に対して、短い歌なので端唄です。**小唄**とも。

ばかうま【馬鹿旨】
馬鹿に旨いの略で、「とても美味しい」という意味。六代目・三遊亭圓生(さんゆうていえんしょう)がテレビコマーシャルでこの台詞を言ったため、圓生落語の**くすぐり**の一つとなりました。

はかまだれやすすけ【袴垂保輔】
平安時代の泥棒。

はかまのももだち【袴の股立ち】
袴の両側にある切れ目。この切れ目の部分を、帯の間に挟み込むと「袴の股立ちをとる」となり、袴の裾の部分が上に持ち上がるので、動きやすくなります。侍(さむらい)が攻撃の体勢に入るときに行う動作です。

はきだめ【掃き溜め】
掃いたゴミを溜めておくところ、つまりゴミ捨て場。掃き溜めは**長屋**のどん詰まりというのが大体の通り相場で、『元犬』で犬が生まれた掃き溜めも、やはり長屋のどん詰まりにあります。江戸時代の**江戸**の町はリサイクルが発達していましたが、それでもゴミは出ました。出たゴミは掃き溜めに捨て、それが溜まると、埋め立て地へ運びます。

はくせん【白扇】

柄の入っていない無地の扇子。儀式に用いました。『御慶』で主人公の男が正装するために、また『高砂や』で婚礼の式に出るために用意されたのが、この白扇です。

また、高貴な人から物をもらうとき、直接手渡しで頂戴するのは失礼とされていたので、もらう方は白扇を広げて差し出し、その上に下げ遣わされた物を乗せて頂く、というのが礼儀でした。お目録、つまりは金をもらうのを目的に、お屋敷に行く『妾馬』の八五郎に、**大家**が白扇を持って行くよう指示したのは、そのためもあったと思われます。

『おおどこの犬』で犬をもらいに行くとき、**鴻池**の**番頭**は紋付きの羽織袴を着し、手には白扇を持っています。正装しているということを強調するための小道具が、この白扇です。

はくちょう【白鳥】

一升、あるいは二升が入る大ぶりの白い陶製の**徳利**。**吉原**で、**お茶屋**から酒を運ぶときなどに用いました。吉原では白鳥を持ち歩くのに、右手で徳利の首を持ち、徳利を腰に回して、左手で徳利の底を持ちます。「道中、人が多いのでぶつかって割らないように」との用心です。『鰍沢』でお熊が亭主のために、酒屋に酒を買いに行くときに持って行くのが、この白鳥です。お熊は白鳥を抱きかかえるようにして持ち帰って来ますが、これは場所が吉原ではないというのと、お熊が元**女郎**だったからでしょう。吉原で白鳥を運ぶのは、お茶屋の**女中**の仕事でした。

はくらい【舶来】

舶来の「舶」は船舶の舶です。舶来は船で運んで来たもので、外国製品を意味しました。現代だけではなく、明治時代も江戸時代も、日本人は外国製品が大好きでしたから、舶来というだけで値打ちがあると思っていました。

ばくろうちょう【馬喰町】

現在の東京都中央区にもある地名。馬喰、すなわち牛や馬を売買する人が多かったところから名づけられました。牛馬の売買が盛んだったのは、馬喰町が奥州街道の起点となっていたからです。そのため、旅の要所となり、宿泊施設が充実するようになりました。『宿屋の富』では、**江戸**の**宿場**町として登場します。

はけさき【刷毛先】

髷(まげ)の先端部分。

はげさや【はげ鞘】
刀をおさめる鞘の塗料がはげて、ボロボロになっているもの。

はこぜん【箱膳】
箱に入った一人前用の膳部(ぜんぶ)。蓋を取ると、その箱自体が膳になります。食器をしまって蓋を閉じると、棚などに整理するとき、とても便利です。

箱膳

はこぢょうちん【箱提灯】
円筒形の提灯で、折り畳めるように上と下が箱状の蓋になっているもの。**吉原**(よしわら)の**見世**(みせ)、**船宿**(ふなやど)などでも用いられましたが、武家屋敷で使われているというイメージが強かったようです。そこから、箱提灯＝侍(さむらい)と連想されるようになりました。夜間、暗い中でも箱提灯を持った人が歩いてくると、侍がやって来たということが分かります。一方、大晦日の**掛け取り**が持っているのが**弓張り提灯**(ゆみはりぢょうちん)でした。大晦日は**節季**で、どうあっても掛け取りに、**掛け**を払わねばならない時期です。支払うお金がない人にとっては、大晦日の掛け取りほど怖いものはありません。そこで、大晦日に限っては、本来であれば怖い武士（箱提灯）よりも、掛け取り（弓張り提灯）の方が怖いので「大晦日箱提灯は怖くない」となります。

箱提灯

はしぢか【端近】
玄関の近くや**縁先**(えんさき)のこと。家の端っこに近い場所なので、端近です。家にいる人に近い場所ではありません。だからこそ、来客に「そこは端近、ひとまずこれへ」と、自分の近くに来るように勧めるのです。

はしばんしょ【橋番所】→ばんしょ【番所】

はしゃぐ
乾く。「桶がはしゃいでいるから、水をくれときな」とは、「桶が乾いているので、水をかけておきなさい」という意味。『らくだ』で、八百屋からもらった菜漬けの樽がはしゃいでいたので、**紙屑屋**が樽に水をくれます。乾燥している樽に物を入れると、重みで**たが**が外れたり、木が割れたりするので、それを防ぐためです。『芝浜』では**盤台**がはしゃぐのを防ぐために、**女将さん**が水を張っています。

ばしょう【芭蕉】
江戸時代の俳人、松尾芭蕉のこと。『金明竹』に出てくる「古池や　蛙飛び込む水の音という風羅坊**正筆**の掛け物」の風羅坊は芭蕉の別号、つまり芭蕉のことです。正筆は直筆のことで、しかも芭蕉がじきじきに書いているのが、有名な「古池や」の句ですから、この掛け物が実在したら、国宝ものでしょう。

はすかい【斜交い】
斜め。「四つ辻の斜交いにある」は、「十字路の斜めのところにある」という意味。**江戸っ子**は「はすっかい」とも発音します。

はすっかい→はすかい【斜交い】

はたご【旅籠】→やどや【宿屋】

はたし【果師】
骨董品、古道具などの仲介業者。

はだしまいり【裸足参り】
裸足で神仏に祈願すること。願いを強く叶えたいときに行います。お百度を踏むのも、やはり裸足参りでした。

はだをぬぐ【肌を脱ぐ】
着物を脱いで上半身裸になること。江戸時代では、男性が**褌**一丁でいるのもアリだったように、一般庶民が人前で裸になることにさほど抵抗はありませんでした。逆に、男性が肌を脱ぐと、威勢がよいとさえ言われることもありました。

はつうま【初午】
十二支で子、丑、寅と数えていき、午にあたる七日目の日が午の日です。初午は二月最初の午の日で、**稲荷**の祭日として賑わいました。子どもたちが主役の祭りの日でもあり、**強飯**や**煮染め**を振る舞うのが恒例となっていました。大人のくせにこの祭りへ参加して、子どもと一緒に**おこわ**を食べたり、太鼓を叩いて喜んでいたのが、『明烏』の若旦那です。

ばったにうる【ばったに売る】
投げ売りをする。捨て値で売る。

はってんじん【初天神】
天満宮では、祭神である**天神様・菅原道真**の命日（一月二十五日）にちなんで、毎月二十五日を縁日としています。つまり縁日は、一年におよそ十二回あるわけですが、その中でも一月二十五日の初天神は、二月の梅花祭、十二月の終天神と並んで、大きな縁日が催されました。『初天神』で凧が出てくるのも、舞台が一月で、一応まだ正月だからです。

はっぴ【法被】
元々、法被は武家から、**半纏**は庶民から出たものとされていましたが、のちに混同されるようになり、**印半纏**のことを法被と呼ぶようになりました。

はないろもめん【花色木綿】
縹色という、薄いブルーに染めた木綿。「はなだ色」という言葉が訛って花色です。裏地によく用いられました。

はなかい・はながい【花会】
博打打ちや職人などが、お金を集めるために催すイベント。まとまった金が必要な場合、金の要る人が金をくれる人の家まで行くのが当然で、だからこそ『五貫裁き』では、奉加帳をこしらえて各家を回ろうとします。花会は金をくれる人を自分の家に呼びつけるのですから、よほどの人望と信用がなければできないことでした。その花会を実行しようとしたのが、『三軒長屋』の**鳶の頭**です。鳶の頭がどれほど声望があったかが、この一事でよく知ることができます。

はなからちょうちん【鼻から提灯】
眠っている最中に鼻水が鼻息で膨らんで、鼻の穴から風船状になって出てくること。この風船状になった鼻水を**提灯**に見立てました。ここから転じて「寝ている」という意味。鼻から提灯を出すためには、普通の鼻水では無理で、粘着力のある青っぱなでなければなりません。青っぱなを出す人が少なくなるにつれ、鼻から提灯を出して寝ている人も見かけなくなりました。

はなしうなぎ【放し鰻】→はなしどり【放し鳥】

はなしがめ【放し亀】→はなしどり【放し鳥】

はなしどり【放し鳥】
捕まえてきた雀などの野鳥を籠に入れておき、客から金をもらって逃がしてやる（放ってやる）商売。本来であれば、このまま鳥屋などに売られて殺されて食べられてしまう鳥を、客の功徳の心と代金によって、その命を救ってやるという発想から生まれました。同じ発想から出たものに、亀を逃がしてやる「放し亀」、鰻を逃がしてやる「放し鰻」などがあり、その風習をカリカチュアライズしたものが『後生鰻』です。

はなっかけ【鼻っかけ】→はなのしょうじ【鼻の障子】

はなのしょうじ【鼻の障子】
鼻の中央にある、骨のような部分。梅毒（ばいどく）に罹患（りかん）し、症状が悪化すると、この鼻の障子がなくなってしまいます。江戸時代は、梅毒を瘡（かさ）と呼んだので「瘡をかくと（梅毒に罹患すると）鼻の障子が取れる（なくなる）」といわれました。この症状がさらに悪化すると、鼻そのものが崩壊してしまいます。そういう人を、鼻が欠けているところから「鼻っかけ」と呼びましたが、この言葉は、瘡とは無関係に悪口としても使われました。梅毒が原因で鼻の障子が取れ、本当に鼻っかけになったのが、『鼻ほしい』の主人公の男です。

はなまき【花巻】
細かく切った海苔を振りかけた蕎麦。

はなをひく【花を引く】
花札博打を打つ。

はねる
歌舞伎などで、その日の興行が終わること。

はばかり
トイレ。**雪隠**（せっちん）、**高野**（こうや）、**後架**（こうか）とも。

はぶたえ【羽二重】
上等の絹織物。

はめいた【羽目板】
壁や天井に張っている板。大きな一枚板ではなく、細長い板が何枚も並べて張ってあります。だからこそ、「羽目板を蹴破（けやぶ）る」ことはできなくもありませんでした。

はやうま【早馬】
急ぎの知らせを伝える人が乗る馬。またその人、その役目のこと。略して「はや」ともいいます。

はやおけ【早桶】
棺桶（かんおけ）。現在は遺体を寝かせて安置する**寝棺**（ねかん）が主流ですが、江戸時代は遺体を坐らせて安置する座棺が主流でした。『らくだ』で早桶の代用品として、菜漬けの樽を用いることができたのも、遺体を横に寝かせるのではなく、棺の中に坐らせるからです。らくだの身体が大きくて蓋が閉まらないので、首の骨を折ってしまうのも、やはりらくだの遺体が坐っていたからでした。棺桶はあらかじめこしらえておいて、買いに来る客を待っていると、まるで人が死ぬのを待っているみたいになってしまいます。そこで、注文されてからこしらえることになっていましたが、客を待たせるわけにもいきません。早くこしらえる桶ですから、早桶です。

はらがくちい【腹がくちい】
満腹のこと。「腹がくちくなる」とも。

はらがけ【腹掛け】
胸からお腹までを覆う作業着。お腹の部分についているポケットを「どんぶり」といいます。

腹掛け

はらがけのどんぶり【腹掛けのどんぶり】 →はらがけ【腹掛け】

はらごもり【腹ごもり】
体内に経典や仏像、宝物などをおさめている仏像のこと。

はりがもてる【針が持てる】
裁縫ができること。具体的には反物から着物を縫い上げることができるレベルの技術をいいます。**仕立て屋**に頼むオーダーメイドの着物は庶民にとってはぜいたく品だったので、針が持てることはよい妻になる条件の一つでした。**女郎**の多くは針を持つ機会がありませんから、『山崎屋』で**身請け**をされて商家の**女将さん**になるつもりの女郎は慌てて裁縫の稽古をしています。『子別れ』の別れた妻は針が持てたため、**離縁**後も生計を立てることができました。

はりつけ【磔】
罪人を柱にくくりつけ、槍で刺し殺す刑罰。江戸時代は主人を殺した者がこの刑に処されましたから、『千両みかん』で**番頭**が若旦那を殺害すれば磔刑になると脅されたのは、嘘ではありませんでした。

はりひじ【張り肘】
懐に手を入れ、肘を張るポーズ。落語の中では、ランクが上の**女郎**の権威の高さを表すポーズとして登場します。

はりまぜのこびょうぶ【貼り交ぜの小屏風】
数種類の絵を貼った屏風。

はりみせ【張り見世】
女郎が**見世**先に並んで、道行くお客に顔を見せ、**お見立て**されるのを待つこと。女郎とお客の間には格子があるので、お客は直接女郎に触れることはできませんが、女郎と世間話や、煙草のやりとりなどをすることができました。それが**素見**の醍醐味だと『二階ぞめき』ではいっています。この張り見世にも序列があり、一番人気の**お職**は真ん中に、それから二番手、三番手がその左右に、という具合に並んでいました。客は一目見るだけで、その見世での人気の順が分かります。張り見世している女郎をお見立てするときは、「右から二人目」などと言わず、「**上**から二枚目」と言いました。

張り見世

はるなが【春永】
元来は、春先の日の長くなったことを指す言葉でしたが、ここから元日の挨拶に用いられるようになりました。しかし、そこからさらに転じて、年末の**掛け**を払えないときの言い訳の、定番の台詞ともなりました。旧暦では正月からが春ですから、『掛け取り』や『睨み返し』で、大晦日に来た借金取りに「いずれ春永にでも」と言うと、まるで「正月明けには払います」と言っているようですが、実際の意味は「金ができたときに払います」でした。

ばんがさ【番傘】
竹と和紙で作った実用的な傘。**蛇の目傘**(じゃのめがさ)が繊細な作りをしているのに対して、番傘は骨太です。大黒傘ともいいました。

ばんごや【番小屋】
町内の**木戸番**を務めている**番太郎**(ばんたろう)の職場兼住居。番太郎の重要な仕事が**木戸**の開閉だったため、番小屋は木戸のすぐ脇にありました。

はんごんこう【反魂香】
それを焚くと、死んだ人が生き返るという薬。もちろん実在しませんが、中国の史書に出てくるので、反魂香という名前とその効能はよく知られており、落語だけでなく、文楽などの題材にもなっています。よく似た名前の**反魂丹**(はんごんたん)は実在の薬で、気つけに用いられます。

はんごんたん【反魂丹】
よく知られた気つけ薬。

はんし【半紙】
ほぼB4サイズの和紙。現在は習字の際に用いる紙というイメージが強いのですが、昔はもっと幅広く用いられていました。履き物の鼻緒が歩いている途中で切れたとき、応急措置として鼻緒の代わりにすげ替えるのが半紙ですし、物を乗せるお盆の代用品としても用いられました。『雛鍔』では、羊羹(ようかん)を乗せる皿の代わりにしていますし、『鰍沢』では、お金を半紙に包んで渡しています。また、鼻をかんだり、服の汚れを拭うといった、現在のティッシュペーパーのような役割も果たしました。ただし、こういうときに新品の（まだ字が書かれていない）半紙を使うのは大変なぜいたくとされており、普通の人は反古(ほご)の半紙を懐に入れて、ティッシュペーパーやハンカチとして用いていました。『三枚起請』の振られ三人男の一人は、普段は新品の半紙で下駄の汚れをぬぐっていましたが、これはぜいたくを気取っていたわけです。

はんじもの【判じ物】
絵を使ったパズル、なぞなぞのことですが、そこから意味不明な言葉、言い草を判じ物といいました。「お前の言ってることは判じ物だよ」は「何が言いたいのか、さっぱり分からない」という意味です。

ばんしょ【番所】

治安のため、町の各所に設けられた警備施設。番人が交代で詰めて、近辺の警備にあたりました。**身投げ**などを防止するため、橋のたもとに設けられたのが橋番所です。武家屋敷が立ち並ぶ地域では、人の行き来の多いところに辻番所と呼ばれた番所が置かれました。**吉原**の**大門**にあったのが面番所です。**木戸番**と**自身番**は、町人の、町人による、町人のための番所でした。よく似た言葉に**御番所**がありますが、これは番所のことではなく、町人が**奉行所**のことを敬ってこう呼んでいました。北の御番所と南の御番所があり、南の御番所とは**南町奉行**のことです。

判じ物（答:たかなわ）

判じ物（答:あさくさ）

はんしょう【半鐘】
火事の発生を知らせるために打つ鐘。**火の見櫓**の上などに設置されていました。叩くと「ジャン」という音がするのが、『火焔太鼓』の**落ち**につながっています。半鐘を叩くことを「ぶつける」ともいいました。『富久』で「おい、どこかでぶつけてねえかい？」と言っているのは、「どこかの火の見櫓で半鐘を叩いていないか？（どこかで火事が起きたのではないか？）」という意味。

半鐘

はんしょうもん【判証文】
判子を捺した**証文**。

ばんずいいんちょうべい【幡随院長兵衛】
江戸時代初期の町奴のリーダー。旗本奴の水野十郎左衛門との戦いで知られていますが、『芝居の喧嘩』はその長兵衛と、水野の家来同士の争いの噺です。長兵衛は**口入屋**の**親**

方でした。口入屋の親方にこれだけの子分がいたのは、人夫など肉体労働専門の就職先を斡旋し、仕事がないときは、腕力自慢の彼らを無償で養っていたからです。

はんすけ【半助】
五十銭のこと。一円が「円助」と呼ばれたので、その半分だから半助です。

ばんた【番太】→ばんたろう【番太郎】

ばんだい【番台】
湯屋（銭湯）の、男湯と女湯の境界にある、一段高い台。銭湯の従業員がここに坐り、お客から料金を受け取ります。昔はロッカーがありませんでしたから、脱いだ服は籠などに入れるだけ。それを盗まれないよう、また、他のお客の衣服と間違えないよう見張っているのも、番台の大事な仕事でした。

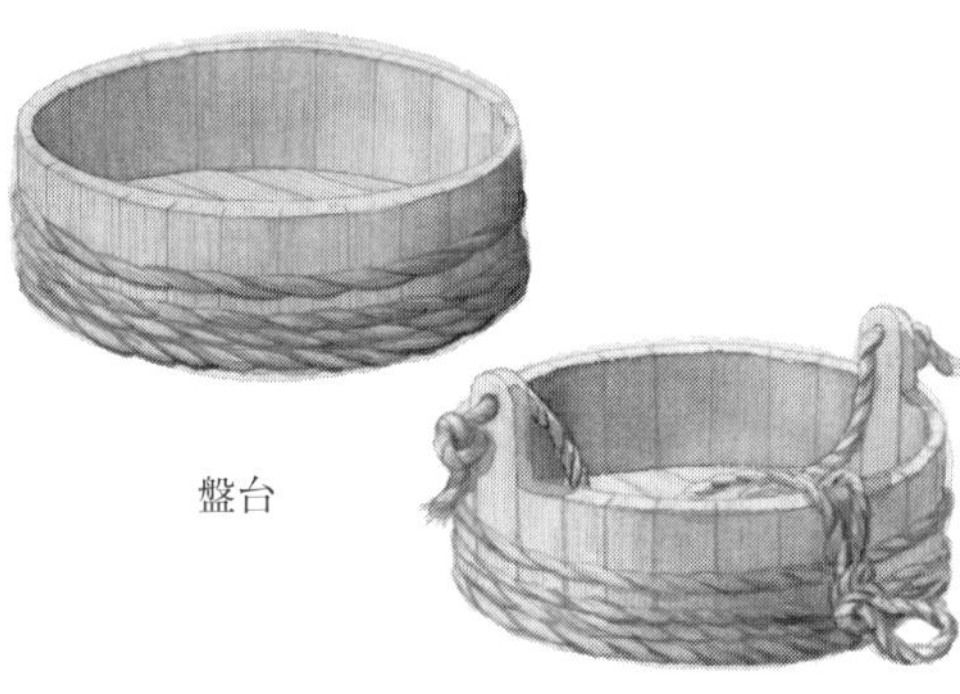
盤台

ばんだい【盤台】
丈の浅い盥。**棒手振り**の魚屋がこれで魚を運んだり、寿司屋が寿司桶として用いました。構造は盥と同じですから、水が漏る盤台は不良品です。『芝浜』の魚屋の妻は、そのことをよく承知しているので、夫が仕事を休んでいる間も、盤台の水が漏らないよう、毎日ケアをしていました。

ばんたろう【番太郎】
町内の**木戸番**をする人。**木戸**の開閉と、**拍子木**を打って**刻**を知らせるのが主な仕事でした。町内のために働いているので、町内が番太郎を雇います。そのため、町内のあらゆる雑務を引き受けました。『大工調べ』の**大家**が「（以前は）町内の使い走りをしてやがった」と罵られているのは、元は番太郎だったからです。しかし、町内の雑務と木戸の開閉くらいの仕事では、ほとんど収入になりません。そこで、番太郎の多くは自分が生活をしている**番屋**を店にして、小商いなどの副業をしていました。『大工調べ』で焼き芋の話が出てきますが、これも番太郎がよくやっていた副業の一つでした。その際に「前の六兵衛番太（ろくべえばんた）は」と言っているように、番太郎を略して、番太ともいいました。

はんちく

中途半端。

はんてん【半纏】

羽織を簡略化した上着。

ばんとう【番頭】

商家の従業員の中でトップの役職。『派手彦』では、番頭のことを支配人と呼んでいますが、ある意味、言い得て妙で、商家のトップは主人ですが、その商家の経営を実質的に支配しているのが番頭でした。ただし、**大家**（たいけ）の商家となると番頭が何人もいて、番頭の中にさらにランクがありました。『引っ越しの夢』や『柳田格之進』では一番番頭、二番番頭、三番番頭と呼んでいますが、大番頭、中番頭、小番頭とも呼びました。

　商家は基本的に住み込み制でしたから、従業員は昼間だけではなく、夜でも旦那に見張られているようなものでした。『百年目』の大番頭ですら隠れて遊びに出かけるのは昼間で、夜遊びはできません。この番頭がこっそり家を借りて、そこに高価な衣装を隠しているのも、店では従業員は個人の部屋など持っていなかったからです。番頭ともなればかなりいい年なのに、性的にもかなり抑圧されていましたから、『引っ越しの夢』で新しい**女中**が来て、番頭たちが色めき立つのも当然のことでした。そうした番頭たちの中で、唯一の例外が『御神酒徳利』の**通い番頭**（かよいばんとう）です。『双蝶々』では、**江戸**を舞台にしているにもかかわらず、大坂弁を喋る番頭が登場します。当時の江戸の商家に**上方**（かみがた）の分店が多かったためです。いわば大坂本店から江戸支店へと、部長クラスの番頭がお目付け役としてやって来ているようなものでした。

はんとき【半刻・半時】→いっとき【一刻・一時】

はんにゃ【般若】

鬼女。お能の面の一つとして知られています。

般若（面）

はんにゃとう【般若湯】
仏教の世界で、酒を意味する隠語。僧侶は、戒律で酒は飲んではいけないことになっているので、酒といわずに、般若湯といいました。**般若**は仏教では知恵を表します。僧侶にとっては、酒とは知恵の湯だったのです。

はんふだ【半札】
寄席で、**トリ**の芸人が休演するなどのトラブルが発生したとき、**木戸銭**の半額をキャッシュバックすること。「札」という文字がついていますが、半額割引券という意味ではありません。

はんまがき【半籬】
籬の高さが**総籬**の半分、あるいは四分の一の**見世**のこと。**吉原**の**中見世**がこの半籬で、中見世のことをそのまま半籬とも呼びました。これに対して籬が天井まであるのが総籬、すなわち**大見世**です。

半籬

ばんや【番屋】
番人がいる詰め所。**自身番**の番屋である自身番屋も略して番屋と呼び、町内の事務所としても使われました。**木戸番**が住んでいるのも番屋です。

【ひ】

ひいれ【火入れ】
煙草などに火をつけるため、小さな炭が入っている器。現代の煙草におけるライターの役割をしました。

火入れ

ひおどしのよろい【緋縅の鎧】→**おどし【縅】**

ひかげのもものき【日陰の桃の木】
桃の木は幹が細く、ヒョロヒョロしています。その桃の木を日光が当たらない日陰で育てると、さらに細く、ヒョロヒョロとなります。そこから、背ばかり高いヒョロヒョロした人をたとえるのに、こういいました。ただ「桃の木みたいだ」と言わずに、「日陰の」とつけたところがミソです。

ひかげのもやし【日陰のもやし】

モヤシは白くて、ヒョロヒョロとしています。そのモヤシを日陰で育てたら、さらに白くヒョロヒョロとなるだろうということから、「青白い顔をして覇気のない人」をこう呼びました。実際には、モヤシは最初から日陰で育てているので、厳密にはこのたとえはおかしいのですが、慣用句としてよく使われました。

ひき【疋】

江戸時代の金の単位で、十**文**が一疋です。

ひきずり【引きずり】

女性が裾を引きずって歩く様から、だらしない女の形容。また、着るものにだけ気を遣い、他のことを一切しない女のこと。「お引きずり」とも。

ひきつけ【引きつけ】

廓で、**女郎**と客を会わせること、またそのための部屋。『お直し』で**妓夫**にそそのかされて**見世**に上がった客が、今度は妓夫の妻である**遣り手**と**玉代**の交渉をし直し、最後には客は着物まで脱がされてしまいますが、このやりとりをしている場所も引きつけです。客は女郎と会う前に、引きつけで遣り手と金の交渉をしました。

ひきてぢゃや【引手茶屋】→おちゃや【お茶屋】

びく【比丘】

比丘尼の略で、正確には尼のことですが、髪を下ろした女性もこう呼びました。ですから、髪を下ろした女性は、僧侶ではなくても尼と呼ばれますし、髪を下ろすことを「尼になる」といいました。「髪は女性の命」ということが言葉だけではなく、半ば本気でそう思われていました（男性も**髷**は命でした）から、女性が尼になるのは大変なことでした。だからこそ、憎い女性に対する意趣返しに、『星野屋』や『品川心中』では、比丘尼になることを強制します。現在の感覚では、尼＝スキンヘッドですが、江戸時代では「切り髪」といって、今のボブヘアでも十分に比丘と言って通用しました。『星野屋』

や『品川心中』もそのパターンですから、髪を襟元で切っただけで尼になったとみなされたのです。

　また地方には、スキンヘッドの**女郎**がいて、これも比丘尼と呼ばれました。『三人旅／おしくら』の老婆は、この比丘尼もどきです。

ひけし【火消し】

火災を消すこと。また火災を消す人。

ひけしやしき【火消し屋敷】

江戸時代の**江戸**の町には大名火消し、**定火消し**、**町火消し**の三つのグループがありました。江戸の町ができた当初は、江戸の町を火事から守るのは侍の役割とされていたので、侍の中でも一番偉い大名が自己負担で人を雇い、消火隊を組織しました。これが大名火消しです。ところが、それだけでは数が足りず、今度は旗本も火消しに加わるようになりました。これが定火消しで、この定火消しの旗本が、配下の**火消し人足**の住居として提供していた家屋が「火消し屋敷」です。定火消しの最末端で働いたのが**臥煙**でしたから、臥煙は基本的に全員、この火消し屋敷に住んでいました。『火事息子』の主人公が寝泊まりしていたのも、この火消し屋敷です。だからこそ、母親の夢を見て目覚めたとき、すぐ隣に仲間が寝ていたのです。臥煙は一本の丸太ん棒を枕代わりにして、並んで寝ていました。

ひけすぎ【引け過ぎ】

大引けが過ぎた頃で、**廓**の**見世**の営業が終わった時刻。大引けが過ぎると、廓の見世はもう客を取りません。そういう時間を見計らって、**女郎**は**間夫**のいる部屋へ行くので、「間夫は引け過ぎ」です。その夜、女郎がそのまま間夫の部屋に泊まってしまえば、**廻し**の客は全員揃って振られることになります。

ひざら【火皿】

煙管の先端にある煙草を詰める穴。

ひじてつ【肘鉄】

肘鉄砲の略で、相手を拒否することを「肘鉄を食らわせる」と言います。「肘鉄を食べさせる」だと、『宮戸川』のお花になってしまいます。

びぜんおさふねのじゅうのりみつ【備前長船の住則光】

室町時代の刀鍛冶の名前。

びたいちもん【びた一文】

「びた」は、「びた銭」の略で、漢字では鐚と書きます。金偏に「悪」ですから、悪い金（通貨）のことで、戦国時代に流通していた粗悪な鉄銭(てっせん)をこう呼びました。江戸時代にはすでに使われていなかったのですが、びた銭＝粗悪な銭＝もっとも値打ちのない通貨、というイメージだけは残ったらしく、「一**文**(もん)も金がない」というのを強調するとき、「びた一文もねえ」と言いました。

びたせん【びた銭】→びたいちもん【びた一文】

ひだね【火種】

炭や薪を着火するために用いる小さな火のこと。ゼロの状態から火をつけるのは大変な手間がかかるので、江戸時代の人は、この火種を常に絶やさないようにしていました。一番ポピュラーな方法は、火鉢(ひばち)などに小さな火を熾(おこ)らせておく（炭を弱火の状態にしておく）ことでした。『笠碁』の**碁敵**(ごがたき)の片割れが、「火鉢の火が大き過ぎる」と文句を言っているのは、煙草の火種にするには火が熾り過ぎている（これでは炭がすぐ消費されてしまい、もったいない）という意味です。このように各家では、小さくても常に火種が尽きないようにしていたのですが、独身者で**出商売**(でしょうばい)をしていたりすると、家に火をつけたままにしておくのは不用心なので、常に火種があるというわけにはいきません。そこで、ちょっと煮炊きものをしたり、あるいは煙草を吸うのさえ、隣近所に火種を借りねばならない、ということになりました。『たらちね』や『不動坊』では、主人公が隣に住むお婆さんから、火種を借りています。

ひだま【火玉】

煙管(きせる)の**雁首**(がんくび)の**火皿**(ひざら)の中で、火がついて赤くなっている煙草の葉のこと。こうなると、煙草の葉はすべて燃え尽きていますから、煙草の味わいはありません。それでもケチ臭く煙草を吸い続けると、吸う息の勢いで、雁首の中の火玉が踊るように動きます。『長短』では、「火玉が踊るまで煙管をくわえてるんじゃねえよ」と注意しています。

ひだりづま【左褄】→つま【褄】

ひぢりめん【緋縮緬】

緋色(ひいろ)（鮮やかな赤色）の縮緬のことで、この生地は多く、若い女性の**腰巻**や長襦袢(ながじゅばん)に用いられました。ですから、緋縮緬＝セクシーという図式ができあがっていて、落語で濡れ場となると、必ずこの緋縮緬が登場します。『宮戸川』のなれそめの場面が、その典型です。緋縮緬はちらりと見せるのがポイントでした。

ひといろあきない【一色商い】
売る品物を一種類に限って行う商売。「一声と三声で売らぬ卵売り」で始まる**売り声**(うりごえ)の枕に出てくる商売も、卵売り、大根売り、牛蒡(ごぼう)売り、金魚売りと、すべて扱っている商品は一種類でした。落語に登場する**大道商い**(だいどうあきない)は、ほとんどがこの商法で、『かぼちゃ屋』や『唐茄子屋政談』は、かぼちゃの一色商いです。

ひとつ【一つ】
一歳。昔は**数え年**で数えたので、生まれたときがゼロ歳ではなく一歳でした。ですから『子ほめ』では、生まれたばかりの赤ん坊の年を「一つ」と言っています。数え年では、新年を迎えるたびに年が一つ増えますから。十二月三十一日に生まれた人は、生まれた時点で一つで、次の日の一月一日になると二つになります。『子ほめ』の**番頭**は四十歳ですが、これも満四十歳ではありません。

ひともじぐさ【一文字草】
葱。女房言葉で、葱を「き」と一文字で呼んだことから。

ひのきづくり【檜造り】
檜で造られた家。檜は家屋に使う建材としては最高級品で、江戸時代は大名屋敷でもなければ、檜で家を建てることなどできませんでした。

ひのたまくう【火の玉食う】
「論語(ろんご)」の冒頭は多くは、「子曰(しのたまわ)く」という文章から始まります。その「論語」を音読して勉強しているのを、横で聞いている無学な人は、その「子曰く」が「火の玉食う」に聞こえました。そこで『明烏』では、「あの野郎は一日中家にとじこもって、火の玉ばっか食ってやがる」という悪口が出てきます。「曰(いわ)く」を「曰(のたまわ)く」と読むのは、「論語」の主役・**孔子**(こうし)に対する尊敬の念からで、「曰(のたまわ)く」は敬語です。

ひのべ【日延べ】
延期。

ひのまわり【火の回り】
火事が起きた際の、火の勢いのことですが、火の用心をして歩く人のこともこう呼びました。

ひのみやぐら【火の見櫓】
火事を発見するための見張り台。設置されている**半鐘**(はんしょう)を鳴らすことで火事の発生を告げ、半鐘を打つ速度によって、火事場までの距離を表しました。また、どこかで半鐘が鳴っている(どこかで火事が発生している)ときは、『富久』でやっているように、火の見櫓にのぼり、火事がどこで起きているのかチェックしました。

火の見櫓

ひばこ【火箱】
行火(あんか)や火鉢(ひばち)など、箱状の物に炭火を入れた暖房器具の総称。

ひばし【火箸】
炭をつかむための鉄製の箸。

ひばちのひきだし【火鉢の引き出し】
→ながひばち【長火鉢】

ひふきだけ【火吹き竹】
主に竹で作った、中が空洞になっている長細い棒。息を吹いて、火を熾(おこ)すのに用います。

ひぶせ【火伏せ】
防火。「火伏せの神」は、火事から守ってくれる神様、「火伏せの御札(おふだ)」は、火事にならないように貼る御札です。

ひまいり【日参り】
毎日お参りをすること。

ひまをだす【暇を出す】
奉公人に休暇を与えること、あるいは奉公人をクビにすること。さらに、「妻を**離縁**(りえん)する」という意味も。自分から退職、あるいは離縁を望む場合は「暇をもらう」「お暇を頂戴する」となります。退職を望み、「暇がもらいてえ」と言ったのが『化物使い』の**権助**(ごんすけ)で、離縁を望んで「お暇を頂戴したい」が、『厩火事』のさるお屋敷の**奥様**です。

ひもうせん【緋毛氈】
緋色(ひいろ)(赤色)の**毛氈**。ぜいたくな感じのする敷物です。噺家の**高座**(こうざ)に敷いていることもあります。**張り見世**(はりみせ)で**女郎**(じょろう)たちが座っているのも、この緋毛氈の上でした。これはゴージャスさを出すためです。ですから、花見に緋毛氈というのはかなりの金持ちでなければできないぜいたくでした。

ひや【火屋】
火葬場、**焼き場**。**江戸**では土葬、火葬、いずれも自由でしたが、火葬の方が多かったようで、『らくだ』も『黄金餅』も火葬にしています。火屋で火葬にするには、許可書である**切手**

が要ります。しかし、『らくだ』でも『黄金餅』でも、そのあたりのことは、なあなあで済ませています。

ひや【冷や】

冷や酒のことですが、冷酒のことではありません。昔は、酒はお燗をするか、お燗をしていないかの二種類しかありませんでした。お燗（温めた酒）の反対だから、冷やです。現在の言い方だと「常温」です。『酒のかす』でも言うように、昔は「冷やは毒」というコンセンサスがありました。『夢の酒』で言うように、「（口当たりがよいので）飲み過ぎて失敗をするから」という理由もあったようですが、酒の質の変化も大きいようです。冷やして飲む方が旨いとされる吟醸酒が登場するのは、江戸時代も終わり、だいぶ後になってからのことでした。反対に、江戸時代には燗酒は上品なもので、冷や酒は下品というイメージがあったようです。

ひやかし【素見】

吉原などで**見世**に上がらず、**女郎**たちとふざけたり、品定めしたりすること。商店をウインドウショッピングすることも素見ですが、紙職人が紙を冷やかしている間に、吉原見物に行ったことが語源になっているので、女郎の品定めを素見と呼ぶのが始まりのようです。浮かれ歩くことを「ぞめく」ともいい、そこから素見を「ぞめき」とも呼ぶようになりました。『二階ぞめき』は、自宅の二階で素見をする噺です。『盃の殿様』では、武家らしく「ひやかし」と言わず、「すけん」と言っています。

びゃくだんみがき【白檀磨き】

金箔を塗ったものの上に、透き漆という半透明の漆を塗ったもの。鍍金の上にニスを塗ったようなもので、金色がより豪華になる上に、保存性もよくなります。この処理をしたものが、磨き上げた白檀の木材に似ているところから、白檀磨きという名がつきました。

ひゃくにちかづら【百日鬘】

歌舞伎で用いる鬘の一種で、**月代**を剃らずに、髪が伸び放題になっている髪型を表したもの。

百日鬘

ひゃくまんべん【百万遍】
念仏を百万回唱えること。南無阿弥陀仏を一回唱えるのに一秒かかるとして、それが百万回ですから、百万秒です。なので、寝ずに唱えても十一日はかかろうという苦行ですが、ちゃんと抜け道があって、十人で唱えると念仏の数も十分の一になります。百人で唱えると百分の一。『大山詣り』では、**長屋**の**女将さん**連中と熊さんのおよそ十人前後で唱えていますから、きちんとやっても一日で終わったでしょう。

ひゃっかえん【百花園】
向島にある花園。百花という名前から、多くの種類の花が咲いているように思いますが、「梅は百花にさきがけて咲く」ということから、百花とは梅のことです。明治時代には、同名の「百花園」という落語・講談の速記の専門誌が発刊されました。落語ファンにとって百花園は、こちらの方がよく知られているかもしれません。

びゃっこ【白虎】→しじんき【四神旗】

ひゃっぽんぐい【百本杭】
大川の両国橋のすぐ上流の河岸。ここは防水用の杭をたくさん打ち込んだ場所があったので、百本杭と呼ばれました。鯉などの釣りの名所としても知られています。**屋根船**遊びの最良のコースは、**芸者**と飲みながら、百本杭で向島の景色を見て楽しみ、そのあと**首尾の松**というものでした。

ひやめし【冷や飯】
江戸時代の**江戸**の町の庶民は、基本的に米を炊くのは一日に一度、朝に炊くと決まっていました。温かい炊きたての米の飯はそれだけで御馳走なので、特別に頭に「御」の字をつけて御飯と呼びます。冷や飯は、その反対のニュアンスがあるので「冷や飯食い」は、冷遇されている人を意味するようになりました。武家では、家督を継げるのは長男だけですから、次男以下は「冷や飯食い」と呼ばれました。『三味線栗毛』の角三郎も三男だったため、冷や飯食いでした。

ひょうしぎ【拍子木】
二本の長方形の堅い木を打ち鳴らし

拍子木

て、音を出す道具。用途はさまざまで、『権助芝居』では芝居で合図を送るのに、『二番煎じ』では火の用心を呼びかける効果音として用いられています。また、夜間に**木戸**を通行する人がいたときは、**木戸番**が拍子木を打ってそれを知らせましたし、**廓**で**中引け**、**大引け**を知らせるのも拍子木でした。

ひらば【平場】
芸人と客が、一対一で向かい合う宴席のこと。あるいは、客が素面でいる宴席。客を取り持つ**芸者**や**幇間**にとって、平場はもっとも難しい仕事とされていました。

びろう【尾籠】
人前で口にするのをはばかる、汚い・猥褻な物事。また、そうした振る舞い。

ひろしげ【広重】
歌川広重。江戸時代の有名な浮世絵師。

ひろめや【披露目屋】→とうざいや【東西屋】

びん【鬢】
髪の両サイドの部分。この部分を手で叩くのが「びんた」。

びんごのごぶべり【備後の五分縁】
備後（現・広島県）産の畳表を使い、縁の部分を五分（十五ミリ）の幅にした畳。備後表は、畳表の中の最高級品です。さらに、通常であれば一**寸**（三十ミリ）の畳の縁をその半分の幅に仕上げるのは、相当な技術が必要とされます。備後の五分縁は、品質・技術ともに最高レベルの畳なのです。

びんだらい【鬢盥】
小型の盥。**鬢**を湿す水を入れるために使いました。**廻り髪結**の商売道具の一つです。

びんぼうどっくり【貧乏徳利】
一升の酒が入る**徳利**。昔は瓶入りの酒は売っていませんから、酒を入れる容器である徳利を持って酒屋へ買いに行きました。その一升徳利が「貧乏」と呼ばれるのは、昔は酒は樽で一斗（十升）単位で買うものだったからです。ですから、『質屋蔵』の**大店**では酒を樽で買っていますが、『猫の災難』では一升が入る貧乏徳

貧乏徳利

利を持って、五合の酒を買いに行きます。

【ふ】

ぶ【分】
江戸時代の金貨の一つ。四分で**一両**です。明治時代になって、通貨の単位が、「両」や「分」から「円」や「銭」に変わっても、一円を一両と言ったりしました。一分という場合は、一分は一両（一円）の四分の一ですから、二十五銭を指します。ですから、二分は五十銭です。

ふうじゃ【風邪】
風邪（かぜ）を気取って言った言い方。

ふうふやくそく【夫婦約束】
将来夫婦になる（結婚する）という約束。「めおとやくそく」とも。

ふうらぼう【風羅坊】→ばしょう【芭蕉】

ふうりゅう【風流】
上品で洒落ていること。雅（みやび）やかで落ち着いていること。

ふうりゅうじん【風流人】
風流を好み、俗事にとらわれない人。

ふかあみがさ【深編み笠】
顔が隠れるように作られた**編み笠**。顔をすっぽり覆うようになっているので、目の部分だけ笠を粗く編み、前が見えるようになっています。深編み笠をかぶるのは、顔を隠すのが目的ですから、今で言えばサングラスをかけるようなものです。『花見の仇討ち』で浪人役の男が深編み笠をかぶっているというだけで、「人に顔を見られたくない事情があるのだな」ということが分かります。虚無僧（こむそう）がかぶっているのも深編み笠で、これは別名「**天蓋**（てんがい）」ともいいます。

深編み笠

ふかがわはまぐりちょう【深川蛤町】
現在の東京都江東区（こうとうく）永代（えいたい）、門前仲町（もんぜんなかちょう）。江戸時代にできた埋め立て地の一つですが、ここは大きな商家が立ち並び、家々の蔵が**大川**（おおかわ）から吹く風に吹きさらされていることで知られていました。つまり、いったん火事が発生すると、類焼する可能性が高い場所だった、ということです。この深川蛤町で一家をなした『鼠穴』の主人公が、あれほど火事を気にしたのも当然のことでした。

ふぎ【不義】

言葉の意味は、正義や道義に反することですが、具体的には婚姻関係にない男女が肉体関係を持つことを指しました。この不義には、現代で言う不倫と、未婚の男女の肉体関係の二種類があります。前者にあたるのが、『宿屋仇』で侍の妻と不倫をした**小間物屋**です。「不義密通」とも言い、これを犯した者は「死罪」となります。さらに未婚の男女がお互い納得ずくであっても、奉公人であれば主人の許しを得ずに、親がかりの身であれば親の許しを得ずに肉体関係を持てば、不義を犯したと見なされることもありました。奉公人が主人の娘と関係を持つなどは、不義中の不義です。『おせつ徳三郎』で奉公先のお嬢さんといい仲になった徳三郎は、このルールに則って、あらゆる人たちから非難されています。ただし、こちらには定められた刑罰はありません。『粗忽の釘』の夫婦のように、**くっつき合い**も容認されていました。

ふきょう【不興】

興ざめ。悪い気分。悪感情。「御不興をこうむる」は、目上の人の機嫌を損なうこと。

ぶぎょう【奉行】

奉行所で働く役人の中の、トップのこと。また、奉行所のこと。

ぶぎょうしょ【奉行所】

江戸時代の行政・司法機関。裁判などもこの奉行所で行います。そこでのトップが**奉行**です。今の警察などよりもはるかに威信と権力を持ち、一般庶民は、奉行と名を聞くだけで震えあがりました。そこで敬って、御奉行所、あるいは御番所といいました。

ぶぎょうせき【不行跡】

品行がよくないこと。主に男女間の性的関係で使います。

ふくぞう【腹蔵】

心の中で思って、人には知られないようにしていること。

ふくちゃ【福茶】

昆布、梅干し、山椒、黒豆などを入れた煎茶。正月、大晦日、節分などに飲みます。

ふくべ【瓢】
瓢箪（ひょうたん）、ひさごのこと。瓢箪の中身をかき出し、器にして、酒などを入れます。携帯用の酒器として用いられました。『野ざらし』では、瓢を携帯して釣りに行きます。

瓢

ふくろ【袋】→ぬけうら【抜け裏】

ふくろしない【袋竹刀】
竹を革で包んで刀状にしたもの。竹刀の前身で、袋竹刀が発明されるまでは、道場での剣術の稽古は木刀で行われていました。面や小手のような防具ができるのは、袋竹刀の後の時代のことですから、江戸時代の剣術は実戦でなく、稽古でもかなり危険でした。

袋竹刀

ぶげいじゅうはっぱん【武芸十八般】
剣術、槍術、馬術など、武士に必須とされた十八種類の技芸の総称。

ふさようじ【房楊枝】→ようじ【楊枝】

ふしあな【節穴】
板の節の部分が抜けて、穴になっているところ。ただの何もない穴ですから、ものをちゃんと見ていない人を指して、「おまえの目は節穴か」と罵（ののし）って言います。

ふじこう【富士講】
現在は、登山はレクリエーション、あるいはスポーツの一種ですが、江戸時代には登山は、信仰を目的にしたものが主でした。その中でも知られていたのが、大山詣り（おおやままいり）と**富士詣り**（ふじまいり）です。富士詣りに行く人たちは、**講中**（こうじゅう）というグループを作り、富士山へ登りました。それが富士講です。

ふじさん【富士山】→ふじのやま【富士の山】

ふじつ【不実】
誠意がないこと。「実（じつ）がない」とも。

ふじのやま【富士の山】
江戸時代に流布されていた伝説で

は、富士山は平地だったところが、一夜明けると突然あのような大きな日本一の山になっていた、ということになっています。そこから、短期間の間に驚くような成長をした人間を指して、「富士の山のようだ」と言うようになりました。『淀五郎』の主人公は、その典型の人物です。

ふじまいり【富士詣り・富士参り】
富士講(ふじこう)による、富士山登山。

ふじむすめ【藤娘】
元は絵の画題で、娘が藤の枝を持っている姿を描いたものでした。それが歌舞伎舞踊となり、さらに羽子板(はごいた)の絵などに用いられるようになりました。

ふじゃいんかい【不邪淫戒】→じゃいんかい【邪淫戒】

ぶしょう【不精】
ものぐさなこと。「無精」とも表記するのは、当用漢字制定の際、「不」を「ぶ」と読むことが禁じられたためです。ところが、なぜか「無」は「ぶ」と読んでよいことになったので、戦後の当用漢字では、不精は「無精」と書かれるようになりました。無精は宛て字で、『不精床』が昔からある、ある意味正しい表記です。

ふしょうち【不承知】
文字通り、承知しないこと。現代語では、「承知」は「～する」を語尾につけて、動詞として用いますが、古くは名詞として用いました。「承知したか?」は「承知か?」で、「承知しないのか?」は「不承知か?」です。

ふしん【普請】
工事。主に建築工事のことで、家の改修工事とその結果、完成した家も普請といいます。

ふしんば【普請場】
工事現場。主に建築現場のこと。

ふすま【衾】
掛け布団。平安時代に使われた古い言葉で、だからこそ由緒もあり、ちょっと上品で、お洒落な言い方でもありました。そういう言葉ですから、庶民は使いません。**廓**(くるわ)、あるいは大名屋敷などで用いられました。

ぶたいばん【舞台番】
芝居の興行の際、舞台の**下手**(しもて)に坐り、観客が騒ぐのをしずめる役。『蛙茶番』で舞台番を置いたのは、公演したのが「天竺徳兵衛(てんじくとくべえ)」という古い狂言だったので、わざと古い型を踏襲して、今はほとんど見かけない舞台番をわざと登場させたのです。

ふちょう【符丁】
その商売、業種だけで使われる隠語。この符丁で、もっともよく用いられるのが数字です。数字の符丁を使えば、同業者同士が客の前でお金の話もできます。噺家と、床屋の数字の符丁は、まったく同じです。

ぶちょうほうもの【不調法者】
未熟者、半人前。

ぶっさきばおり【ぶっさき羽織】
羽織の下半分が、真ん中で割れている羽織。刀を差すのに便利でした。

ふつつか
行き届かない。不届き。

ふどうそん【不動尊】
仏教の信仰対象である、神様の一つ。恐ろしい顔をしているので、怖い神様、強い神様というイメージがあります。怖い顔をして人をにらみつけている様を「不動様のようだ」と言います。成田山のお不動様の御守りを持っていると、喧嘩に負けないとされました。江戸時代の人々は神信心を大事にしましたから、一般人は「お不動様」と様づけで呼びました。

懐手

ふところで【懐手】
着物を着る際、手を袖に通さず、懐に入れたままの格好。ここから、自分では何もせず、人任せな態度のこともいいます。

ふとん【布団】
現在では、掛け布団と敷き布団のセット、もしくはその片方を布団と呼びますが、江戸時代では布団といえば、まず座布団のことでした。明治時代を舞台にした『かんしゃく』でも、座布団を「布団」と呼んでいます。寝るときに用いる寝具も布団と言いましたが、掛け布団ではなく、敷き布団のみの呼称でした。掛け布団はほとんど用いず、代わりに**掻巻**(かいまき)を使っていたからです。

ふなやど【船宿】
屋形船(やかたぶね)や**猪牙舟**(ちょきぶね)を船頭(せんどう)つきで貸し出す営業所。「宿」という文字がついていますが、江戸時代の**江戸**の船宿は、宿泊施設ではありませんでした。

ふむ【踏む】
「値を踏む」の略で、値踏みができる、

骨董品などの値打ちを判断できる、という意味。『道具屋』で「あの土瓶が踏めるか?」と聞いているのは、「あの土瓶の値段（値打ち）が分かるか?」ということです。→**めきき【目利き】**

ふもうごかい【不妄語戒】→**もうごかい【妄語戒】**

ふらち【不埒】
けしからぬ。不届き。

ぶらぢょうちん【ぶら提灯】
柄(え)の先にぶら下げるようにして持つ提灯。『権助提灯』で**権助**(ごんすけ)が、『味噌蔵』で**丁稚**(でっち)が持っているのが、この提灯です。

ぶらぶらやまい【ぶらぶら病】
はっきりとした原因が分からないまま、やる気が出ないなど、倦怠感を伴う病気。

ふりそでかじ【振袖火事】→**めいれきのたいか【明暦の大火】**

ふりそでしんぞ【振袖新造】→**しんぞ【新造】**

ふりわけのにもつ【振り分けの荷物】→**りょうがけ【両掛】**

ふるえもじ【震え文字】
震えている手で書いたような筆跡のことで、**小野道風**(おののとうふう)の筆跡をお手本にした文字をいいます。『山崎屋』では**妾宅**(しょうたく)の表札が、この文字で書かれています。道風は、仮名書きの優雅な字を書きましたから、**妾**(めかけ)の名前を書くにはぴったりでした。

ふるぎ【古着】
中古の服のことですが、江戸時代にはレディメイドの服でもありました。昔は着物といえば、**仕立て屋**で作ってもらうか、自分でこしらえるのが当たり前だったので、着物は基本的にはすべてオーダーメイドだったからです。しかし、急に着物が入り用になった場合は、オーダーメイドでは間に合いません。『御慶』の主人公が、千両富が当たった大金持ちであるにもかかわらず、古着屋で**裃**(かみしも)を買うのは、今日注文して明日までに裃をこしらえるのが無理だからです。背負い**小間物**のように、古着を持参して各家を回る商人もいたくらい、需要がありましたから、『締め込み』で盗まれそうになった自分の着物一式を見て、古着屋が荷物を預けていったと誤解するのです。

ふるだぬき【古狸】
「狸」は、一見おっとりしているが、実は抜け目のないことを考えている人。古狸は、その狸のキャリアを積んだ人物で、年齢と経験を積んだおかげで知恵だけではなく、ずる賢さまで増した人物のこと。悪口ですから、『お化け長屋』では、面と向かって古狸と呼ばれた人が気を悪くしています。

ぶれいうち【無礼討ち】
無礼を受けた際、相手を斬り捨てても罪に問われないという、武士だけに許された特権。ただし、斬り捨てたあと、斬った方がしかるべき措置を取らなければ罪に問われましたし、状況によっては届け出ても罪になることが多々ありました。『首提灯』で町人が侍に、「斬れるものなら斬ってみろ」と言えたのも、下手をすれば斬った侍がおとがめを受けるからです。『たが屋』で、侍が**たが屋**に「屋敷に来い」と言っているのは、公衆の面前で罪のないたが屋を斬れば、斬った方がおとがめを受けるということを知っていたからです。第三者が見ていない屋敷で斬り殺してしまえば、罪に問われることはないと考えたのでしょう。『怪談牡丹灯籠／刀屋』は無礼討ちが公式に認められた（斬った侍が罪に問われなかった）例で、これは実は珍しいことでした。斬捨御免とも。

ぶんきん【文金】
文金高島田の略。江戸時代は既婚未婚で女性の外見が変わりました。既婚女性は**お歯黒**をつけますが、未婚女性は白歯、既婚女性は留袖、未婚女性は振袖という具合です。髪型も既婚女性は**丸髷**を結ったのに対して、未婚女性は**島田**髷でした。その島田髷の中でも、**髷**の頭頂部の「根」と呼ばれる部分を厚く結い上げたのが高島田です。そして、もっとも根を高くしたのが文金高島田でした。
ちなみに高島田は、今ではフラットに発音しますが、昔は語頭の「た」にアクセントを置きました。

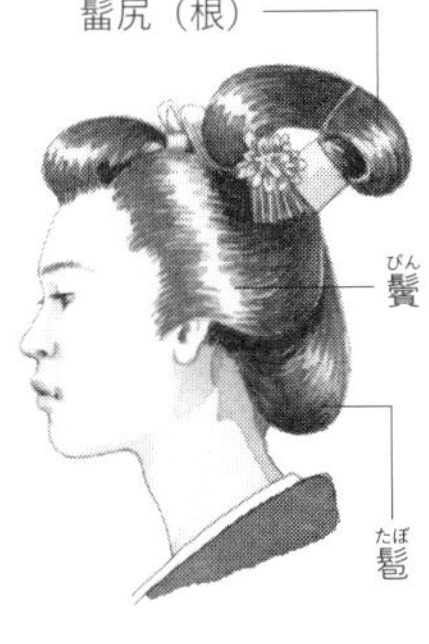

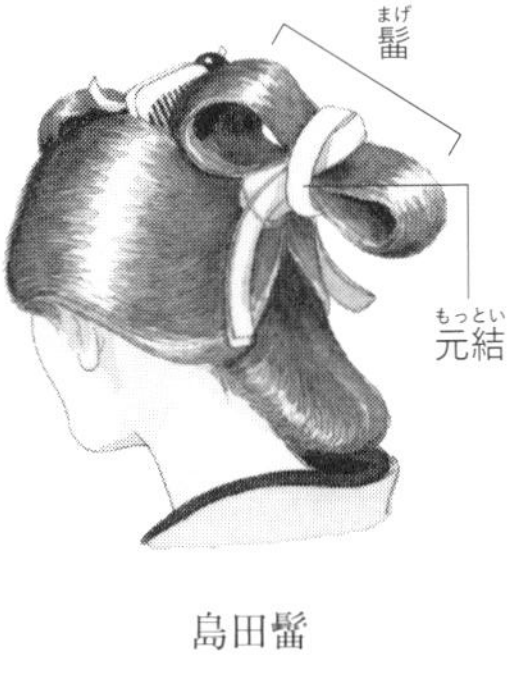

文金高島田

髷
元結
島田髷

ぶんけ【分家】→**のれんわけ【暖簾分け】**

ぶんこ【文庫】小物を入れておくための小さな箱。手文庫とも。

ぶんちょう【文晁】谷文晁。江戸時代後期の絵師。『普段の袴』では、音が同じ「文鳥」と間違えられます。

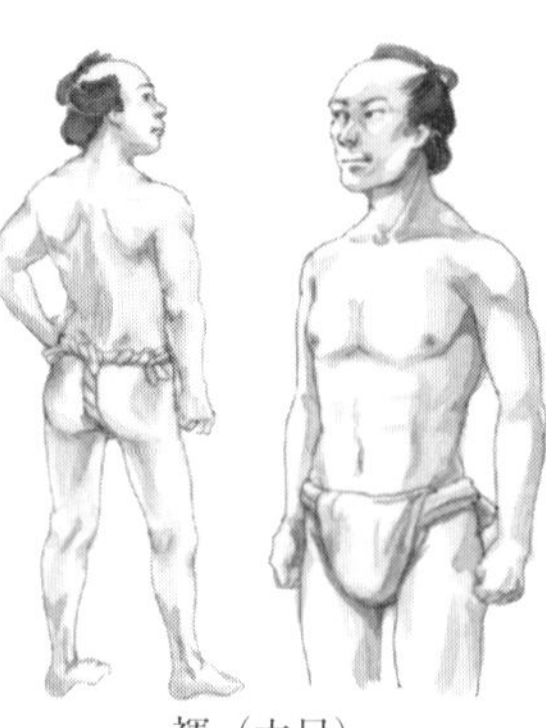

褌（六尺）

ふんどし【褌】男性の下半身を覆う布。下着の一種ですが、人に見られても問題はありませんでした。**駕籠かき**などは、褌一丁で仕事をしていましたし、『蛙茶番』や『錦の袈裟』のように、意識的に他人に見せるための褌もありました。『火事息子』の**臥煙**は、真冬でも褌に法被を羽織るだけの格好です。下帯とも。→**えっちゅう【越中】**

ぶんまい【分米】本来は、飢饉のときなどの非常時に、お上が庶民に配布する米のことですが、そこから転じて「人に分け与える米」を意味するようになりました。『つる』で隠居が嫁いだ娘から分米をもらっているというのは、仕送りのことです。江戸時代は「加賀百万石」という具合に、侍の収入が米の量で表現されていたので、米＝金銭と考えられていました。

【へ】

べくない【可内】家来の異称。漢文では「読むべし」を「可読」と書くように、「可」の文字が必ず文の上に来ます。しかし、家来は（主人の）上にいる存在ではないので、「可」ではないということから、家来を「べくない」と呼ぶようになりました。『やかんなめ』『たけのこ』では、人名のように使われていますが、**権助**や**三太夫**、**おさん**と同様、役職名が呼び名として用いられているのです。

へこおび【兵児帯】男性用の帯の一種。縮緬などをしごいた幅の太いもので、高級品もありましたが、基本的にはざっくばらんな普段着に用いるものでした。実物でもっともよく知られているのが、上野公園の西郷隆盛の銅像が締めている帯です。西郷隆盛が兵児帯を締めているのは、元々は薩摩藩でのみ着用されていたものだからでした。

へさき【舳先】
舟の前方、先端部のこと。「**みよし**」ともいいます。反対の舟の後方が**艫**です。

べっけ【別家】→のれんわけ【暖簾分け】

べっこう【鼈甲】
海亀の甲羅のことで、高級品の櫛や**笄**の材料となりました。そこから鼈甲といえば、ぜいたくなアクセサリーを指します。鼈甲問屋は、その手のぜいたく品を卸している問屋のことで、現代でいえば、さしずめ貴金属店です。『文七元結』の文七が奉公していたのがこの鼈甲問屋で、だからこそ取引額も大きかったのでしょう。**手代**の文七が五十両という大金の**掛け**を集金に行っています。
→あたまのもの【頭のもの】

べっこうどんや【鼈甲問屋】→べっこう【鼈甲】

べっこん【別懇】
特別に懇意。つまり、とても親しい。

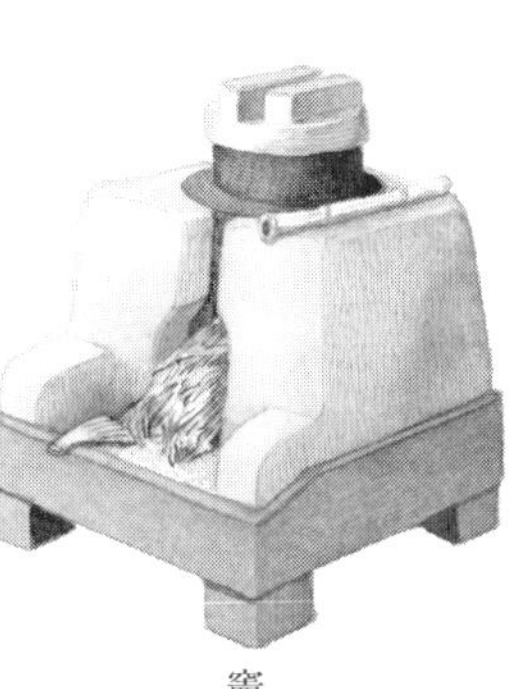
竈

へっつい【竈】
かまど。主に御飯を炊くときに用いました。

へらずぐち【減らず口】
憎まれ口。

べんけい【弁慶】
源義経の従者として知られる、武蔵坊弁慶のこと。お供についているというところから、**上方**では無銭で人にたかる人のことを、弁慶といいます。生涯を通じて、女性と交わったのは一度きりという伝説から、「弁慶と**小町**は馬鹿だ、なあ、嬶ぁ」という川柳が生まれました。

べんてんこぞう【弁天小僧】
芝居の「青砥稿花紅彩画」の登場人物の一人で、女装して悪事を働く泥棒。ですから、もちろん実在ではなく、フィクションの人物。弁天小僧菊之助として知られています。『湯屋番』に出てくる煙突小僧煤之助は、この弁天小僧菊之助のもじり。

べんてんさま【弁天様】
弁財天という神様の異称。女性の神様で、容貌が美しいことで知られていました。そこで、美人をたとえて「弁天様のようだ」「生きた弁天様だ」などと言います。『締め込み』で夫婦になる前の主人公が、惚れた女を弁天様だと言っていますが、これは最高級の褒め言葉でした。

べんてんやま【弁天山】
浅草の浅草寺境内にある小高い丘、というよりは、ただ地面が少しだけ盛り上がったところ、あるいはそこに建てられたお堂のこと。ここには、今も時を告げる鐘があります。『野ざらし』で「弁天山で打ち出す鐘が」と言っているのは、時を告げる鐘のことです。

べんとうをつかう【弁当をつかう】
弁当を食べる。

へんぶつ【変物】
変人、変わり者。

【ほ】

ほいろ【焙炉】→ほうろく【焙烙】

ほうかん【幇間】
酒席などで、お客の御機嫌を伺うことを仕事とする芸人。男芸者、太鼓持ちともいいます。男性（幇間）が男性（お客）の機嫌をとるのですから、とても難しい仕事とされました。

ほうこうぐち【奉公口】
就職先。

ほうしょ【奉書】
上等な和紙。

ぼうだら【棒鱈】
マダラの干物。

ほうたん【宝丹】
「気つけ」などをはじめとする万能薬。現在でも、健胃剤として販売されてます。

ほうのうぢょうちん【奉納提灯】
神社へ寄進された提灯。浅草の**雷門**の大きな提灯も奉納提灯です。神社に寄進されたものですから、盗むと神罰が当たります。中でも、**お稲荷様**は必ず祟りをなす怖い神様なのに、その稲荷の奉納提灯を盗んだのが、『反対俥』の車夫でした。

ほうのうてぬぐい【奉納手拭い】

神社仏閣に奉納した手拭い。御手洗と呼ばれる、手を清める場所に吊るしました。神様に捧げた品物ですから、盗めば罰が当たります。『元犬』のように**褌**代わりにするなど、言語道断でした。

ほうばい【朋輩】
仲間、友だち、同僚。

ほうらいまめ【蓬莱豆】
大豆に砂糖をコーティングし、紅白の二色に色づけした菓子。源氏豆とも。

ほうろく【焙烙】
素焼きの平たい土鍋で、手がついており、食物を炒ったり、焙じたりするのに用います。焙炉とも。この焙烙で緑茶の葉を焙じると、焙じ茶になります。『元犬』では「お茶を淹れるから焙炉を取ってくれ」と言っているのは、ただのお茶を淹れるのではなく、焙じ茶を淹れようとしているのです。

焙烙

ほおば【朴歯】
ホオノキで作った下駄の歯。また、ホオノキで作った歯をつけた下駄のことも朴歯といいました。下駄の材料の木材としては桐が最高級品とされていますが、その桐で作った下駄にホオノキで作った歯をつけるのが、明治以降流行しました。

ほけきょう【法華経】
仏教の経典の一つで、日蓮宗がもっとも大事にしているお経。正式名称は「妙法蓮華経」で、この頭に「敬う」という意味の「南無」をつけた「南無妙法蓮華経」がお題目と呼ばれ、日蓮宗の読経の中心となっています。

ほそかわのやしき【細川の屋敷】
江戸時代も賭博は**御法度**とされていて、賭博を取り締まるのは、**町奉行**の役割でした。しかし、その町奉行も武家屋敷までは手を入れることができません。その治外法権の利を生かして、武家屋敷で賭場が開かれることがありました。中でも有名だったのが、細川の屋敷です。**吾妻橋**を渡った川岸のところにありました。そこから『文七元結』の主人公が住んでいた、**本所**達磨横町はすぐ近くです。

ほそびき【細引き】
細い縄。

ほそみのだいしょう【細身の大小】
刀身の幅の広い刀を**段平物**と呼び、刀としては役に立つが、無骨で野暮なものとされていました。それに対して、幅の狭い大刀と小刀のことを「細身の大小」といいます。こちらは見た目は粋なのですが、実戦にはあまり役に立ちませんでした。

ぼだいじ【菩提寺】→ぼだいしょ【菩提所】

ぼだいしょ【菩提所】
先祖代々のお墓のある寺。菩提寺とも。**→だんなでら【檀那寺】**

ぼだいをとむらう【菩提を弔う】
死後の冥福を祈る。

ぽっくり【木履】
台が前のめりで、底辺をえぐって歯の代わりにした下駄。少女が履くものでしたが、**女郎**が**花魁道中**などで履くこともありました。その場合は木履の丈も高くなり、もっとデコラティブになります。

ほっけ【法華】
日蓮宗のこと。またはその信者。

ほっけのたいこ【法華の太鼓】
法華宗は、扇太鼓というものを叩きながらお経を唱えます。この扇太鼓が「法華の太鼓」と呼ばれるものです。『小言幸兵衛』の**心中**の場面で、心中する二人が**法華**の場合を想定して、「南無妙法蓮華経、ドロックドンドン」と言っていますが、後半の「ドロックドンドン」が法華の太鼓の音です。

ほっこく【北国】
吉原のこと。**江戸**の北側に位置するため、洒落てこう呼びました。北とも、北廓ともいいますが、北国とはいいません。『山崎屋』では、**女郎**上がりの嫁が舅から出身地を聞かれ、「北国ざます」と答えたところ、「ほっこく」を「きたぐに」と取り違えられ、「加賀様（現在の石川県、富山県を治めていた藩主）」の領地の出身と誤解されます。

ぼてふり【棒手振り】
前後に荷を下げた**天秤棒**を担いで、荷に積んだ品物を商う商人。**江戸**では、魚屋だけが棒手振りと呼ばれていたので、『芝浜』の魚屋は棒手振りですが、『かぼちゃ屋』や『唐茄子屋政談』で天秤棒を担いで、かぼちゃを売っているのは、正式には棒手振りとは呼びません。

棒手振り

ほねおり【骨折り】

苦労することですが、多く、「骨折り賃」の略称で用いられます。『夢金』の「骨折り**酒手**は存分に遣わす」は、「骨折り賃や酒代はたっぷりとやる」という意味。

ほり【堀】

江戸時代の**江戸**の町は川の町でもあり、町中に堀がありました。ですが、落語の中などで堀といえば、ほとんどの場合、**山谷堀**を指します。「堀の**船宿**」は山谷堀の船宿で、「堀の**芸者**」とは山谷堀の芸者のことです。堀の芸者は、腕のよい芸達者が揃っていることで知られており、**吉原芸者**や**柳橋**の芸者と並んで、江戸時代の売れっ子でした。次いで新橋の芸者が人気が出るのは、江戸時代が終わり、明治になってからのことです。

ほりいど【掘り井戸】

地面を掘って、水源から水を引いた上水道施設。「**掘り抜きの井戸**」とも。江戸時代の**江戸**の町の井戸はすべてがこの掘り井戸ではありませんでした。**長屋**にある井戸の大半は**水道**を溜めたものです。こちらは水の質もあまりよくないので、井戸がある長屋にも、**水屋**の需要がありました。『千早振る』で、千早が井戸に身を投げることができたのは、掘り井戸だったからですが、その井戸が掘り井戸だったのは、井戸のあったのが竜田川の故郷で、そこは江戸ではない地方だったからです。江戸の大半の井戸では、**身投げ**はできませんでした。

ほりぬきのいど【掘り抜きの井戸】

→ほりいど【掘り井戸】

ほりのうち【堀之内】

同名の地名は全国各地にありますが、**江戸**で堀之内といえば、日蓮宗のお寺・妙法寺がある、現・東京都杉並区の堀之内を指しました。「堀之内へ行く」とは、「妙法寺へお詣りに行く」という意味です。日蓮宗の開祖・日蓮は信者からは「**お祖師様**」と呼ばれたので、堀之内の妙法寺のことも、お祖師様といいました。

ほりのげいしゃ【堀の芸者】↓**ほり【堀】**

ほりもの【彫り物】
タトゥーのこと。**入れ墨**ではありません。彫り物は、唐獅子牡丹などの柄や気に入った言葉を自分の意思と趣味で、背中や腕などに入れるもので、入れ墨は罪人が罪を犯した印に手首などに入れられるものです。ですから、彫り物を入れている人に「格好いい入れ墨ですね」と言うと怒られます。**長屋**の住人で堅気でもある『大山詣り』の熊さんが彫り物をしているように、彫り物はやくざの専売特許ではありませんでした。↓**すみがはいったからだ【墨が入った身体】**

ほんけがえり【本卦帰り】
生まれた年の十干十二支と同じ年を迎えること。大きなスパンの暦が一めぐり（還り）したので、還暦ともいいます。六十年に一度で一めぐりですから、現在の満年齢で数えると六十歳で本卦帰りですが、昔は**数え年**で年を数えたので、本卦帰り（還暦）のときは六十一歳となります。『帯久』でも、年齢を聞かれた主人公が「六十一でございます」と答えると、「では、本卦じゃな」と言われています。

ほんじゅく【本宿】
幕府公認で、きちんとした設備が整った宿を営む**宿場**。

ほんじょ【本所】
隅田川の川向こう一帯。**吾妻橋**から両国橋まであたり。江戸時代には「本所七不思議」という、妖怪変化の現れた場所として有名でした。そのことを意識したのでしょう、『化物使い』で、化物が現れた屋敷があったのも本所となっています。

ほんすんぽう【本寸法】
本格的。

ほんぜん【本膳】
メインのお膳以外に、何種類かのお膳が入れ替わりで出てくる料理の形式。和食のフルコースです。そのメイン料理を本膳といい、またその料理全体も本膳といいました。↓**にのぜんつき【二の膳付き】**

ほんだむほん【本多謀反】↓**うつのみやつりてんじょう【宇都宮釣天井】**

ほんべや【本部屋】↓**つぎのまつき【次の間付き】**

ぼんぼんどけい【ボンボン時計】
一時間おきにボンボンと鳴って、時間を知らせる大型の時計。『ろくろ首』では、ボンボン時計が二回鳴ったときに、ろくろ首が現れます。つまり時刻は午前二時、**丑三つ時**ですから、この噺の作者は、ちゃんと妖怪変化が現れる時刻にろくろ首を登場させているのです。

ほんまさ【本柾】
柾目がきれいに通った木材。丸太の中心部からしか取ることができなかったので、とても貴重なものでした。鮪にとっての大トロのようなものです。この本柾の木で作った下駄は、最上級のものとされていました。『鰻の幇間』の**幇間**が盗まれるのが、この本柾の下駄です。

ほんや【本屋】
現在の本屋は、店を構えて書籍を販売しますが、江戸時代の本屋は貸本屋のことで、店を構えず、貸本を背負い客の家を回りました。客の機嫌をとって本を貸しつけていたので、『干物箱』の本屋の善公のような、社交的な人物も多かったようです。

【ま】

まえだれ【前垂れ】
着物が汚れないようにつける布。帯から下の部分を覆います。商店で下働きをする**小僧**や下女には必須のもので、商店のユニフォームの一つと言ってもよいものでした。そのため、前垂れを掛けている姿を見るだけで、その人が商人であることが分かりました。『茶金』では油屋が商人に変装するとき、前垂れを掛けて茶金の店へ行きます。

まおとこ【間男】
結婚している女性と、密通した男性のこと。間男の罰金は、**七両二分**とされていました。この中途半端な金額は、表向き十両の値打ちがあるとされていた**大判**の金の含有量が、実際には七両二分だったため、と言われています。ですから、七両二分は気持ちの上では十両。「十両盗めば首が飛ぶ」すなわち死罪であった時代の十両で、間男はそれだけ罪が深い、ということでした。

まがき【籬】
垣根のことですが、**吉原**では**見世**の入り口の格子を指します。この籬の高さが、見世のステータスを表しました。

まきえ【蒔絵】→**きんまきえ【金蒔絵】**

まきざっぽう【薪ざっぽう】
薪。「ざっぽう」とは、薪にするために切ったり割ったりした、木切れのことです。

まぐち【間口】
家の正面。

まくらがあがらない【枕が上がらない】
寝床から、起き上がることができない。そこから転じて、病気がよくならない、という意味。

枕団子

まくらだんご【枕団子】
遺体の枕元に供える団子。

まくらばし【枕橋】
大川(おおかわ)から、水戸屋敷に引き入れた**堀**に架かった橋。**本所**(ほんじょ)小梅(こうめ)にあり、「本所七不思議」の舞台の一つでもあります。

まげ【髷】
伸ばした髪を、頭頂や後頭部で束ねる髪型。男性の場合は**月代**(さかやき)を剃ります。

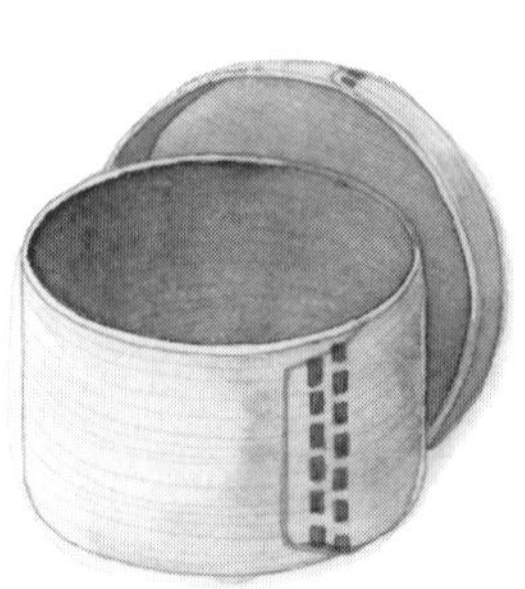

曲物

まげもの【曲物】
杉などの木材を薄く削ったものを曲げてこしらえた容器。わっぱ飯の器などがその代表例です。

まげる【曲げる】
質に入れる。「質」と同音の「七(しち)」という漢字の二画目が、直線を曲げて書くところからきています。

まご【馬子】
荷物や人を乗せた馬を引いて生計を立てる人。一日中馬に接しているので、あまり小綺麗な格好はしていませんでした。そこから、「馬子にも衣装」という慣用句も生まれました。「孫にも衣装」ではありません。**馬方**(うまかた)とも。

まさ【柾】→まさめ【柾目】

まさめ【柾目】
材木には木の年輪による模様がついており、これを木目（もくめ）と呼びます。木目が真っすぐに平行になっているものが柾目で、材木の中でも柾目が通ったものは最高級品とされました。

ますはな【増す花】
新しい恋人。「増す」は新たに増えた、という意味で、女性を花にたとえています。ですから、新しい恋人といっても、男性は指しません。『お若伊之助』で、お若（わか）が伊之助（いのすけ）に「増す花ができたのではないか」と心配していますが、お若に新たに恋人ができたとしても、それを「増す花」と呼ぶことはないのです。

まぜっかえす【混ぜっ返す】
相手の話にまともに返答せず、話を無茶苦茶にしてしまうこと。

またぞろ
またしても。またまた。漢字をあてれば「又候」となり、字面を見ても分かる通り古い言葉ですが、江戸時代には普通の口語として用いられました。「またぞろパッと騒いで」などと言います。

またび【股火】
火鉢を抱え込むように、あるいはまたがるようにして火にあたること。股火鉢ともいいます。

またひばち【股火鉢】→またび【股火】

まちあい【待合】
宴会や会議などのために場所を提供する仕事、またその場所のことを指しましたが、多くの場合、男女の密会に使われました。男性客が一人で待合へ行き、そこから**芸者**を呼ぶこともできますし、料理屋から料理を取ることもできます。そして、現代のラブホテルのような機能も持っていました。

まちびけし【町火消し】
町人で構成された消火グループ。**火消し**にはこの町火消し以外に、**大名火消し**と**定火消し**（じょうびけし）があります。後者二つが完全に公的な組織であったのに対して、町火消しは管轄こそ**町奉行**であったものの、資金その他はすべて町人が負担していました。ですから、町火消しは「町人の自治組織」というニュアンスが強く、メンバーも**鳶**（とび）が中心となっています。「いろは四十八組」に分かれていたのも、この町火消しです。『火事息子』に登場する若旦那は、最初この町火消しになるつもりでしたが、**回状**（かいじょう）を回されたためになることができず、定火消しの**臥煙**になりました。

まつおばしょう【松尾芭蕉】↓**ばしょう【芭蕉】**

まっこう【抹香】
焼香に用いるお香。

まつだおわりのかみ【松田尾張守】
戦国武将の松田憲秀のこと。父親の松田盛秀も尾張守でしたが、『真田小僧』に登場するのは、憲秀の方です。

まつのくらいのたゆうしょく【松の位の太夫職】
最高ランクの**女郎**のこと。秦の始皇帝が雨宿りをした松の木に**太夫**の位を授けた、という故事から、**吉原**の**花魁**も太夫と呼ばれていたことと絡め、花魁を松の位の太夫職と呼ぶようになりました。ただし、この松の位自体は宝暦年間（一七五一〜六四）にはなくなっています。のちに松の位と呼ばれた花魁たちは、自称あるいは、尊称として呼ばれていただけです。松があれば、松竹梅と並べたくなるのが日本人の常で、竹の位、梅の位も存在しましたが、こちらの方は落語には登場しません。

まとい【纏】
火消しの組の旗じるし。火事が発生すると、火消したちがこの纏を先頭に立てて、火事場へと向かいます。そして焼けている家のてっぺんで、この纏を振ります。火消しの組にとって、いわば顔のようなもので、場合によっては命よりも重要視されました。

まぶ【間夫】
女郎など玄人の女性が持つ、愛人のこと。『居残り佐平次』で、**佐平次**が客に「あなたが**花魁**のいい人なんでしょ？」と言っていますが、この「いい人」も間夫という意味で、間夫と同じくらいよく使われた言葉でした。女郎から見た客を表す言葉に「**素見**千人、客百人、間夫十人に恋一人」というものがあります。「素見をする客が千人いるとすれば、その中で実際に客になって**登楼**するのは百人、その中で間夫と呼べるのは

纏

十人で、さらにその中でも本気になって愛しいと思う男は一人だけ」というものです。ですから、間夫といっても、女郎にとってはたった一人の男、というわけではありませんでした。間夫は、恋人よりはハードルが低かったからこそ、誰もが間夫になることを目指したのです。

まめかす【豆粕】
大豆から油を搾り取った残りで、家畜の餌にしました。

まめしぼりのてぬぐい【豆絞りの手拭い】
白地に紺色の豆粒のような模様を、たくさん散らして染められた手拭い。

まめどん【豆どん】
禿(かむろ)。**吉原**(よしわら)の禿も豆どんと呼ばれましたが、この呼称が多く使われたのは、**四宿**(ししゅく)の**廓**(くるわ)でした。四宿は表向きは廓ではないので、**女郎**(じょろう)が**飯盛り女**(めしもりおんな)と呼ばれたように、禿は豆どん、あるいは小職(こじょく)と呼ばれました。

まゆだま【繭玉】
正月の飾り物の一種。竹などに繭の形をした、お菓子や七福神などを吊るしたもので、柱や**床の間**などに飾ります。

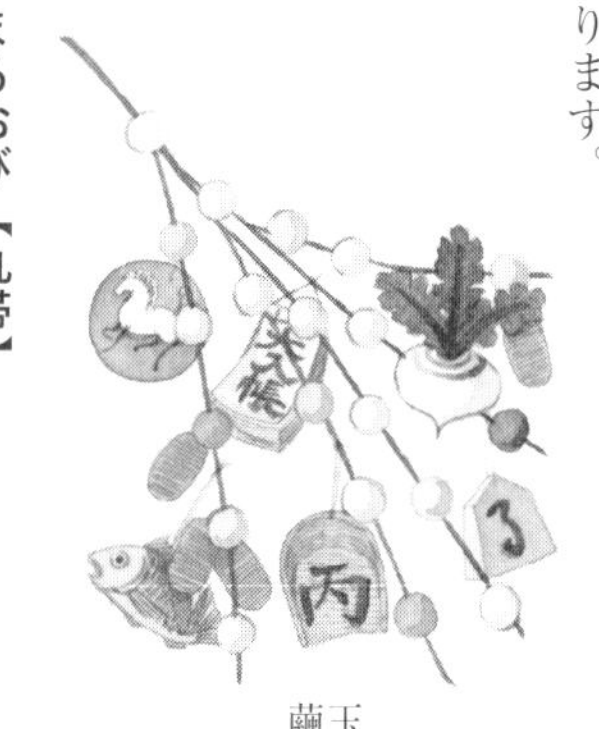

繭玉

まるおび【丸帯】
一枚の布を上下を合わせて縫い上げて作った帯。こうすると、帯の裏表に布の模様がきて、とてもきれいでゴージャスです。ただし、布が二枚重ねしてあるので、一人で締めるのは大変でした。

まるごし【丸腰】
侍(さむらい)が刀を差していない状態。「苗字帯刀(みょうじたいとう)を許された」という言葉から、刀を差すのは侍の権利のようですが、実際は帯刀は侍の義務でした。侍が丸腰のまま表を歩くのは、違法と見なされます。『柳田格之進』の主人公は、**碁敵**(ごがたき)の家に遊びに行く際も帯刀していたはずです。

まるふだ【全札・丸札】
『くしゃみ講釈』では、**木戸銭**(きどせん)を全額払い戻す、という意味で用いています。本来は**富札**(とみふだ)の一種でした。↓

はんふだ【半札】

まるまげ【丸髷】 既婚女性の髪型。大雑把にいえば、若い未婚女性は**島田**、既婚女性は若くても、年をとっていても丸髷となります。『紺屋高尾』で**年季**があけて、**紺屋**を訪れる**高尾**のことを「昨日に変わる髪かたち」と表現していますが、この「（これまでとは違う）髪」とはそれまでの**立兵庫**などから丸髷に改めた、ということです。高尾は、すでに紺屋の職人と夫婦になったつもりでしたから、髪型も既婚女性のものに変えたのです。

丸髷

まるやまおうきょ【円山応挙】 →**おうきょ【応挙】**

まわし【廻し・回し】 一人の**女郎**が、一晩の間に複数のお客を取ること。**江戸**特有の風習で、**上方**の**廓**には廻しはありませんでした。

まわしかっぱ【廻し合羽】 「引き廻し合羽」の略称で、いわゆる合羽のこと。合羽は江戸、明治時代の雨天用のマントです。廻し合羽は、木綿で作られていました。

まわしべや【廻し部屋】 **廻し**の客を取る部屋。三畳くらいの小さな部屋が基本で、**布団**も敷きっぱなしというところもありましたが、これはまだ上等な部類です。中には八畳くらいの部屋に客を数人入れ、それぞれに布団を敷き、その間に**衝立**を立て回すだけ、というものもありました。衝立の上から覗けば、隣の様子は丸見えです。『五人廻し』では、隣室の人の声が聞こえる部屋に通されますが、これも廻し部屋としては、まだましな方でした。

まわす【回す・廻す】 各場所を担当すること。『五人廻し』で**見世**の**若い衆**が「二階を回しております」と言っているのは、「私は二階のもろもろの担当です」という意味。**廻し**の**女郎**の場合は、複数の客を担当しているわけです。

まわりかみゆい【廻り髪結】 **台箱**を下げて、各家を回って髪を結う髪結職人。**髪結床**へ行くのはもっぱら単独の男性客だけで、女性は『厩火事』のように、家に**髪結**を呼んで、**髷**を結ってもらっていました。男性の場合でも、一軒の店を構える**大店**などでは、店の従業員全員をいちいち髪結床へやるわけにはいかないので、やはり髪結を家に呼んでいます。従業員の髪を一斉に結うのですから、『百川』のように**女中**全員が、髷を結う前の**ざんばら髪**になってしまうこともあり得ました。『髪結新三』の主人公・新三の表向きの稼業が、この廻り髪結です。また、三遊亭圓朝の愛弟子の三遊亭ぽん太も、噺家になる前は廻り髪結をやっていました。

まんがん【満願】
願いが叶うまでの日数を、あらかじめ設定しておいてから祈願を始め、その日数に達したこと。あるいはその日数で願いが叶ったこと。

まんきんたん【万金丹】
漢方薬の一種。解毒剤、気つけ薬として用いられました。伊勢で生産されていたので、**伊勢参り**の土産としても人気商品でした。

まんざ【満座】
その場にいる人全員。

まんじゅうがさ【饅頭笠】
半円形の笠。饅頭を半分に切ったような形なので、こう呼ばれました。江戸時代には**中間**の、明治時代には、人力車夫のかぶり物として知られていました。つまり、あまり高級なイメージはありません。

まんていか【マンテイカ】
ポルトガル語で「バター」の意味ですが、日本では猪の脂肪もマンテイカと同じ扱いを受けました。食べるのではなく、**膏薬**の材料として用います。

まんのうこう【万能膏】
傷や火傷を治療する塗り薬。「膏」は**膏薬**（塗り薬）のこと。「万能の膏薬」ということから、万能膏と名づけられました。

【み】

みいらとり【ミイラ取り】
「ミイラ取りがミイラになる」の略で、「ミイラを取りに行った者が、自分もミイラになってしまった」ということから、「相手を説き伏せようとしたのに、反対に相手に説き伏せられてしまう、相手を迎えに行ったのに、反対に自分も引きとどめられてしまう」という意味。ミイラは、日本では江戸時代から、薬の原料として知られていました。

みいわい【身祝い】

その人のお祝いのこと。その人の「身」、その人自身のためのお祝いで、身祝いです。

みうけ【身請け】

年季があける前に**女郎**（じょろう）の前借り金を払って、仕事から引退させること。これには莫大な金がかかりました。仙台のお**殿様**に身請けされた**高尾**（たかお）の身請けの代金は、高尾の体重と同じ重さの黄金だったと言われています。これは極端な例としても、『双蝶々』で商家の**番頭**が**吉原**（よしわら）の**花魁**（おいらん）を身請けしようとした代金でも百**両**です。そこで少しでも安くあげようと『山崎屋』の番頭が考えたのが、**親元身請け**でした。

みえのばしょ【見栄の場所】

社会通念やモラル、常識よりも、粋や伊達（だて）といった見栄の方が重視される場所のことで、**廓**（くるわ）など色町を指します。無駄金と知りつつ浪費するのも、見栄を重視した結果です。

みえをする【見得をする】

役者が一瞬止まって、決めのポーズをとること。「見得を切る」は誤用です。

みかえりやなぎ【見返り柳】

吉原（よしわら）の**大門**（おおもん）の脇に生えていた柳。**見世**（みせ）で遊んだ客が、帰る際に大門のこのあたりまで来ると、**女郎**（じょろう）が恋しくて思わず振り返る（見返る）ところから、こう名づけられましたが、これは客ばかりではありません。『鼠穴』では、娘を吉原へ売った男が、やはり見返り柳のところで振り返っています。

みかげづくり【御影造り】

用いる石材を御影石（みかげいし）で統一した庭造り。御影石は見た目の美しい装飾に向いた石ですが、その質はさまざまで、『牛ほめ』のおじさんの家の庭で使われているのは、最上級の本御影石と思われます。だからこそ、わざわざ褒めているのです。

みぎづま【右褄】→つま【褄】

みくだりはん【三行半】

夫から妻に与える**離縁状**（りえんじょう）、つまり離婚確認証のこと。去り状、離縁状ともいいます。文章を三行半でまとめるというルールがあったため、「みくだりはん」と呼ばれるようになりました。夫が一方的に妻を**離縁**するときに、妻に書き与えるという印象が強いのですが、実際には妻の再婚許可書という意味合いもありました。離縁された妻が再婚する場合、この三行半がなければ、もめごとの原因となったのです。その三行半を書いて渡してあるからこそ、『子別れ』の主人公は、別れた妻がとうに再婚していると思っていたのでした。

みこしのまつ【見越しの松】庭の塀際に植えて、外から見えるように生えている松の木。

みす【御簾】目の細かい簾。人と対するとき、自分の姿が直接はっきりと見えないよう、目隠しとして用います。元々は高貴な身分の人が、身分の低い者に対面するときに用いましたが、**浄瑠璃**を語る際などに、芸人と客の間に御簾を置くこともあります。**→みすうち【御簾内】**

みすうち【御簾内】浄瑠璃などで、**太夫**が**御簾**を前に垂らして語る、その場所のこと。こうすると太夫からは客が、客からは太夫の姿がよく見えません。『寝床』で旦那が、客が寝ているのに気づかなかったのは、御簾内で**義太夫**を語っていたからです。

水瓶

みずがめ【水瓶】水、特に飲用水を入れておく瓶。大きさは**一荷**入り、二荷入りと数えます。**水屋**は、**天秤棒**の前と後ろに水を入れた桶を担いで、水を売りに来ます。この桶の二つ分が一荷です。『壺算』で二荷入りの水瓶を買いますが、この水瓶に水を入れるには、水屋は二往復しなければなりません。

みずひき【水引】帯紐の一種。祝儀不祝儀などの贈答品を包む紙にかけます。複雑な結び方をしているので、一度ほどいてしまうと、素人ではかけ直すことができません。『禁酒番屋』では、酒屋の使いが「水引を取られてしまうと困ります」と言っています。

みずや【水屋】水を売り歩いた商売。**江戸**の町は井戸の他に**水道**が設置されていたため、同時代の大坂に比べると、はるかに飲用水には恵まれていました。しかし、そんな江戸の町でも、向島や佃、鉄砲洲、**品川**といったところは水道がない上に、井戸の水質もよくありません。そういう地域には、水屋が**天秤棒**の前後に桶を担い、その桶に入れた水を売りに歩きました。

みせ【見世】
店のことですが、落語で見世といえば、**廓**の各店舗、つまり**女郎**のいる妓楼のことです。見世には**大見世**、**中見世**、**小見世**というランクがありました。また、女郎が**張り見世**をしている一角を、見世と呼ぶこともありました。

みせをはる【見世を張る】
女郎が**張り見世**をして、**お見立て**されるのを待つこと。

みそこし【味噌漉し】
味噌を溶くための**笊**状の調理器具。豆腐などを買う際の、買い物籠代わりにも用いられました。『湯屋番』では、豆腐を入れた味噌漉しを**総後架**（トイレ）の床に置きます。鍋に入れてある豆腐ではなく、笊状の味噌漉しに入れてある豆腐だからこそ、トイレの床に置かれると一層汚い感じがします。

みそずいもの【味噌吸い物】
一見、すまし汁（吸い物）に見える味噌汁。普通にこしらえた味噌汁を、目の細かい**笊**や**半紙**などで何度か漉すと、味噌の色が取れて、汁は透明になりますが、汁自体には味噌の味と香りが残るという汁物です。『心眼』で、突然目が見えるようになった元盲人に出した料理が、この味噌吸い物でした。盲人ならば味噌吸い物を飲んでも、ただの味噌汁としか思いません。目が見えているからこそ、すまし汁だと思って飲んだものが味噌汁だと知って驚くのです。元盲人に御馳走するのに、まさにうってつけの一品でした。

みちぶしん【道普請】
道路工事。

みつい【三井】
江戸時代初期に越後屋三井呉服店で財をなした、三井財閥のこと。現在の三越の前身で、江戸時代は大金持ちの代表格の一つでした。

みったり【三人】
三人のこと。一人、二人、三人です。

みところもの【三所物】
小柄と**笄**と目貫の三点セットのこと。この三点はすべて刀につける装着品（アクセサリー）でした。『金明竹』で「みところもん」と言っているのは、大坂弁による訛りです。

みなげ【身投げ】
投身自殺。**江戸**では何にでも名所があり、「敵討ちは護持院ヶ原、縊首（首くくり）は**食違**、**心中**は向島に身投げは**大川**」と言われたように、死ぬのにも名所がありました。身投げの名所（?）とされた大川の中でも、もっとも身投げの多かったのが**吾妻橋**で、落語でも『文七元結』『星野屋』『辰巳の辻占』『身投げ屋』と、すべて未遂ですが、身投げは吾妻橋で行われています。

みなとぐちでふねをわる【港口で船を割る】
成功を目前にして失敗する。『百年目』の**大番頭**は、もうじき**別家**させてもらえるというときに、隠れ遊びをしているのを旦那に見つかります。まさに「港口で船を割った」わけでした。

みなみ【南】
品川の**岡場所**のこと。**吉原**が**江戸**の北部にあるところから**北国**と呼ばれたのに対し、品川は南と呼ばれました。吉原と二分する人気があったということです。**南品**とも。

みなみまちぶぎょう【南町奉行】
南町**奉行所**の略、あるいは南町奉行所のトップを務めるお**奉行**様のこと。**江戸**の町には奉行所は北町奉行と南町奉行があり、月替わりで交互に業務を行っていました。ところが、落語には南町奉行しか登場しません。そこのお奉行様が**大岡越前守**忠相だったからです。それに対して、代々の北町奉行の中でももっとも有名なのが「遠山の金さん」こと、遠山左衛門尉景元でした。落語には『三方一両損』『五貫裁き』など大岡越前守を主人公にする「大岡**政談**」はありますが、遠山の金さんが登場する噺はないため、北町奉行も出てこないのです。『佐々木政談』に登場する佐々木信濃守も南町奉行でした。

みねうち【峰打ち】
刀の峰の部分（刃の反対側）で相手を打つこと。刀は刃の部分で相手を斬るように作られていますから、反対側の「峰」には、一応は殺傷能力はありません。けれども刀は鉄製ですから、峰の部分で打たれても、木刀で叩かれる以上のダメージを受けました。相手を殺す気まではないが、ある程度の痛みを与えてやろうというときに峰打ちを行います。

峰打ちをする場合、刃の部分で相手を斬らないよう、打つ直前に刀の上下を入れ替えるというテクニックが必要です。ところが、ときに失敗して、峰打ちのつもりが刃の方で斬ってしまって、相手を殺してしまう、という間違いも起きました。『真景累ヶ淵／宗悦殺し』がまさにその例です。

みのこく【巳の刻】
現在のおおよそ午前十時頃。江戸時代は、二通りの時刻の数え方がありました。一つは**九つ**を起点に、およそ二時間ごとに一つずつ減らしていき、九つ、**八つ**、七つと数えて、**四つ**までいくと、また元の九つに戻る、という数え方です。もう一つが、十二支の子（ね）を起点にして、およそ二時間ごとに丑（うし）、寅（とら）、卯（う）と数えていく方法です。この数え方だと、子の刻（こく）が午後十二時（午前ゼロ時）、丑の刻が午前二時頃、寅の刻が午前四時頃、卯の刻が午前六時頃、辰（たつ）の刻が午前八時頃で、巳の刻が午前十時頃となります。九つ、八つという数え方は、午前と午後の区別がありませんでしたが、十二支の数え方では午前二時が丑の刻で、午後二時が未（ひつじ）の刻と区別がつきます。

みのぶさん【身延山】
山梨県にある山で、日蓮宗（にちれんしゅう）の総本山のお寺があるため、宗徒にとってはメッカのようなところでした。『鰍沢』『甲府い』でも、日蓮宗の信者は身延山へ参詣に行くことを、自分の信仰生活のエポックとしています。

みのぶとん【三布布団】
布団の表と裏の生地を三枚の布で縫い合わせた布団。普通のサイズが四布ですから、小さめの布団です。これに対して、大きめの布団が**五布布団**（いつのぶとん）です。

みふたつになる【身二つになる】
女性が出産すること。一人だった女性が出産すると、生まれた子どもの数がプラスされて、合わせて二人、つまり身が二つになるわけです。

みやとがわ【宮戸川】→おおかわ【大川】

みょうり【冥利】
神や仏などが与えてくれる利益や幸運のこと。思いもかけない幸運に恵まれると、「冥利に余る」「冥利に尽きる」と感謝をし、ラッキーな人を「冥利のいい人」、アンラッキーな人を「冥利のよくない人」といいます。

ま

みよし
舟の前方、先端部のこと。**舳先**ともいいます。反対の舟の後方が**艫**です。

みよりたより【身寄り頼り】
身寄りは親戚、縁者。頼りは頼りになる人。そこで「身寄り頼りのない人」とは、天涯孤独という意味。

【む】

むかばき【行縢】
馬に乗るときに、下半身につける革製などの防護具。これをつけないまま馬に乗ると、着物がすれてしまいます。

むく【純金】→**きんむく【金無垢】**

むくいぬ【むく犬】
ふさふさとしている毛を「むく毛」といい、そのむく毛に覆われているふさふさの犬がむく犬です。『元犬』や『おおどこの犬』に出てくる差し毛のない白一色、あるいは黒一色の犬もむく犬と呼ぶことがありますが、これは「むく犬」を「無垢犬」と捉えた誤用です。

むくどり【椋鳥】
田舎者をあざけって言う言葉。『百川』で河岸の若い者が、百兵衛のことを椋鳥と言っていますが、同様に『盃の殿様』でも、花扇が**殿様**のことを腹の中で椋鳥と思っています。金を持っている椋鳥は、**廓**では一番の上客でした。

むくのかわ【ムクの皮】
ムクロジという木の実の皮のことで、実を搾ったものが洗濯洗剤として使われていました。ムクの皮自体には洗浄作用はありませんが、その代わり泡立ちます。この泡を使って、昔の人は衣類などの汚れを落としていたのです。食用にはできません。椋と混同しやすいのですが、椋の実は食べられます。

むこうはちまき【向こう鉢巻き】
頭の額の方に結び目がくる鉢巻きの結び方、またそう結んだ鉢巻きのこと。威勢がよいイメージがありました。

向こう鉢巻き

むさしの【武蔵野】
武蔵野は広い野で知られており、そ

こから「野、見尽くせない」「飲み尽くせない」で、大きな盃の名前となりました。

むしがかぶる【虫がかぶる】

腹痛が起こること。陣痛も同様に「虫がかぶる」と言いました。『寝床』で**長屋**の**女将さん**が「虫がかぶっている」と言うのは、後者の方です。

むしろ

藁で編んだ敷物。ですが、どこか貧しい印象がつきまといます。**夜鷹**が抱えているもの、**乞食**が坐っているもの、というイメージがあったからでしょう。『長屋の花見』で**毛氈**の代わりにむしろを持って行くのも、そういうニュアンスが込められています。

むしん【無心】

催促、要求することですが、その態度が厚かましかったり、悪い意味で無邪気だったりするところが、「無心＝心が無い」と言われるゆえんです。

むじん【無尽】

参加者がそれぞれ一定金額を毎回振り込んで金を積み立て、何度かに一度、籤などで当たった人が、その積立金の一部をもらえるというシステム。ほとんど博打ですが、江戸時代には、無尽は庶民のための相互扶助システムとみなされ、禁止はされませんでした。しかし、かなり射幸心をあおったようです。この無尽を仕切るリーダーを親と呼び、無尽の一回目は、親が無条件で参加者が出した金をもらえることになっていました。『寝床』で、旦那の**浄瑠璃**を断るときの言い訳の「今度の無尽は親もらいなので」が、これです。かなり説得力のある言い訳で、出席しなければ無尽講の親になった意味がありません。**江戸**では無尽、**上方**では、頼母子と呼ばれました。

むたい【無体】

無理、無法。無理を通して、乱暴なさま。

むにこう【無二膏】

傷や火傷を治療する塗り薬。「膏」は**膏薬**（塗り薬）のこと。「唯一無二の効能」ということから、無二膏と名づけられました。

むひつ【無筆】

文盲、字が読めないこと。仮名は読めても、漢字が読めない人も無筆と呼ぶことがありました。『泣き塩』の侍、『手紙無筆』の兄貴分、『提灯屋』の町内の**若い衆**はまったくの無筆ですが、『浮世床／本』の男も、仮名は読めても漢字は読めなさそうなので無筆の部類です。『子別れ』で熊さんが「あき盲」と言われているのも、目は開いているのにものが見えない、つまり字が読めないという意味で、無筆ということでした。『二十四孝』で**大家**に「**離縁状**を書いてくれ」と言うのも、無筆だからです。

むらさめ【村雨】
にわか雨、通り雨。

【め】

めい【銘】
工芸品などに記された作者の署名、サイン。著名人の銘であれば、銘が入っている（在銘）方が値打ちがあるので、『道具屋』では客が刀を買うときに、「銘はあるか？」と確認しています。また『普段の袴』で絵を見て「おそらく**文晁**の作だが、銘が入っていないのが残念」と嘆いているのは、**谷文晁**クラスであれば銘が入っていれば、値打ちが上がるからです。

めいれきのたいか【明暦の大火】
明暦三年（一六五七年）、**江戸**で起きた大火事のこと。『道灌』で、八五郎が歌人と火事を取り違えて「火事にもいろいろある」と江戸時代の大火事を列挙しますが、その中の振袖火事が明暦の大火のことです。

めおとやくそく【夫婦約束】→ふうふやくそく【夫婦約束】

めがきく【目が利く】
物の善し悪しを見分ける力があること。ですから、この場合の「きく」は、『道具屋』で与太郎が間違えたような「聞く」ではありません。

めかけ【妾】
既婚男性がつき合っている妻以外の女性。ただの浮気相手ではなく、男性がパトロンになって経済的援助をほどこし、月々の**お手当**から住まいや、そこで働く下女などの世話までしているのを妾と呼びます。「妾奉公」という言葉がある通り、妾は女性の仕事の一種と見なされていましたから、妾として働きたい人は**口入屋**へ行けば、旦那の斡旋をしてもらえました。その場合は、もちろん契約書をしたため、労働契約を結びます。『三軒長屋』の隠居のように、遊び慣れてる風でもない人が妾を持つことができたのも、おそらくは口入屋の斡旋によるものでしょう。妾は生な言葉でやや蔑称に近く、一般には、囲い者、お囲い者といいましたが、これも面と向かって当人に言うことはありませんでした。『紫檀楼古木』では、妾に使われている下女は、妾を「**御新造**さん」と呼んでいます。**→こなから【小半】**

めきき【目利き】
骨董品などの鑑定をする力がある人、またその能力。**→ふむ【踏む】**

めくされがね【目腐れ金】
少額の金を罵って言う言葉。

めしたき【飯炊き】
文字通り御飯を炊く仕事、またはその仕事を行う人のこと。大きな家ではもっぱら男性の仕事で、『権助芝居』や『木乃伊とり』でも男性が飯炊きをしています。何升もの米を一度に炊くのは、力の要る重労働だったのです。**→ごんすけ【権助】**

めしもりおんな【飯盛り女】
宿屋などで働く下女の総称ですが、多くの場合、**江戸**以外の地での**女郎**を指します。江戸時代は売買春は地域限定で許可されており、それ以外の場所では表向きは売買春は禁じられていました。しかし、**宿場**町、とりわけ**四宿**などでは性サービスを求める客も多かったため、そのニーズに応えつつ、お上の目をごまかすために女郎を飯盛り女という名目で雇っていたのです。『品川心中』や『居残り佐平次』に登場する女郎たちは、客や**見世**の**若い衆**などからは**花魁**と呼ばれていますが、正式には彼女たちは全員、飯盛り女でした。『三人旅』で**色**を売っているのも飯盛り女ですが、こちらは昼間は宿屋で下女としての労働もしていました。

めつけ【目付】
武士の職掌の一つで、監視役、監察役。

めぬり【目塗り】
建物の壁の隙間などを、泥土などでふさぐこと。蔵の目塗りをすると、火事が発生した際、炎が蔵の中に入りにくくなるので、防火的な効果があります。**質屋**のように、お客の品物を預かって蔵に入れている商売では、火事の際にその蔵に目塗りをしていないと、客の持ち物を**ぞんざい**にしていると、評判を落としました。『火事息子』で、形だけでも蔵の目塗りをしておこうとしたのも、防火のためというよりは、客に向けたパフォーマンスでした。

めはちぶん【目八分】
目の高さより、やや低い位置。おそらく目を水平の位置にして見たときを、「目十分」と見立てた場合の八分なのでしょうが、目十分という言葉はありません。

めやす【目安】→めやすかた【目安方】

めやすかた【目安方】
裁判における訴状のことを目安といい、その訴状の管理作成の担当者を目安方といいました。

めんきょかいでん【免許皆伝】
武道の特定の宗派の奥義をすべてわきまえたこと。その人の技量に応じて師匠から、切紙(きりかみ)、目録、免許、皆伝が順々に与えられるので、正確には免許と皆伝はレベルが違うものなのですが、十把一絡げ(じっぱひとからげ)に免許皆伝と呼ばれるようになりました。仮に武道を落語にたとえて、切紙を見習い、目録を**前座**(ぜんざ)、免許を**二ツ目**(ふたつめ)、皆伝を**真打**(しんうち)とすると、免許皆伝は二ツ目真打となり、いささか妙な呼称となります。

めんずれ【面擦れ】
鬢(びん)のあたりの毛が擦れて、薄くなった跡。剣道の稽古では防具として面をかぶるので、稽古をしょっちゅうやっていると、面が鬢に擦れて、そのあたりの毛が薄くなります。つまり、面擦れがあるのは、それだけ稽古を積んでいるのだから剣術に優れている(らしい)ということを意味しますが、それはすなわち、「もしも面擦れのある侍(さむらい)と喧嘩になったら、ただでは済まない」ということでもありました。『夢金』や『巌流島』に出てくるたちの悪そうな侍に面擦れがあるのは、ヤクザの上着のポケットが拳銃の形に膨らんでいるようなもので、一般人にはかなりの威圧感を与えました。

めんてい【面体】
顔。顔つき。

めんぼくだま【面目玉】
面目のこと。「面目玉を踏みつぶされる」は、「面目を踏みつぶされる」の意。

【も】

もうきのふぼく【盲亀の浮木】
ほとんどあり得ないほど珍しいことのたとえ。目が見えない亀(盲亀)

が泳いでいる最中に偶然、水に浮かんでいる木（浮木）にぶつかるほどあり得ない、珍しいこと、という意味とされていますが、正確には大海中に漂う木に穴が開いていて、そこに盲亀が首を突っこむという、やや猥褻なことを指しています。『花見の仇討ち』などで、敵討ちが目指す仇を見つけたときに言う定番の台詞「盲亀の浮木、**優曇華**の」の一節です。

もうごかい【妄語戒】
五戒の一つ。嘘をついてはいけないという戒律。正式には不妄語戒ですが、一般には妄語戒と言われています。

もうす【帽子】
僧侶がかぶる頭巾。

もうせん【毛氈】
羊毛など獣毛でこしらえた織物。フエルト。多く敷物に用いられ、高級品とされていました。

もうそう【孟宗】
二十四孝の一人。

もくあん【木庵】
中国から渡来した、江戸時代初期の禅僧。**隠元禅師**の弟子。

もぐさ【艾】
ヨモギの葉を精製したもので、これに火をつけるとお灸になります。↓**おきゅうをすえる【お灸をすえる】**

もちはもちや【餅は餅屋】
餅のことなら餅屋が一番よく知っている、つまり何でも専門家が一番よく知っているという意味。一般的にもよく知られている成語で、意味の上からも「餅は餅屋」で正しいはずなのですが、この成語はなぜか一昔前までは「餅屋は餅屋」と言われていました。理由は不明です。「なぜだか分からないが、私どもの世代は餅屋は餅屋と言っていた」と明治三十三年生まれの六代目・三遊亭圓生が言うばかりでなく、昭和十一年生まれの立川談志も、やはり「餅屋は餅屋」と言っています。

もっけのさいわい【もっけの幸い】
思いがけなく、ラッキーなこと。

もっこ
竹や縄などで作った運搬道具。建築現場などで使いましたが、このもっこを担いで土などを運ぶ作業は、最下等の仕事の一つでした。江戸時代には囚人が服役中に強制的にやらされる仕事、というイメージがありました。刑務所ごっこの小咄（こばなし）の中で、半端懲役の子どもがやらされているのが、もっこを担ぐ労役です。

元結

もっとい・もとゆい【元結】
髷（まげ）の**髻**（もとどり）を結ぶ紐。長い**紙縒り**（こより）をしごいて作ります。この元結を結ぶのが**髪結**（かみゆい）の仕事の一つでしたが、かなり力の要る仕事でした。そのため、髪結の指には元結ダコができたといいます。元結は締められる方も大変で、髪の毛をきつく引っ張って結ぶため、女性でも年を取ると、元結のせいで頭頂が禿げた人もいました。

もとちょう【元帳】
元値（仕入れ値）が記されている帳面。ですから、元帳は商人にとって秘中の秘でした。『替り目』の**落ち**は亭主を商人に、女房を客に見立てたものです。

もとどり【髻】
髪を**髷**（まげ）に結った際、髪の毛をまとめて束ねたところ。たぶさ、とも。

ものいい【物言い】
相撲で「物言い」は「異議を唱える」という意味ですが、落語など**江戸っ子**の世界では「喋り方」の意味でも用いられました。「お前の物言いが気に入らねえ」というふうに使います。

もののあいろ【物の文色】
ものの区別。→**とおめやまごしかさのうち【遠目山越し笠のうち】**

ものび【物日】 →**もんび【紋日】**

ものみ【物見】
見物すること。見物するための場所。

ものもらい
乞食（こじき）。人に金銭を乞うて生活する人。ですから、ホームレス＝ものもらいではありません。江戸時代は身分社会ですから、ものもらいにもそれにふさわしい身分や縄張りやルールがあり、非人などにならない限り、ものもらいになることもできませんでした。『たちきれ』で若旦那に「乞食になれ」と言うのは、言外に「非人になれ」というニュアンスを込めています。だからこそ、若旦那は「乞食にだけはなりたくない」と泣くのです。**菰かぶり**とも。

もみ【紅絹】
赤く染めた**絹布**。江戸時代はこの紅絹を眼帯の代わりに用いました。眼病の女性が目に紅絹をあてている姿は、色っぽいとされていました。

モモンガ
リス科の動物のことですが、悪口の合間に使うときは、「化物」という意味です。そこから、化物の鳴き声も「モモンガ」ということになっていました。

もやう【舫う】
船を岸などにつなぎ止めておくこと。「もやる」ではありません。

もらいをかける【貰いをかける】
芸者にお座敷がない（仕事がない）状態を「あき」といい、お座敷がある（仕事中の）ことを「ふさがり」といいます。指名した芸者が「ふさがり」の場合、「だったら、そのお座敷が終わったら、こっちに来てよ」とお願いするのが「あと口をかける」。ところが、「そこまで待ってられないから、そんなお座敷なんかほっぽり出して、こっちに来い」と言うのが「貰いをかける」です。よほどの売れっ子芸者でなければ、こんなことは言われません。『居残り佐平次』で「おい、**居残り**を呼んでくれ」「イノどんは、今他のお座敷で」「だったら、貰いをかけろ」というのがこれで、居残りをしていた**佐平次**の人気ぶりがうかがえます。随分強引なやり方ですが、この「貰いをかける」よりも、さらに強引に「どんなことをしてでも、すぐに呼び出せ」が「**是非貰い**」で、略して「ぜひ」ともいいます。

もりじお【盛り塩】
玄関の表に、塩を円錐型に盛りつけること。商家などが魔除け、清めの意味で行いました。仕事を始めるときに行うので、一般の商家では朝に、**花柳界**では夕方に盛り塩を置きます。『付け馬』で「**見世**先に盛り塩を置いたところだ」と言うのは、**廓**のその見世が開いたばかりだという意味。

もりたざ【森田座】
三座の一つ。

もろこし【唐】
中国のこと。もと「諸越」と呼ばれた中国を「もろこし」と訓読し、のちに唐（とう）という国家に中国が統一されてからも、唐を「もろこし」と呼ぶようになりました。『つる』では、「諸々のものを日本に興したからもろこし」と語源を説明していますが、これは俗説です。江戸時代、鎖国をしていた日本人にとって、中国は外国の代表であり、また輝くような文化先進国でした。アメリカやヨーロッパの文化に憧れ、英語由来のカタカナ語を振り回す人のように、江戸時代のインテリは日常会話にも漢語を使いました。

もろこしのにじゅうしこう【唐の二十四孝】→**にじゅうしこう【二十四孝・廿四孝】**、**もろこし【唐】**

もろはだ【諸肌】
上半身。「諸肌を脱ぐ」は、上半身裸になる、というか、上半身の裸をさらして見せる、という意味です。

もん【文】
江戸時代の銭貨の一つ。**二八蕎麦**（にはちそば）の蕎麦の代金十六文の「文」です。一千文で一**貫**（かん）と数えました。江戸時代の通貨には**両**（りょう）の単位で知られる金貨と、**匁**（もんめ）を単位にする銀貨と、文を単位にする銭貨の三種類がありました。金貨には両、**分**（ぶ）、**朱**（しゅ）という単位があり、四朱＝一分、四分＝一両という定まったレートがありましたが、金貨と銀貨と銭貨は変動相場制になっており、定まったレートがありませんでした。

　落語の世界ではおおむね四千文が一両とされています。「四貫相場（しかんそうば）に米八斗（こめはっと）」とは、その時代の相場では四貫＝四千文＝一両で八斗の米が買えた、という意味です。しかし、四千文＝一両の相場は時代につれて変動し、時代を経るにしたがって、五千文、六千文と上がっていきます。二八蕎麦は基本的に江戸時代が終わるまで、十六文の値段をキープしていましたから、時代によって一両で食べられる二八蕎麦の数は変わっていった、ということです。

　江戸時代の物価を知るための指標として、この蕎麦の値段を用いて換算すると、おおよその感じはつかめます。二八蕎麦の値段＝現在の立ち食い蕎麦のかけ蕎麦の値段で計算するのです。仮に、立ち食いのかけ蕎麦が三百二十円だとすると、二八蕎麦は十六文ですから、一文は二十円。一両＝四貫の相場であれば、一両は四千文ですから、およそ八万円。江戸時代末になると、一両の値打ちはおおよそ倍になっていますから、幕末では一両が十六万円となります。仮に『三方一両損』の時代の相場が一両＝五貫、『芝浜』の時代が一両＝八貫だとすると、それぞれの噺に登場したお金の値打ちも計算することができます。

もんつきのはおり【紋付きの羽織】
文字通り、家紋が入った羽織のこと。『三軒長屋』など、落語の中で交渉ごとに行く際「羽織を出せ」と言っているのが、この紋付きの羽織です。無紋、つまり紋のない羽織では用をなしません。この場合、羽織以上に重要だったのが紋の方で、家紋を背負ってやって来たということに意味がありました。

もんび【紋日】
今でいう祝祭日のことですが、**吉原**(よしわら)など**廓**(くるわ)では紋日＝休日ではなく、現代の水商売にとってのバレンタインデーやクリスマスのようなイベントデーでした。こういう日こそ、**女郎**(じょろう)は休むことが許されません。「紋日には必ずお客を取る」というのが廓の鉄則で、もしもお客がつかなければ、女郎は自分で自分を買って、その代金を**見世**(みせ)に払わなくてはなりませんでした。

一般の辞書などでは、紋日は五節句以外にあと数日と説明されていますが、実際にはもっと多く、たとえば一月は、三が日、四日、五日、六日、七日、十一日、十五日、十六日、二十日と計十一日が紋日です。物日(ものび)とも。

もんめ【匁】
重さの単位であり、金銭の単位でもあります。重さの単位で使われるときは、現在の約四グラム。金銭の単位で用いられるときは、**一両**(りょう)の六十分の一で換算すると、大体間違っていません。両は金貨の単位で、匁は銀貨の単位です。金と銀の交換率は、相場や時代によって変化しました。

【や】

やえがきひめ【八重垣姫】
歌舞伎「本朝**廿四孝**(にじゅうしこう)」のヒロイン。

やおまつ【八百松】
向島(むこうじま)の**水神**(すいじん)の森にあった有名な料理屋。料理を楽しむだけではなく、男性が女性を同伴して、料理の後のお楽しみも期待できる、という場所でした。やはり向島にあった**植半**(うえはん)も同じタイプの料理屋としてよく知られていました。

やおやおしち【八百屋お七】
江戸時代初期、恋人に会いたいために放火をして捕まり、火刑となった実在の人物。その恋人の名は、芝居や『くしゃみ講釈』では駒込吉祥寺（こまごめきちじょうじ）小姓（こしょう）の吉三（きちざ）となっていますが、こちらは実在の人物とは名を変えています。

やかたぶね【屋形船】 屋根と座敷が完備していて、客室が屋形（館、つまり家）のような造りになっている船。『夕涼み』では屋形船を見て、家が川に流されたと誤解していています。**遊山**（ゆさん）に用いられました。

やきば【焼き場】 火葬場。

やぐ【夜具】 **布団**や**夜着**（よぎ）など、寝るときに用いる品のこと。

やくしゃにでもしたいような【役者にでもしたいような】 テレビや映画がなかった時代に、芝居（歌舞伎）の役者、とりわけ二枚目の役者は美男の代表とされました。そこで、ハンサムな男性を「役者にでもしたいようないい男」と言います。→**いちまいえになる【一枚絵になる】**

やくぶそく【役不足】 自分の実力より与えられた役割が低過ぎるため、その役割に不満を感じること。『蛙茶番』で若旦那が蛙の役を拒否したのは「自分の芸では、蛙の役は役不足」だからです。また、『蔵丁稚』で、**小僧**の定吉（さだきち）が「菊五郎（きくごろう）と団十郎（だんじゅうろう）が猪の足（の役）をするはずがない」と言ったのも、この役では菊五郎と団十郎にはあまりにも役不足だからです。

やくろう【薬籠】 薬箱。

やしのあぶら【椰子の油】 ココナッツオイル。**膏薬**（こうやく）の材料になりました。

やじりきり【家尻切り】 家尻は文字通り「家」の「尻」にあたる場所で、家の裏側のこと。そこの壁などを切り破って侵入する泥棒が家尻切りです。

やすけ【弥助】 寿司。歌舞伎の「義経千本桜」で、寿司屋で働いていた弥助という男の名前が、その由来です。

やすぶしん【安普請】 金をかけずに建物を建てること。また、そうやって建てた建物のこと。

江戸は火事早いところなので、どれだけ立派な家を建てても、何年かすれば火事で焼けてしまうため、最初から手間をかけない、安普請の家が多い、と『三井の大黒』で大工の政五郎が説明しています。

やすやど【安宿】→きちんやど【木賃宿】

やぞうをくむ【弥蔵を組む】
着物の懐に入れた手でゲンコツを作って、両手を胸の前で重ねた格好。こうしておくと、いつ喧嘩になっても、とっさに相手を殴ることができるという、とても危険なポーズです。弥蔵を組んでいると、**ぞんざい**な印象も与えます。『御慶』の主人公のように習い性になって、正装しているときでもつい弥蔵を組んでしまう人もいました。また、『ぞめき』の主人公はいつでも喧嘩ができるようにと、**素見**のときは常に弥蔵を組んでいます。

やたいぼね【屋台骨】
一家の経済を支える人物。また、**身代**や商家としての規模のこと。妻子と老母を自分一人の稼ぎで養っている『らくだ』の**紙屑屋**は、その家の屋台骨ですし、『五貫裁き』の**質屋**は「あんな大きな屋台骨をしょいながら、ケチ臭い真似をしやがって」と言われています。

やたて【矢立】
筆と墨壺がセットになった筆記用具。携帯もできます。商人には必須の道具で、**前垂れ**掛けに矢立というのが商人のスタンダードなスタイルでした。『山崎屋』で言う「矢立を腰に差した人と一緒になりたい」とは、「商人と夫婦になりたい」という意味で、矢立は商人のシンボルマークでした。

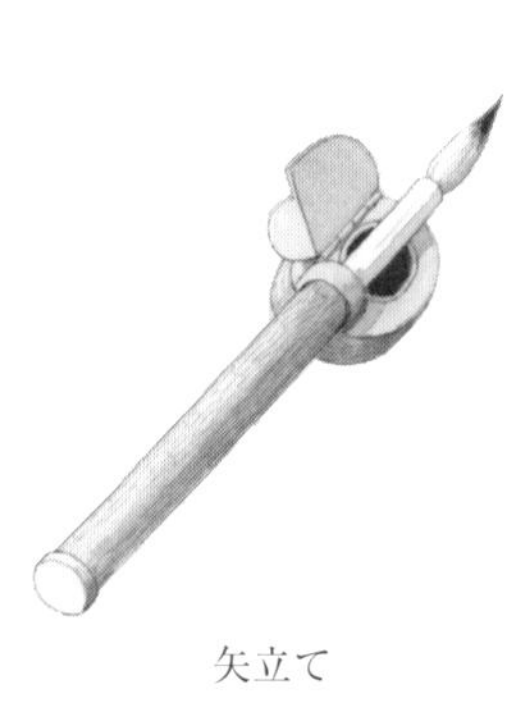
矢立て

やたのかがみ【八咫鏡】
三種の神器の一つの鏡。

やつがしら【八つ頭】
里芋の一種。小さく切った種芋を埋めておくと、そこから大きな親芋がいくつも生えてきます。この種芋を子どもにたとえると、子どもから親が生まれたことになります。『子別れ』の子どもは、八つ頭の育て方を知っていたようです。

やつくち【八ツ口】
着物の脇の部分に開いた切れ目の部分。女性の着物にだけあり、男性の着物にはついていません。

やっこ【奴】
使用人。

やっつ・やつ【八つ】
現在のおよそ午後二時、あるいは午前二時頃。午後二時頃の八つに食べた間食が「おやつ」です。

やど【宿】
夫のこと。宿六（やどろく）は宿である夫を罵（ののし）って言う言葉。宿六の六は「ろくでなし」の意で、**贅六**（ぜいろく）の六と同じです。

やどがえ【宿替え】
引っ越し。

やどかご【宿駕籠】→かごや【駕籠屋】

やどさがり【宿下がり】
奉公人が自分の家に戻ること。この場合の「宿」は旅館ではなく、「すみか」の意味です。**藪入り**（やぶいり）とも。

やどちょう【宿帳】
宿屋で宿泊者の住所、氏名、職業などを記す帳面。

やどもと【宿元】
宿泊先。あるいは自宅のこと。

やどや【宿屋】
現在のホテル、旅館のことですが、これに似た言葉に旅籠（はたご）があります。厳密にいえば、街道沿いの**宿場**（しゅくば）町（まち）にあるホテルは旅籠で、**江戸**、大坂、京都といった都会の中にある宿泊施設が宿屋でした。ですから『宿屋の富』の**馬喰町**（ばくろうちょう）にあった宿泊施設が、落語に登場する数少ない正式な宿屋です。とはいえ、その区別は曖昧で、『宿屋仇』『抜け雀』では、宿場町の旅館を宿屋と呼んでいます。

やどろく【宿六】→やど【宿】

やなぎかげ【柳陰】
焼酎を味醂（みりん）で割った酒の**上方**（かみがた）での名称。江戸時代、焼酎は下卑（げび）た酒とされ、もっぱら身分の低い者、貧しい者が飲むものとされていましたが、夏場だけは身分の上下、貧富にかかわりなく、好んで飲まれました。日本酒は燗（かん）で飲むのがポピュラーだったため、夏には向かなかったのかもしれません。また、夏場は日本酒の味が一番落ちる時期でもありました。そこで代用品として好まれたのが焼酎です。それをさらに飲みやすくするために、味醂で割ったのが柳陰でした。関東では「直し」と呼ぶのは、飲みにくい焼酎を飲みやすく直すから、です。一方、上方で「柳陰」と呼ばれたのは、その涼しげなイメージからつけたネーミングでしょう。「新古今集・夏の部」に西行（さいぎょう）の歌で「道の辺に清水流るる柳陰しばしとてこそ立ちどまりつれ」があります。

やなぎばし【柳橋】
江戸時代にもっとも賑わった花街。**芸者**といえば、柳橋の芸者がダントツで一流とされました。それに次いだのが新橋です。

やねぶね【屋根船・屋根舟】
四本の柱に屋根がついた船。同じように屋根のついている**屋形船**と間違えやすいのですが、屋形船は家一軒分くらいの大きさがあるのに対して、屋根船は人が二人くつろぐのにちょうどよいくらいの大きさです。造りが小ぶりなので、屋根の位置が低く、女性が乗船するときは屋根の庇（ひさし）に手をかけ、腰を落として足からするりと船の中に入ります。そうしないと、庇に**髷**（まげ）をぶつけて、挿している簪（かんざし）などを川の中へ落としてしまうと、『夢金』で船頭が船客に説明しています。そこから、『夢金』に出てくる船は**猪牙舟**（ちょきぶね）でもなければ、屋形船でもなく、屋根船だということが分かります。

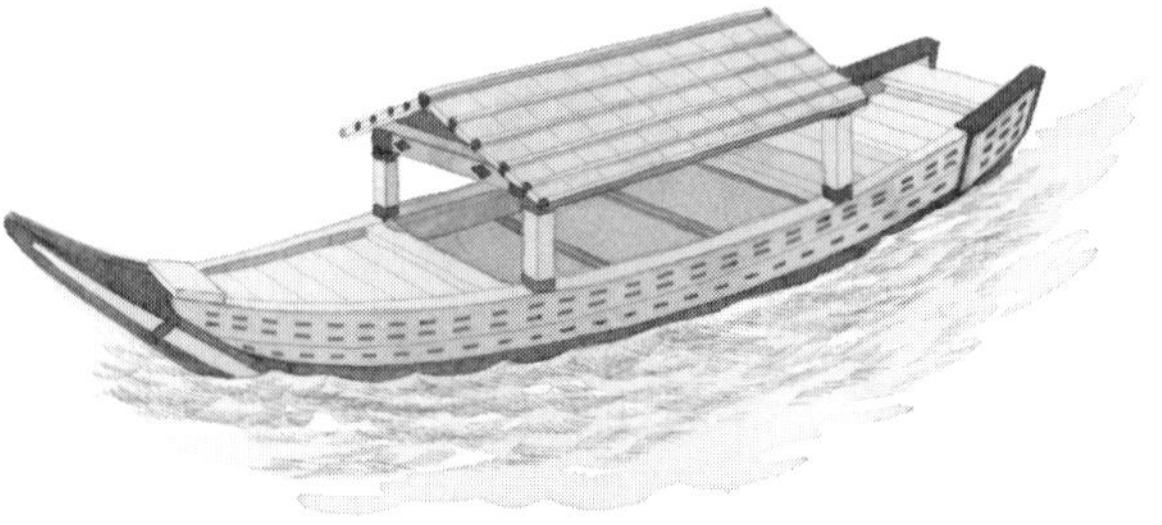

屋根船

やぶいり【藪入り】
商家で働く従業員たちの休日。昔、この藪入りという商家の休みは、年に二回、旧暦の一月十六日と七月十六日に三日ずつほどしかありませんでした。商家では**通い**（かよ）**番頭**でもない限り、基本的に全員が主人と同じ家に寝起きしていましたから、この藪入りのときだけ、従業員は実家に帰ることができたわけです。まだ幼い**丁稚**にとっては正月よりも楽しい日ですから、『花見小僧』のように、その藪入りを取り上げられるというのは、死活問題でした。**宿下がり**とも。

やま【山】→おびのやま【帯の山】

やまだい【山台】
歌舞伎などで、役者が舞台の上で腰を下ろすときに用いる、椅子代わりの台。

やまでらのかねがごうごうとなるといえども、どうじいちにんきたってかねにしゅもくをあてざれば、かねがなるやらしゅもくがなるやら、とんとそのねいろがわからぬのがどうり【山寺の鐘がごうごうと鳴るといえども、童子一人来たって鐘に撞木を当てざれば、鐘が鳴るやら撞木が鳴るやら、とんとその音色が分からぬのが道理】
禅の公案（『蒟蒻問答』では問答と呼んでいるもの）の一つに、手を叩いてみせて「右の手と左の手と、どちらが鳴った？」というものがあります。こんなものに答えがあるはずがないので、こういうわけの分からない問答を禅問答といいます。「山寺の鐘が〜」は『蝦蟇の油』の**口上**に出てくる一節ですが、ここでは右手と左手の代わりに、鐘に**撞木**をあてて「撞木と鐘と、どちらが鳴った？（その答えは分かるまい）」という禅の公案的なことを言って、人を煙に巻いたものと思われます。

やもり【家守】→おおや【大家】

やらずのあめ【やらずの雨】
「やらず」は「向こうへやらない」、すなわち「帰さない」という意味。帰ろうとした人を、まるで帰さないために降ってきたような雨のこと。『湯屋番』の妄想の中で、若旦那が**妾宅**を出られない理由にするのも、このやらずの雨です。

やりて【遣り手】
廓の**見世**で**女郎**とお客の間に入って金銭などの交渉を行う役職。『錦の袈裟』で**大一座**の客の中でどの客を大事にするべきか、女郎に指図をしているのも遣り手です。「おばさん」とも呼ばれました。

やりもち【槍持ち】
身分のある侍が外出の際、槍を持って従う役目の者。『たが屋』の侍は槍持ちがついているので、それだけで身分が高いということが分かります。

やれつか【破れ柄】
刀を持つ部分である柄がボロボロになっているもの。

やわたぐろ【八幡黒】
黒く染めた革。下駄の鼻緒などに用いました。

やわらかもの【柔らかもの】
絹の着物。高級品で、貧乏人はめったに柔らかものを着ることはできませんでした。金持ちの家の赤ん坊が大事に育てられているたとえの「お蚕ぐるみ」の「お蚕」も絹の着物、柔らかもののことです。

【ゆ】

ゆうかく【遊郭】→くるわ【廓】

ゆうき【結城】
結城縞、結城木綿のことも結城と呼びますが、落語で結城といえば、結城紬のことです。最高級品の絹織物だったので、落語の中でもそういう扱いを受けています。『明烏』で息子が**吉原**へ行くとき、父親が「御利益があるように（**花魁**にもてるように）」と見立ててやるのも、『居残り佐平次』で**佐平次**が**見世**の主からまんまと譲り受けるのもこの結城でした。『羽織の遊び』では、「結城は粋なものだから、職人に似合う」と言われています。

ゆうきつむぎ【結城紬】→ゆうき【結城】

ゆうじょ【遊女】→しょうぎ【娼妓】

ゆうじょう【祐乗】→ゆうじょう・こうじょう・そうじょう【祐乗・光乗・宗乗】

ゆうじょう・こうじょう・そうじょう【祐乗・光乗・宗乗】
三人とも彫金師の名前。彫金の世界では名門である、後藤家の宗主が後藤祐乗。その弟子が宗乗で、さらに一代おいた弟子が光乗。ですから、代々の順で名前を並べると祐乗（初代）、宗乗（二代目）、光乗（四代目）となるはずですが、『金明竹』の**言い立て**では、祐乗（初代）、光乗（四代目）、宗乗（二代目）となっているのは、その後で「**遊女**は**孝女**で掃除が好き」と言いたかったためでしょう。

ゆかん【湯灌】
棺桶に納める前に、お湯で遺体を清めること。剃髪もそれに含まれるので、『らくだ』で、**紙屑屋**がらくだの頭を丸めてやっているのも、湯灌の一種といえないことはありません。

ゆきだおれ【行き倒れ】
飢餓や病気などが原因で、路上で死んでいる人。殺されて死骸を路上に放置された人や路上で自殺した人は、行き倒れとはいいません。『粗忽長屋』では、粗忽な男が「生きて倒れる」と誤解していますが、正しくは「行く（歩いている）間に倒れる」から行き倒れです。

ゆさん【遊山】
屋外で遊ぶこと。

ゆしまてんじん【湯島天神】
正式名称は湯島天満宮。湯島にある**天神様**を祀った神社で、江戸時代は**富籤**の興行が行われた場所としても知られていました。『宿屋の富』の舞台ですが、噺家によっては**椙森神社**を舞台にしています。

ゆしまてんまんぐう【湯島天満宮】
→ゆしまてんじん【湯島天神】

ゆせん【湯銭】→ゆや【湯屋】

ゆみはりぢょうちん【弓張り提灯】
手で持つ取っ手がついている提灯。**高張提灯**よりも安定感があるので、持って走ることもできます。『首提灯』で首を持って走っているのは、この弓張り提灯を持っているつもりです。

ゆや【湯屋】
銭湯のことですが、**江戸っ子**は省略して「湯」とも言いました。銭湯へ行くことは「湯に行く」、銭湯の風呂に入ることを「湯に入る」、銭湯の料金は湯銭です。しかし、白湯のことも湯と言いました。**上方**では「風呂屋」と言います。『祇園会』で、江戸っ子が上方へ旅に行った折に「湯屋はどこでい？」と聞いても、通じなかったのは、このためです。このとき、上方の人がお湯屋と聞き間違えた**御家**は、上方弁で**女将さん**のこと。

【よ】

よあかし【夜明かし】
徹夜のことですが、『粗忽長屋』で「夜明かし」と言っているのは、朝まで営業している店（主に屋台店）のことです。

よいかん【宵勘】
吉原など**廓**で、遊興費を前払いすること。こういう言葉ができたのは、明治末期までは、廓の勘定は客が帰るときにするものと決まっていたからです。宵勘は大正時代に始まった、新しい、けれども世知辛い料金システムでした。『五人廻し』の**見世**（みせ）は宵勘だったからこそ、客が前払いした遊興費を返せと言っていますし、『お直し』で主人公がまだきちんと働いているときも、遊興費はすべて前払いでした。だからこそ、『五銭の遊び』のようなトリックを考え出す者も現れるのです。

よいぜっく【宵節句】
節句の前日。三月三日は節句ですから、前日の三月二日が雛祭りの宵節句。五月四日は、端午の節句の宵節句となります。

よいのくち【宵の口】
日没直後のこと。しかし、「まだ宵の口だぜ」と言うのは、日没から、かなり時間が経ったときに言う台詞です。

よいよい
脳卒中などが原因で、身体の動きが不自由になったこと。

ようきひ【楊貴妃】
中国の美女。日本でも小野**小町**（おののこまち）と並んで美人の代名詞とされました。

ようじ【楊枝】
昔の歯ブラシ。先が房のようになっているので、房楊枝（ふさようじ）ともいいます。この楊枝に歯磨き粉をつけて歯を磨きます。今の歯磨きは歯ブラシを横に持ちますが、昔は楊枝を縦に持って歯を磨きました。『明烏』でも、噺家は楊枝に見立てた扇子を縦にして口にくわえて、歯を磨くところを演じます。**江戸っ子**は歯が白いのが自慢で、「お前、口が臭えぞ、黙ってろ」というのが定番の悪口の一つでした。貧乏人は塩で磨きましたが、身なりを気にする江戸っ子は歯磨き粉で磨きます。江戸時代にも歯磨き粉は売っていました。歯磨き〝粉〟ですから、もちろん粉末状です。有名なのが本郷の**兼康**（かねやす）という店の品でした。**小楊枝**（こようじ）とは別物です。

楊子・房楊子

ようじんつち【用心土】
目塗り（めぬり）に用いる土。建物の隙間などに塗り込める土なので、湿り気があります。防火のための必需品で、しかも**江戸**の町は**火事早い**ところでしたから、ちょっと大きな商家などでは用心土を常備し、肝心なときにすぐに役立たせるために、用心土の湿り気がなくならないよう気をつけていました。

『火事息子』ではいったん近所に火事が起こると、すぐさま用心土を持ち出して蔵の目塗りを始めますが、こうしたことができたのも常日頃から用心土を準備していたからこそです。『鼠穴』の店は、用心土がなかったので蔵が焼け落ちたのではありません。用心土を用意してあったのにもかかわらず、それを使わなかったからこそ悔いが残るのです。

ようだてる【用立てる】
金を貸すこと。

ようだんす【用箪笥】
小物を入れておくための小型の箪笥。用を足すための箪笥なので用箪笥です。洋箪笥ではありません。『双蝶々』では、商家の**女将**（おかみ）**さん**が用箪笥に薬を常備しています。

よぎ【夜着】
現在の掛け布団にあたるものですが、敷き布団のように四角い形はしていませんでした。夜着には襟や袖があって、そのまま着ることもできます。↓**かいまき【掻巻】**

よこちょうげいしゃ【横町芸者】↓**なかのちょうげいしゃ【仲之町芸者】**

よこね【横根】
両足のつけ根のリンパ腺が炎症を起こして腫れ上がる病気。梅毒の症状の一種で、梅毒に関して無知だった江戸時代の人々は「男は横根を作ってようやく一人前」などとうそぶいていました。

よこのものをたてにもしない【横のものを縦にもしない】
不精（ぶしょう）な人のたとえ。

よこひょうご【横兵庫】
女性の**髷**（まげ）の一種ですが、一般の女性はあまり用いず、**女郎**（じょろう）や役者などがこの髪型をしました。文字通り、**立**（たて）**兵庫**（ひょうご）を横に倒したような形です。

よこやそうみん【横谷宗珉】
江戸時代の彫金師。『宗珉の滝』はその横谷宗珉の若かりし頃を描いた噺で、『金明竹』の**言い立て**には**小**（こ）**柄**（づか）つきの**脇差**（わきざ）**し**の作者として名前が出てきます。

よし【葦】植物の**葦**のこと。忌み言葉で「あし」は「悪し」に通じるため、それを嫌って「悪い」の反対語の「良い」をあてて、「よし」と読み替えました。**吉原**は元は葦の群生した原っぱだったので、本当は「あしはら」なのですが、縁起が良くないので「よしわら」となったのです。

よしず【葦簀】→**よしずばり【葦簀張り】**

よしずばり【葦簀張り】葦簀は、**葦**という植物の茎で編んだ簾（日よけのカーテン）のことで、家をその葦簀で囲ってあるのが葦簀張りです。**江戸っ子**は「よしずっぱり」と言いました。

よしなによろしく。よい具合に。「よしなに頼みます」は、「よろしくお願いします」という意味。

よしわら【吉原】浅草寺の裏にあった幕府公認（**官許**）の**廓**。

吉原かぶり

よしわらかぶり【吉原かぶり】手拭いのかぶり方の一つ。芸人や物売りがよくやるかぶり方でした。一応、粋なものとされていますが、実際はピンキリで、**吉原**を流す**新内流し**から『巌流島』の**屑屋**まで用いています。

よしわらげいしゃ【吉原芸者】→**なかのちょうげいしゃ【仲之町芸者】**

よしわらさいけん【吉原細見】**吉原**の案内書。吉原版ミシュランとでもいうべき書物で、吉原の**女郎**たちのランクから技術、料金まで、すべてが一目で分かるようになっていました。このランクの最高得点が**入山形に二つ星**です。これさえあれば家にいながらにして、吉原のことが分かるため、表向きは吉原へ行ったことがないことになっている『文七元結』の**番頭**は、吉原の知識はすべて「吉原細見」で知ったと言い訳をしています。略して細見とも。

よしわらたんぼ【吉原田圃】**吉原**の裏側にあった田んぼ。

よしわらどて【吉原土手】→**にほん**

づつみ【日本堤】

よじん【余人】
他の人。「余人に代えがたい」は「他の人では代わりがきかない」という意味。

よすけ【与助・四助】
祭り囃子(ばやし)などに用いる摺鉦(すりがね)。「祭り囃子の他の四人を助ける」というところから、こう呼ばれています。『片棒』の次男の考案した**弔(とむら)い**中の祭り囃子で「チャンチキチン」と鳴っているのが与助です。

よたか【夜鷹】
夜中、路上で客を引いた売春婦。実際の〝商売〟の方も蔵の裏など、やはり屋外で行われました。

よたかそば【夜鷹蕎麦】
夜中に売り歩いた屋台の蕎麦屋。夜鳴き蕎麦ともいいます。**夜鷹**が常連客だったことから、こう呼ばれるようになった、とも言われています。ちなみに夜鷹蕎麦の代金は十六**文**(もん)、夜鷹の代金は二十四文でしたから、夜鷹は客を二人つかまえると、夜鷹蕎麦を三杯食べられたという計算になります。

夜鷹蕎麦

よったり【四人】
四人のこと。一人(ひとり)、二人(ふたり)、**三人(みったり)**、四人(よったり)です。しかし、五人を「いったり」とは言いません。

よっつ・よつ【四つ】
現在のおよそ午前十時、あるいは午後十時頃。『時そば』に登場する蕎麦屋は**夜鷹蕎麦**(よたかそば)ですから、営業時間は夜です。最初の男が代金をごまかしたのが、**九つ**(午前ゼロ時)でした。ところが、それを真似た男は次の日、九つよりも**一刻**(いっとき)早く詐欺を実行しようとしたので、蕎麦屋から「九つ」と言ってもらえるところを「四つ」と言われてしまい、詐欺が破綻します。「四つ頃に出る幽霊は**前座**(ぜんざ)なり」という川柳は「午後十時頃、寄席で**怪談噺**(かいだんばなし)をやっているときに客席に現れる幽霊の正体は前座である」という意味です。怪談噺はおそらく**トリネタ**でしょうが、当時の寄席は随分遅くまでやっていたことがこの川柳から分かります。

よっつはん【四つ半】
現在のおよそ午前十一時、あるいは午後十一時。

よつでかご【四つ手駕籠】
四本の竹を支柱にした**駕籠**。**辻駕籠**や**宿駕籠**は、この四つ手駕籠でした。

よっぴて【夜っぴて】
一晩中。

よつめがき【四つ目垣】
材木や竹などで、大きめの格子状に組んだ垣根。

よなきそば【夜鳴き蕎麦】↓よたかそば【夜鷹蕎麦】

よびひ【呼び火】
煙管に詰めて吸う煙草の葉は、安物だと火がつきにくいのですが、**国分**のような高級品だと、火に近づけただけで、まるで煙草の葉が火を呼んだように、火がつきました。これを「呼び火でも火がつく」と言います。『普段の袴』の侍が吸っていた煙草が、この呼び火で火がついています。

よみじ【黄泉路】
あの世へと通じている道。死ねば必ず通る道ですが、この世に心残りや心配事があれば、スムーズに進むこともできません。その心残りや心配事が「黄泉路の障り」です。

よめごりょう【嫁御寮】
嫁、花嫁を敬って言う言い方。

よりき【与力】
奉行の配下の役人。役目は警備、犯罪調査などです。この与力の下に**同心**がいて、実際の業務の実行係となりました。

よんどころない
やむを得ない。渋々。

【ら】

らう【羅宇】
煙管の**雁首**と**吸い口**をつなぐ細い竹。このちょっと変わった名前は、原材料のインドシナ半島産のラウ竹からきています。煙管で煙草を吸い続けていると、そのうち羅宇がヤニで詰まってしまいます。『三枚起請』では紙を**紙縒り**にして、羅宇に通し、ヤニを取り除こうとします。それでもヤニが取れない場合は、『紫檀楼古木』のように**羅宇屋**に頼んで、プ口の手でヤニを取ってもらうか、羅宇をすげ替えるしかありませんでした。羅宇を取りつけることを「すげる」と言うので、羅宇の交換は「取り替える」ではなく、「すげ替える」です。

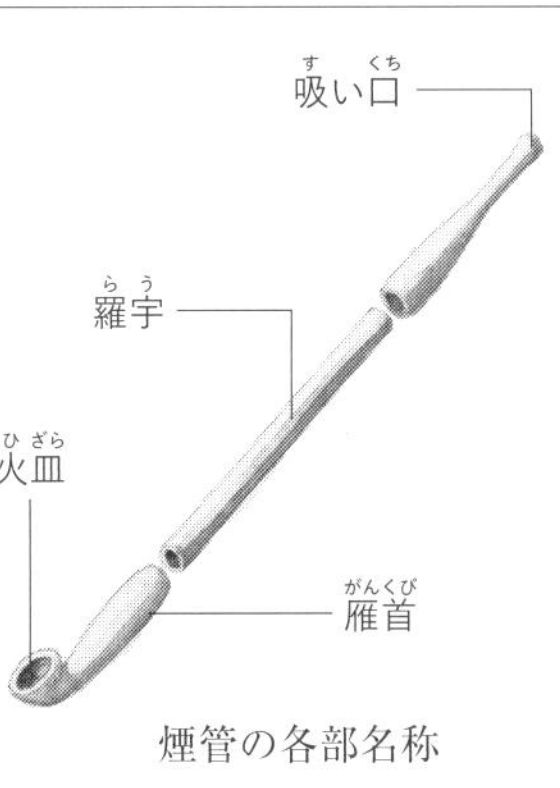

煙管の各部名称

らうや【羅宇屋】 **羅宇**のすげ替えと掃除をする専門職。

らしょうもんがし【羅生門河岸】 **蹴転**の別名。羅生門は平安京にあった門の名前で、そこに住みついた鬼が通行人を捕まえ、腕が抜けても離さないと言われていました。客を捕まえたら決して離さない蹴転の客引きのやり方を、この羅生門の伝説にたとえたのです。さらに蹴転は、**吉原**の中の**お歯黒どぶ**にもっとも近いところにありましたから、その場所を河岸と呼びました。

【り】

りえん【離縁】 離婚。

りえんじょう【離縁状】 **→みくだりはん【三行半】**

りかた【理方】 理屈。**→とおめやまごしかさのうち【遠目山越し笠のうち】**

りかにかんむりをたださず【李下に冠を正さず】 **→じかにかんむりをかぶらず【直に冠をかぶらず】**

りきゅうまんじゅう【利休饅頭】 黒砂糖を使った茶色い皮に包まれた饅頭で、きちんとしたお茶会に出される、由緒正しい和菓子です。『茶の湯』では、薩摩芋をふかしたものに黒砂糖を混ぜ、灯し油で型をくりぬいたものを利休饅頭と〝名づけて〟いますが、これは名義詐称でしょう。

りはく【李白】 古代中国の詩人。酒豪としても知られていました。

りゃんこ【両個】 侍は刀を二本差していました。そこで**二本差し**とも呼ばれましたが、この二本の刀を二個と数え、二を両と呼び換えたのが両個です。両を「りゃん」と読んだのは、中国語の発音です。

りょう【両】
江戸時代の金貨の一つ。金貨には**朱**(しゅ)、**分**(ぶ)、両の三種類があり、四朱で一分、四分で一両と四進法で数えます。明治時代になると、通貨の単位が円や銭に変わりました。百銭で一円です。ところが、馴染みのある通貨の単位はなかなか忘れられないもので、一円のことを一両と言ったりしました。この場合、五十銭のことは二分と言います。一両の半分だからです。

りょうがけ【両掛】
一人の人間が前と後ろに荷物を担ぐことで、小型の箱のような物を二つ、棒を通して前後に担ぐ場合や、二つの荷物に紐を通して、胸と背中に振り分けて持つ場合がありました。『蜘蛛駕籠』に登場する侍(さむらい)が言う「両掛が二丁」というのが前者で、普通の旅人が自分の荷物を担ぐのが後者の両掛です。

りょうけん【料簡・了見】
心根、気質、人間としてのレベル。

りょうし【料紙】
ものを書くための紙。料紙の料は「使用する」という意味ですから、料紙は現代語に直訳すると、用紙となります。便箋の質がさまざまであるように、料紙もピンキリでした。『崇徳院』で**大家**(たいけ)のお嬢様が用いたのは、ピンの料紙だったと思われます。

りんき【悋気】
嫉妬、焼き餅。多くの場合、女性に対して用いました。嫉妬深い妻に向かって夫が「お前、悋気はおよし」とは言いますが、嫉妬深い夫に妻が「悋気はやめておくれよ」とはあまり言いません。そういう場合は「お前さん、**甚助**(じんすけ)だね」と言います。

りんしょく【吝嗇】
ケチ。

【れ】

れいげんあらたか【霊験あらたか】
神仏の霊力が確かにあること。

れいじょう【霊場】
仏教、神道にゆかりの地で、神仏の霊験があらたかと感じられるところ。

れき

これ、あれ、この人、あの人、こいつ、あいつ。「れきだよ、れき」は「これだよ、これ」、あるいは「あいつだよ、あいつ」という意味。

れこ
「これ」の意味。周りをはばかったり、またわざと洒落て、「これ」を逆さまに言いました。多く、話し相手の恋人を指します。『景清』で主人公が初対面の女性に、「れこでしょ」と言っているのは「彼氏でしょ」の意味です。「れこ」が彼氏の場合は親指を、彼女の場合は小指を立てるボディランゲージがつくこともよくあります。

れんびんのさた【憐憫の沙汰】
相手を哀れみ同情した上での対応、行為。

【ろ】

ろ【櫓・艪】
ボートで言うところのオール。ただし、ボートにはオールは二本ついていますが、**猪牙舟**（ちょきぶね）や**屋根舟**などの櫓は一本だけです。「竿（さお）は三年、櫓は三月」とは、船を漕ぐには櫓と竿の二つの道具を用いるが、一見難しそうな櫓は三カ月で習得できるが、一見簡単そうに見える竿は習得に三年はかかる、という意味。

ろうがい【労咳】
肺結核。江戸、明治、大正と、古典落語の舞台となった時代には、労咳は不治の病でした。

ろうかとんび【廊下鳶】
廓（くるわ）で**女郎**（じょろう）が部屋まで来るのを待ちきれずに、あるいは女郎に振られた腹いせに、廊下をうろうろする無粋な客のこと。『明烏』で、若旦那の部屋を覗きに行く源兵衛（げんべえ）と多助（たすけ）などが、この廊下鳶の典型的な例です。

ろうしゅ【楼主】
廓（くるわ）の**見世**（みせ）の主人。

ろうしょうふじょう【老少不定】
「老人が先に、若者が後で死ぬとは限らない」という意味で、寿命がいつ尽きるかは分からないということ。

ろうぜき【狼藉】
乱暴、無法。

ろくしゃくぼう【六尺棒】
長さ六尺の棒。六尺は畳の縦の長さですから結構な長さです。平均身長が現代よりも低かった江戸時代では、六尺棒は成人男性の身の丈よりも長い棒でした。護身用、防犯用などに用います。江戸時代に捕り物に使われたのもこの六尺棒ですし、明治時代、巡査は拳銃の代わりに、この六尺棒を持っていました。『六尺棒』で商家に六尺棒が常備されていたのは、おそらくは**心張り棒**を防犯用にも使っていたのでしょう。**天秤棒**も長さが六尺あったため、六尺棒とも呼ばれています。

ろくじゅうろくぶ【六十六部】→**ろくぶ【六部】**

ろくぶ【六部】
書き写した六十六部の**法華経**を霊地に納めるため各地を遍路している**巡礼**の僧侶。この六十六部の法華経から六十六部と呼ばれ、略して六部となりました。一般人は気軽に旅などできない江戸時代に、六部は例外的に全国を渡り歩いていましたから、『一眼国』では見世物小屋の主が、六部から全国の情報を聞き出そうとします。

また、僧侶になって全国を遍路するというのは、「世を捨てる」という意味合いもありましたから、『花見の仇討ち』のおじさんは六部になったと話す甥をいさめて、思いとどまらせようとします。さらには、僧侶の姿で物乞いをしている者も六部と呼ばれたり、あるいは六部と自称していました。

ろくもんせん【六文銭】
あの世とこの世をつなぐ「三途の川」の渡し賃が六文とされていたので、死者の棺の中にはあの世に行ったとき、渡し賃を払えるようにと、一文銭を六枚入れるのが決まりでした。これが六文銭です。また真田幸村で知られる真田家の家紋が六文銭と呼ばれるもので、一文銭が2×3の状態で並んでいるのをデザイン化してあります。

ろじ【路地】
長屋の通路。幅は三**尺**から五尺ですから、一メートルから二メートル。人がすれ違うのも難しい路地がありました。『かぼちゃ屋』の主人公は、**天秤棒**を持ったままでは路地の中で方向転換できませんでした。天秤棒は**六尺棒**とも呼ばれたように、長さが六尺ありました。

ろっこんしょうじょう【六根清浄】
視覚、聴覚、味覚、触覚、臭覚、意識の六つの感覚（六根）から入ってくる欲望を断ち切り、身を清浄に保つこと。お念仏や**法華経**（ほけきょう）における**お題目**（だいもく）のようなもので、大山詣り（おおやままいり）に行くときなど、この文句を唱えて山をのぼりました。

【わ】

わかいしゅう【若い衆】

「わかいし」とも言います。若い者、つまり若い男性たちのことですが、**廓**（くるわ）の役職名でもありました。ですから、廓で下働きなどをする男性は、年齢に限らず若い衆と呼ばれました。

わきざし【脇差し】

武士は大小二本の刀を差すことが義務づけられていました。その二本の刀のうち、短い方が脇差しです。町人は帯刀が禁じられていましたが、旅の護身用や儀礼上必要な場合は、脇差しだけなら許されました。厳密には、二**尺**以上を刀、一尺九**寸**までを大脇差し、一尺七寸までを中脇差し、九寸九分までを小脇差しといいます。

脇差し

わらじ【草鞋】

藁（わら）で作った履き物。紐で足を結わえつけるようになっているので、長時間歩くときにはもってこいの履き物でした。旅の必需品です。裏も藁でできているので雨の日も滑りにくいため、『ぞろぞろ』では突然の雨で客が草鞋を買い求めます。→**きゃはんこうがけわらじばき【脚絆甲掛け草鞋履き】**

わらしべ【藁しべ】

藁の芯。

わりまえ【割り前】

割り勘の際の、一人一人の勘定のこと。

草鞋

寄席用語

【あ・い】

あにさん

落語界は芸歴による年功序列です。年齢に関係なく、一日でも入門の早い人が目上となり、目下の者から「あにさん」と呼ばれます。これが**上方**落語界では「にいさん」となり、東西のどちらでも女性の場合は「ねえさん」と呼ばれます。

いいたて【言い立て】

一連の定まった長台詞のこと。『寿限無』や『たらちね』の名前の部分、『蝦蟇の油』の**口上**、『金明竹』の使いの者の台詞などが言い立てです。

いたつき【板付き】

緞帳が上がった時点で、すでに噺家が板（**高座**）の上に座っていること。真打の披露目の**口上**を述べる際などに行います。また、芸人が歩行が困難な場合、一旦緞帳を下ろしてから、板付きで登場することもあります。

いちばんだいこ【一番太鼓】

寄席の開場と同時に鳴らす太鼓。最初に太鼓の縁をカラカラと鳴らします。これは寄席の**木戸**が開いたところを表しています。続いて、お客さんがたくさん来てくださるよう、ドンドドン、ドンドドン（どんと来い、どんと来い）と太鼓を打ちます。↓**にばんだいこ【二番太鼓】**、**おいだしだいこ【追い出し太鼓】**

いちぶせんこうそくせきばなし【一分線香即席噺】

非常に短い小咄のことですが、元来は、線香が一分（数ミリ）燃え尽きる間という非常に短い時間に〝即席で考え出す〟小咄のことでした。一番有名な一分線香即席噺は、「隣に囲いができたってねえ」「へい」です。

いちもん【一門】

師匠とその弟子たち、あるいはその孫弟子たち、さらにはそのひ孫弟子たちを含む一団のこと。五代目・古今亭志ん生の弟子が十代目・金原亭馬生で、その弟子が五街道雲助で、その弟子が桃月庵白酒ですから、白酒は五街道一門であり、また金原亭の、さらには古今亭の一門の一人となります。

いちもんかい【一門会】

一門の噺家で行われる落語会。

いろもの【色物】

落語が主流の**定席**では、漫才や手品、紙切り、太神楽など落語以外の演芸のこと。漫才が主流の定席では落語が色物になります。寄席のビラに落語家の名前は黒字で、落語以外の演芸の芸人の名前は赤字で記したところから、こう呼ばれるようになりました。

【う・お】

うしろまく【後ろ幕】
高座の後ろに掛け渡す幕。主に**襲名**、真打の**口上**のときなどに用いられます。

うすどろ【うすドロ】→おおどろ【大ドロ】

おいだしだいこ【追い出し太鼓】
寄席が終演したときに鳴らす太鼓。まずテテケ、テテケ、テテケ（出てけ、出てけ、出てけ）と鳴らし、続いて出口を出たお客がさまざまな方角へ帰って行くので、テンテンバラバラ、テンテンバラバラと打ち、最後に寄席の客席に誰もいなくなるので、太鼓の縁をカラカラカラカラ（空、空、空、空）と鳴らします。「出てけ」から「追い出し太鼓」で、略して「追い出し」とも。**→いちばんだいこ【一番太鼓】、にばんだいこ【二番太鼓】**

おうむ【鸚鵡】
落語に定番の、**くすぐり**のパターンの一つ。与太郎や甚兵衛さんなど、少し足りない系のキャラが、人に教わった通りに言おうとして、言い間違える、あるいはやり間違えること。『子ほめ』で子どもを褒める場面、『鮑のし』で**口上**を述べる場面などが鸚鵡です。「鸚鵡返し」とも。

おうむがえし【鸚鵡返し】→おうむ【鸚鵡】

おおかんばん【大看板】
一流の芸人のこと。寄席で一流の芸人は一人だけ特別に、大きな看板に芸名を書かれました。

おおぎり【大喜利】
寄席で行われる余興の一つ。元来一人で芸をする噺家が数名**高座**に上がり、そのうちの一人が司会進行役となって、**謎かけ**や小咄を披露します。

おおどろ【大ドロ】
芝居などで鳴らす効果音の一種。大太鼓をドロドロと叩きます。幽霊が出る場面などでの効果音の定番でした。幽霊の登場する落語でも、**上方**(かみがた)落語ではほぼ必ず、東京の落語でも場合によっては鳴らすことがあります。「うすドロ」とも。

おおねた【大ネタ】
長尺(ながじゃく)、長講(ちょうこう)とも言われる、長時間にわたる**ネタ**。

おち【落ち】
一席の落語の結末を示す一語。**地口**(じぐち)で落とす**地口落ち**、考えなければ意味が分からない考え落ち、噺の適当なところで「冗談言っちゃいけねえ」で唐突に終わる冗談落ち、台詞ではなく仕草を見せて落とす仕草落ちなど、何種類にも分類されていますが、決定的な分類法は生み出されておらず、「落ちを分類すること自体ナンセンス」だともいわれています。さげとも。

おはやし【お囃子】
寄席、落語会などで演奏される**出囃子**(でばやし)、**はめもの**などの総称。また、それを演奏する人。→**げざ【下座】**

おひざおくり【お膝送り】
畳敷きの会場で満員になった際、お客さんに少しずつ前に進んでもらいます。すると、後ろの方に空間ができて、その分だけお客を入れることができます。お客に膝を前に送り出してもらうので、「お膝送り」です。

おんぎょくばなし【音曲噺】
下座(げざ)の**お囃子**(はやし)を伴奏にして、噺家自身が唄う場面の多い噺。

【か・き】

かいこういちばん【開口一番】
寄席、落語会などの一番最初の**高座**(こうざ)。基本的に**前座**(ぜんざ)の役割ですが、落語会の趣旨によっては**二ツ目**(ふたつめ)、場合によっては真打(しんうち)が務めることもあります。

かいだんばなし【怪談噺】
怪談の要素がある噺。本格的な怪談ものである『怪談牡丹灯籠』だけではなく、滑稽味がふんだんにある『お菊の皿』も怪談噺と呼ぶことがあります。

かおづけ【顔づけ】
寄席や落語会などに出演する芸人を決めること。また、その顔づけによって決まったメンバーのこと。

かみしも【上下】
噺家が**上手**(かみて)と**下手**(しもて)に顔の向きを振り分けながら会話をする技法。「上下をつける」「上下を切る」などといいます。

落語は舞台装置は使いませんが、イメージの中での舞台装置は歌舞伎とほぼ同じです。御隠居の家が舞台の場合、その家は舞台の上手にあり、その家を訪れる人（八五郎）は花道のある下手から現れます。下手から登場した八五郎が「ご隠居、こんにちは」と言うときは、八五郎は御隠居がいる上手を見ます。上手にいるご隠居は下手に向かって、「おや、八っつぁんじゃないか」と返事をします。ですから落語では、訪問してくる人は上手を向き、家にいて訪問客を迎える人は下手を向いて話をするのです。

かみせき【上席】
一日から十日までの興行のこと。

かみて【上手】
客席から見て、舞台の右側のこと。逆を**下手**といいます。**→かみしも【上下】**

かんがえおち【考え落ち】→おち【落ち】

きど【木戸】
寄席の入り口。または**木戸銭**の略。

きどせん【木戸銭】
寄席の入場料。**→きど【木戸】**

【く・け】

くいつき
仲入りの休憩の後の出番のこと。

くすぐり
ギャグ。

くちあい【口合】→じぐち【地口】

くるわばなし【廓噺】
廓を舞台にした落語。

げざ【下座】
お囃子を演奏する人のこと。**高座**の脇で演奏することから、こう呼ばれるようになりました。ですから、下座の「下」は場所のことであって、その人を低く見ての「下」ではありません。

けんだい【見台】
落語家が前に置く小さな机。**上方**落語ではよく用いられますが、東京の落語で使われることはまれです。講釈の**釈台**と似ていますが、釈台は机の上に天板があり、講釈師が足を入れる部分以外の三方は板で囲ってあるのに対して、見台は前の部分は開いています。そのままでは噺家の膝がお客から見えてしまうため、見台を使うときは、さらに**膝隠し**を用います。

【こ】

こうざ【高座】
寄席の舞台。噺家が落語をやる際に座る、一段高い場所。

こうざがえし【高座返し】
高座の噺家が入れ替わるたびに、座っていた座布団をひっくり返すこと。または、その役目を行う人のこと。高座返しは**前座**の役割です。

こうざひゃっぺん【高座百遍】
高座に百回はかけないと、一席の噺はものにならないという戒め。

こうじょう【口上】
昇進、**襲名**の披露目のときなどに、芸人が舞台上から観客に述べる言葉。

こうばん【香盤】
芸人のランクづけ。客が勝手に決める人気ランキングのようなものではなく、もっと厳密な序列です。噺家が所属する協会などが決定します。基本的には入門順ですが、昇進によって入れ替わる場合もあります。

こっけいばなし【滑稽噺】
笑いを主体とした噺。

【さ・し】

さげ→おち【落ち】

さらくち【サラ口】
寄席興行などで、**開口一番**から数人までの出番のこと。

さんだいばなし【三題噺】
お客からもらった三つの題を基にして作った落語。有名なのは『芝浜』で、そのときのお題は、「酔っ払い」「芝の浜」「革財布」ともいわれています。

さんべんげいこ【三遍稽古】
落語を教える噺家が、教わる噺家の前で三回（三遍）その噺をやってみせること。教わる方は、それだけで噺を覚えなくてはなりません。一度

寄席用語

に三回ではなく、三日に分けて、毎日一回ずつというパターンが多かったようです。

しかしばい【鹿芝居】
噺家が演じる芝居（歌舞伎）のこと。「はな〝しか〟」の芝居だから、シカ芝居です。

しぐさおち【仕草落ち】→おち【落ち】

じぐち【地口】
駄洒落。**上方**（かみがた）では口合ともいいます。そこで、上方から移入した『口合小町』という落語は、東京では『洒落小町』となりました。

じぐちおち【地口落ち】
地口で落とす**落ち**。「隣に囲いができたってねえ」「へい」、『鰍沢』の「お題目（材木）で助かった」、どちらも地口落ちです。**→おち【落ち】**

しばい【芝居】
寄席の十日興行のこと。「今度の末（すえ）廣（ひろ）亭の六月**下席**（しもせき）の芝居は……」という具合に使います。

しばいばなし【芝居噺】
芝居（歌舞伎）を**ネタ**にした噺（『七段目』『蔵丁稚』など）、または噺の途中やラスト近くで、道具などを用い、芝居の要素・演出を用いた噺（『真景累ヶ淵』など）のこと。後者は「正本（しょうほん）芝居噺」ともいいます。

じばなし【地噺】
文章で会話以外のものを「地の文」といいます。落語では、これが「地の台詞」となり、この地の台詞を中心にした噺。『お血脈』『大師の杵』など。

しもせき【下席】
二十一日から三十日（二月は二十八日、あるいは二十九日）までの興行のこと。**→よいちかい【余一会】**

しもて【下手】
客席から見て、舞台の左側のこと。
→かみしも【上下】、かみて【上手】

しゃくだい【釈台】
講釈師が用いる小さな机（つくえ）。机が正式名称とも。噺家が用いる**見台**（けんだい）とは構造が違います。

しゅうめい【襲名】
先人の名前を継ぐこと。誰それの「名を継ぐ」でも構いませんが、正確には「名を襲う」といいます。だからこその襲名です。

しゅにん【主任】→**とり【トリ】**

じょうせき【定席】
元日から大晦日まで、休日なしで常設営業している（余一会を除く）寄席。漫才など、落語以外の諸芸メインの定席と区別するために、「落語の定席」と呼ぶこともあります。→**よいちかい【余一会】**

じょうだんおち【冗談落ち】→**おち【落ち】**

しょうほんしばいばなし【正本芝居噺】→**しばいばなし【芝居噺】**

しんうち【真打】→**しんうちせいど【真打制度】**

しんうちせいど【真打制度】
東京の落語界では、入門すると**前座**という身分が与えられ、そのあと**二ツ目**、さらには真打に昇進するという真打制度を敷いています。かつては**上方**落語にも真打制度がありましたが、現在は行われていません。

【す・せ・そ】

すばなし【素噺】
扇子と手拭いだけを小道具に演じる落語。この定義では、現行の落語のほとんどは素噺ということになりますが、元来は**正本芝居噺**に対して使われた言葉でした。正本芝居噺が大がかりなセットや**鳴り物**を用いるのに対して、素噺はそういった道具は使わず、話術だけで行います。

せきてい【席亭】
寄席の経営者。近年では、落語会の主催者のことも席亭と呼ぶことがあります。

ぜんざ【前座】→**しんうちせいど【真打制度】**

ぜんざばなし【前座噺】
落語家の初級者である**前座**が教わる噺。前座だけがやる噺、ではありません。

そで【袖】
舞台両端の**緞帳**（あるいは幕）の外側の部分。観客からは死角になって見えない場所で、芸人はここでスタンバイします。

【た・ち・つ】

だいばね【代バネ】

トリの代演。

たて→**たてぜんざ【立て前座】**

たてぜんざ【立て前座】
前座の中で一番格が上の人。楽屋の司令塔の役割を担い、その日の寄席の進行が滞りなく進むように働きます。「たて」とも。

ちゃくとう【着到】→**にばんだいこ【二番太鼓】**

つばなれ【ツ離れ】
観客が十人以上入ること。一つ、二つ、三つと、九つまでは語尾に「ツ」がつきますが、十からはその「ツ」から離れることから。

【て・と】

で【出】
芸人が舞台に登場する際の、**袖**から**高座**までの様子のこと。

ていごう【亭号】
芸名の苗字にあたる部分のこと。芸名が○○亭○○ならば亭号ですが、○○家○○であれば、家号と呼びます。

てけつ【テケツ】
寄席の切符売り場。そのテケツで働く人が「もぎり」です。

でばやし【出囃子】
噺家が**高座**に上がる際に鳴らす音曲。**前座**には「前座の出」という**お囃子**が鳴りますが、**二ツ目**、真打はそれぞれ自分のオリジナルの出囃子を持っています。出囃子が鳴れば、**めくり**を見なくても、次に出る噺家が誰なのか分かります。元は**上方**落語で行われていたものを、大正年間に移入しました。ですから、それ以前の東京の噺家は、出囃子を持っていません。

てんぐれん【天狗連】
アマチュアの落語家、またはその団体のこと。

とおし【通し】
連続ものの落語を、最初から最後まで口演すること。

とり【トリ】
寄席や落語会などで最後の出番。**仲入り**のことを、休憩時間の仲入りと区別するためか、仲入りのトリで「仲トリ」と呼ぶ人がいますが、これは新しい言葉で、昔は仲トリとは言いませんでしたし、現在も正式には用いられていません。

どんちょう【緞帳】
上下に開閉する幕。左右に開閉する幕は「引き幕」といいます。

【な・に】

なかいり【仲入り・中入り】
寄席の**番組**の、前半と後半の間の休憩時間のこと。または、前半の部の最後の出番のこと。どちらも同じ呼び方なので混乱しますが、昔からそう呼んでいたので仕方がありません。「今日の仲入りがよかった」というのは、休憩時間を褒めているのではなく、おそらく前半の部の最後に出てきた芸人を褒めているのです。これを区別するために「仲トリ」と呼ぶのは、厳密には誤用です。

なかせき【中席】
十一日から二十日までの興行のこと。

なかとり【仲トリ】→とり【トリ】

なぞかけ【謎かけ】
言葉遊びの一種。「AとかけてBと解く、その心はC」がその基本で、**落ち**に当たるCの部分で、AとBの共通項を言います。「富士山とかけてエベレストと解く、その心はどちらも山です」では謎かけにはなっておらず、「**お弔い**(とむら)とかけて、ウグイスと解きます。その心は、泣く泣く（鳴く鳴く）埋め（梅）に行きます」が、正しい謎かけ。

なりもの【鳴り物】
三味線、太鼓、笛などの演奏のこと。三味線はそれ専門の**下座**(げざ)がいます。太鼓や笛は噺家、特に**前座**(ぜんざ)がやることが多いです。

にいさん→あにさん

にのせき【二の席】
一月の**中席**(なかせき)のこと。一月は、上席(かみせき)が**初席**(はつせき)、中席が二の席と呼ばれますが、**下席**(しもせき)は三の席とはいいません。

にばんだいこ【二番太鼓】
寄席の開演五分前に鳴らす太鼓。ステテックテンテン、ステックテンテン（お多福来い、お多福来い）と叩きます。着到(ちゃくとう)とも。**→いちばんだいこ【一番太鼓】、おいだしだいこ【追い出し太鼓】**

寄席用語

【ね】

ねえさん→あにさん

ねた【ネタ】
演目。種（たね）をひっくり返した言葉で、元々は隠語でした。

ねたおろし【ネタ卸し】
初めて口演する**ネタ**を**高座**にかけること。

ねただし【ネタ出し】
事前にやる演目を告知しておくこと。

ねたちょう【ネタ帳】
その日に**高座**でやった**ネタ**と演者の名前を記した帳面。後から出る噺家は、ネタ帳を見て、前に出た演目とかぶらない噺を選びます。落語の演題はこのネタ帳から生まれました。演題は、お客のためではなく、噺家が分かればいい、という前提で作られているので、『夢金』のように、演題が**落ち**を説明してしまっているものもあります。

ねどいもの【根問いもの】
「根問い」とは「根本まで問う」という意味で、八五郎などが御隠居などに、もののいわれやその成り立ち、わけなどを問う落語を根問いものと呼びます。『浮世根問』『やかん』などが有名。

【は】

ばける【化ける】
芸人がこれまでの芸風から一転して、違う芸風になること。良い意味で使います。また一昔前は、予想以上に客が来ることを「化ける」「化けた」と言いました。

はつせき【初席】
一月の**上席**のこと。寄席では一月は特別興行を行うので、上席も初席と名を改めます。**→にのせき【二の席】**

はめもの
落語の最中に、効果音として鳴らす**お囃子**のこと。

ばればなし【バレ噺】
下ネタ。一説には、「破礼」と書いて「バレ」と読みます。礼儀を破る、という意味です。

ばんぐみ【番組】

寄席や落語会などで、あらかじめ決まっている出演者と、その出演順のこと。

ばんぐみひょう【番組表】
寄席や落語会の番組を書いたプログラム。

【ひ・ふ】

ひざ【膝】→ひざがわり【膝代わり】

ひざかくし【膝隠し】
見台（けんだい）の前に立てる、背の低い衝立（ついたて）のようなもの。

ひざがわり【膝代わり】
トリの一つ前に出る芸人。色物（いろもの）が多いです。略して膝とも。

ひとりきちがい【一人気違い】
落語の中の登場人物の一人が妄想に入っていくところ、またその芸。『湯屋番』で主人公が、番台（ばんだい）に座りながら妄想していく場面など。

ふたつめ【二ツ目】→しんうちせいど【真打制度】

ふら【フラ】
言葉では説明ができない、その芸人だけが持つ特有の面白味のこと。そういう天性の面白味を持った芸人を「フラがある」と呼びます。

【ま】

まねき【招き】
寄席の表などに掛ける、芸人の名前を書いた看板。招き看板の略。

まねきかんばん【招き看板】→まねき【招き】

【み・め・も】

みょうせき【名跡】
何代にもわたって継承されている重要な芸名。

めくり
高座（こうざ）の端に吊るす、芸人の名前が書かれた札。「見出し」が正式名称とも。

もぎり→てけつ【テケツ】

【や・よ】

やごう【家号】→ていごう【亭号】

よいちかい【余一会】
大の月の三十一日に催される興行。ですから余一会があるのは、一月、三月、五月、七月、八月、十月、十二月です。

よせもじ【寄席文字】
めくりや、**招き**に書かれる独特な書体。お客を墨の部分に見立て、寄席がお客で一杯になるように、なるだけ余白を少なくし、さらに上昇することを願って、文字をやや右上がりに書きます。

【ら・わ】

らく【楽】→らくび【楽日】

らくび【楽日】
十日興行の最終日。「楽」とも。

わり【割り】
寄席に出演する芸人の**給金**。「お客一人あたりいくら」という割り前で決められます。

あとがき

《後書き》というよりは、ほとんど「言い訳」です。何故かくも不備な事典ができてしまったのか、という言い訳を述べます。

まず、巻頭の「演目別用語索引」について。

《前書き》でも述べたように、この索引は落語の演題から見出し語を引けるようにしてあります。

例えば、『厩火事』の項には、「上げ板、孔子、白馬、暇を出す、廻り髪結」という言葉が並んでいます。『厩火事』という落語の中には、これらの言葉が出てくるので『厩火事』を聞いた後で「あの言葉、どういう意味だっけ？」と思ったとき、うろ覚えの語句でも調べることができるように、と配慮したつもりです。

ところが、落語を少しでも知っていらっしゃる方がこの索引を見ると、「なんで、この言葉がこの落語に？」という語句がずらずらと並ぶ、という結果になってしまいました。

具体的に申し上げると、この索引の『金明竹』の項には【芭蕉】という語句が入っています。ところが、『金明竹』という落語には、【芭蕉】という言葉は出てきません。【芭蕉】が出てくるのは『一目上がり』です。

では、これは誤植なのかというと、そうではありません。

まず『一目上がり』の項で、【芭蕉】を入れなかったのは、あの噺を聞いて「オチで出てきたバショーって何？」と疑問を感じる人は、おそらくいらっしゃらないと判断したからです。

けれども、これが『金明竹』となると話が違ってきます。あの噺の言い立ての中の「フーラボーショーヒツの掛け物」の風羅坊が芭蕉であることを知っている人は、あまりいらっしゃらないと思うのです。

ですが、そのことを知った上で、ショーヒツは【正筆】で、「当人が書いた」という意味だと知っていれば、『金明竹』に登場する道具七品のうちの一つである「風羅坊正筆の古池や蛙とびこむ水の音」の掛け軸は、芭蕉の直筆の掛け軸で、しかも書いてあるのが芭蕉のもっとも有名な俳句、となれば、これは実はすごい品で、本当に存在したら国宝だった、ということが分かっていただけます。

しかし、これをただ【ふうらぼう（風羅坊）】と見出し語に立てて「芭蕉のこと」と説明しただけでは、そうしたことが一切分からないままになってしまいます。そこで、読者のさらなる便宜を図って、あえて『金明竹』の項に【芭蕉】という語句を入れました。

もう一つ具体例を出すと、『たぬさい（狸賽）』の項には【そくたい（束帯）】が入っています。しかし、この言葉も『狸賽』には出てきません。【束帯】は『百川』の中でチラッと出てくる言葉なので解説をつけましたが、『百川』を聞くにあたって【束帯】という言葉の意味が分からなくても、『百川』を理解するのにほとんど、というかまったく問題はありません。ですから、『百川』を聞いた後に「ソクタイって何だ？」と、この事典を引く読者はまずいらっしゃらないと思います。

ところが、【束帯】がどういうものかを知らなければ、『狸賽』の最後の見立てオチ（言葉ではなく、仕草で示すオチ）の意味が分かりません。そこで、『狸賽』の中には出てこない言葉であるにもかかわらず、【束帯】を『狸賽』の項に入れることにしました。

これらの例とは反対の意味で、【ずぬけおおいちばんこばんがた（図抜け大一番小判型）】は、あえて『付き馬』の項には入れませんでした。【図抜け大一番小判型】の意味は『付き馬』を実際に聞けば、おおよそ理解できますし、この事典でもそれ以上の語句解説はしていません。また、この言葉は『付き馬』にしか出てきませんから、「演目別索引」の『付き馬』の項にわざわざ載せる必要はない、と判断したのです。

この索引には、以上のような例以外にも「どうして【ちゅうさん（昼三）】が『山崎屋』ではなく、『紺屋高尾』に出てくるんだ？」とか、「『蔵前駕籠』に出てくるのは、【つじかご（辻駕籠）】ではなく【やどかご（宿駕籠）】だ」とか、「『居残り佐平次』では、誰も【めしもりおんな（飯盛り女）】なんて言ってない」とか、「【つなぎ】は『人形買い』じゃなくて、『鮑のし』だ！」とか、いろいろ突っ込みどころが満載なのですが、これもすべて、先に述べたような理由からのことなので、どうかあまり責めないでいただけるとありがたいです。

と、ここまでこの言い訳を読んでくださった方の中には、さらに「なんで？」と感じた方もいらっしゃると思います。

先に、「『狸賽』には【束帯】という言葉が出てこない」と書きましたが、もしかすると読者がお聞きになった『狸賽』には【束帯】という言葉が出てきたかもしれません。

これが、この事典の二番目の問題点です。

この事典は落語に出てくる「よく分からない言葉」を解説することを目的としており、それ以外の意味解説はしておりません。しかし、そうなると、甚だ困ったことが起きてしまいます。

たとえば、【あいかた（相方）】です。
この言葉には「漫才の相棒」という意味もあるのですが、落語の中で【相方】をそのような意味で使うことはありません。そこで、この事典では「客の相手をする女郎（じょろう）」とだけ説明しています……と断言したいところなのですが、実際には落語に使われている言葉に関して、断言できることなど、ほとんどありません。

能や狂言などと違って、落語には定まったテキストが存在しないからです。

落語は常に変化し、さらに続々と新作落語も作られています。明日にでも、落語の中に漫才師の相方が登場するかもしれませんし、もしかすると、すでにそういう落語があるのかもしれません。では、そういうことも予想して、「解説文には見出し語が持つすべての意味を羅列すればよいのか」というと、これはスペースの都合で無理ですし、「落語鑑賞のための事典」という目的から逸れることにもなってしまいます。

では、正確をモットーにと、語句解説のたびに「落語の中ではおおむねこういうことになっているけれども、もちろん例外も多々あることと思います」と、いちいち注釈めいた言い訳をつけ加えると、これはくだくだし過ぎて、読んでいる方が疲れてしまうでしょう。

そこで、この事典では一見〝断言〟に見える言い方で語句解説を行うことにしました。そのため「『狸賽』には、【束帯】という言葉は出てこない」ともなってしまうのですが、そこのところも、どうかご寛恕（かんじょ）いただけると幸いです。

また、その語句の解説も江戸辞典などと比べると、間違いと思えるような記述もあります。

たとえば【吉原】は、江戸辞典などでは「元吉原」と「新吉原」の二つが紹介されているはずですが、落語の世界には新吉原しか登場しません（この「しません」というのが先ほど述べた〝断言〟で、真意は「私が知る限りの『古典』と呼ばれている落語の中ではそうなっているのだけど、私が知らない落語もたくさんあって、その落語には元吉原も出てくるかもしれませんが、そこまで厳密に言うわけにもいかないので、お許しください」ということです）。そこで、この事典も「吉原＝新吉原」と捉えることにして、元吉原については一切触れていません。本書の中で「吉原では……」と堂々と書いてあるにもかかわらず、「元吉原ではそんなふうではなかった。この文章は間違っている」というような記述があるのはそのためです。

さらに落語の場合、江戸時代に作られ、明治・大正・昭和を通り抜け、平成の現在まで残った演目が何百席もありますが、それらの噺は時代の変化に伴い、その内容も少しずつ変化しています。落語の内容が、一席丸ごときれいに時代に合わせて変化してくればよいのですが、「一部だけが変わり、残りは昔のまま」という噺も結構あります。たとえば、『よかちょろ』の後日談が『山崎屋』ということになっていますが、厳密に言えば、この二席は時代背景が異なるため、続けてやると、〝歴史的には間違いがある〟ともなってしまいます。

それが落語というもので、落語は学問ではないのですから、この歴史的矛盾は落語を楽しむ上では何の支障もありません。しかし、落語のそうした特徴を受け入れて事典を作ると、その中には「歴史的には間違っている」という記述が出てくることになってしまいます。この事典では、そういう〝細かいこと〟は、なるだけ無視するようにしました。そのため語句解説の中には、歴史的に見れば間違いということもあるのですが、それはこの事典が落語鑑賞の一助になることだけを前提にして、落語の上での正しさを優先したためとお考えくださると幸いです。

こういう書籍の性格上、本来であれば参考資料の一覧を出し、先賢の労に報いるべきなのですが、この本ではあえて記していません。量が膨大になるためです。

たとえば、【うえはん（植半）】の項を書くために参照したのは、永井荷風『日和下駄』（講談社）、伊原青々園・後藤宙外編『唾玉集』（平凡社）、篠田鉱造『明治百話』（岩波書店）、正岡容『明治東京風俗語事典』（筑摩書房）、谷崎潤一郎『刺青・秘密』（新潮社）

でした。この調子で、一語ずつ参照した文献を列挙していくと、小冊子ができあがってしまいます。多くの教えをいただいた先人たちに失礼とは思いましたが、参考文献の一覧は割愛させて頂くことにしました。

しかし、このささやかな本が多くの先賢たちの業績に依拠しているのは、言うまでもありません。また、「寄席用語」の解説を書くにあたっては、林家彦いち師匠に監修をお願いし、貴重な助言を賜りました。この場をお借りして、お礼を申し上げます。

また、本文中に噺家さんの個人名が出てきますが、事典というものの性格上、敬称を略させていただきました。すみません。噺家さんも「噺家」と呼び捨てにしています。重ねてお詫び申し上げます。

しかし、一番申し訳ないのは、《後書き》ならぬ「言い訳」が、このように長くなってしまったことです。本当に申し訳ありませんでした。

本田　久作

本田久作｜ほんだ　きゅうさく

1960年大阪生まれ。新作落語の創作を始め、児童書作家や小説家として、またその他のジャンルでライターとしても活躍。新作落語の作品に「仏の遊び」、「落ち武者」、「按摩の夢」、「蛙の子」、「幽霊蕎麦」、「柏木」、「玉手箱」、「恵比寿の鯨」など。共著に『柳家喜多八膝栗毛』（まむかいブックスギャラリー）。著書に『開ける男』（ポプラ社）、『江戸っ子しげぞう』（ポプラ社）。

装幀・本文デザイン　白畠かおり
イラスト　柿崎えま
寄席用語監修　林家彦いち
校正　聚珍社
校正協力　佐藤美智代
編集　篠谷晴美

協力　五十嵐秋子（いがぐみ）

落語の「なぜ？」がたちまち分かる
かわぬけ落語用語事典

2018年9月19日 初版第1刷発行

著　者　本田 久作
発行人　三芳 寛要
発行元　株式会社 パイ インターナショナル
〒170-0005 東京都豊島区南大塚2-32-4
tel.03-3944-3981　fax.03-5395-4830
sales@pie.co.jp

印刷・製本　シナノ印刷株式会社

ISBN 978-4-7562-4998-2 C3076　Printed in Japan